DESCARTES C'EST LA FRANCE

Du même auteur

LE DISCOURS DE LA GUERRE, l'Herne, 1967, 10/18, 1974, Grasset, 1980.

1968 : STRATÉGIE ET RÉVOLUTION EN FRANCE, Christian Bourgois.

LA CUISINIÈRE ET LE MANGEUR D'HOMMES, Seuil, 1975.

LES MAÎTRES PENSEURS, Grasset, 1977.

CYNISME ET PASSION, Grasset, 1981.

LA FORCE DU VERTIGE, Grasset, 1983.

LA BÊTISE, Grasset, 1985.

Avec Thierry Wolton :

SILENCE, ON TUE, Grasset, 1986.

ANDRÉ GLUCKSMANN

DESCARTES C'EST LA FRANCE

FLAMMARION

ISBN : 2-08-064990-6
Imprimé en France

A Michel Foucault

« Pour nous qui devons vivre sans illusions dans un temps sans Messie... »

GERSHOM SCHOLEM.

I

ACTUALITÉS CARTÉSIENNES

1. *Penser quand la nuit tombe*

Je présente ici un Descartes à mon idée. Je l'espère certes aussi vrai que les portraits brossés par de grands commentaires, dont aucun ne me contente absolument, ce qui devrait les satisfaire tous. J'entends ne rien céder sur les exigences qu'ils m'ont enseignées touchant la nécessité d'être exact dans l'appréciation des textes, l'effort pour comprendre sans projections passionnelles ou rétrospectives, l'objectivité, l'honnêteté et l'ensemble des règles qui soutiennent un travail universitaire cohérent. Il n'empêche que mon Descartes répond à mes questions, qui ne furent pas telles quelles les siennes. N'est-ce point la règle du jeu? Un philosophe n'aurait-il rien à suggérer à ceux qui, après sa mort, le lisent pour s'aider face à des circonstances qu'il n'avait pas à prévoir?

Comment après Auschwitz composer des poèmes? A quoi croire? Quelle proposition sensée tenir au sujet de l'humanité de l'homme et de son être dans le monde? La question exprimée par Adorno * travaille plusieurs générations européennes et trouble d'autant plus que le souvenir effarant, demeurant tapi au fond de l'actualité, porte au rouge, comme à

* Notes et références se trouvent en fin de volume, pp. 279-292.

un comble indépassable, une horreur sourdement à l'œuvre dans les cinq continents. On terrorise au nom du Dieu unique. On ravage en vertu de l'avenir radieux. Les meilleurs sentiments déclenchent les pires bains de sang, que des sentiments non moins sublimes se chargent de passer sous silence. Les nouvelles du soir rappellent jour après jour que si le camp d'extermination a une fois été possible, il l'est pour toujours; inutile de se leurrer, ce qui a pu se produire peut désormais jusqu'à la fin des temps se répéter. Faut-il que je désespère et convienne au nihilisme ambiant, ou bien vais-je aménager quelque parc floral qui fasse respirer aux esprits fatigués une bouffée des optimismes d'antan? Comment ne pas jouer avec les idées, comment se convaincre de quoi que ce soit, comment philosopher après Auschwitz? Voilà ma question à Descartes, un des rares qui paraisse susceptible d'introduire une réponse.

A condition toutefois que je n'abdique point, annulant la gravité de l'interrogation par un humain trop humain tour de passe-passe. « Il n'existe pour moi aucun Dieu que je puisse adorer le dos tourné à Auschwitz », formule admirablement le théologien Johann Baptist Metz, pour aussitôt nous rassurer sans frais : « Nous pouvons prier après Auschwitz parce qu'on a prié aussi à Auschwitz. » L'évidence de la réplique coupe le souffle de la question. S'il y eut des croyants qui, face aux circonstances extrêmes, ont su maintenir le droit de prier, pourquoi me le refuserais-je, moi qui n'affronte que la mémoire et déjà une image pâlie? Le Synode commun des diocèses de la République fédérale d'Allemagne estime la réponse excellente : « Nous sommes dans notre pays devenus des débiteurs du peuple juif. Finalement la crédibilité de notre discours sur le " Dieu de l'espérance " en face d'une horreur sans espoir comme celle d'Auschwitz dépend avant tout de ce qu'il y eut d'innombrables victimes, juifs et chrétiens, qui ont sans cesse nommé et invoqué ce Dieu même dans un tel enfer et après l'expérience d'un tel enfer. »

De quel droit pousserions-nous la négation plus loin que ceux qui pénètrent dans la chambre à gaz? Pour péremptoire qu'il paraisse, le raisonnement boite. Objection, mes belles âmes! Plus je respecte mes morts, moins je m'autorise de ma place à les faire parler à ma place. De quel droit choisirais-je entre tous ceux qu'on pousse dans l'enfer? Il y en a qui pleurent, certains se prennent d'un rire fou, là on blasphème halluciné, ailleurs on adore, ailleurs encore les lèvres se murent sur un silence par avance éternel. Et nous, les tard-venus, nous aurions après coup le toupet de sélectionner les bons témoins, en distinguant soigneusement ceux qui comptent et ceux qui sont tenus pour quantité négligeable? Ou bien encore chacun le sien? Vous choisissez celui qui prie, moi tel qui se révolte et nous effeuillons le souvenir pour confirmer nos respectifs préjugés. On aura bien peu appris des camps de la mort, si le bon plaisir des vivants y pêche parcimonieusement quelques édifiants exemples de bonne conduite à même de conforter des croyances et des débats qui eussent été identiques, si rien n'était arrivé.

Tous les morts, juifs ou pas, croyants ou incrédules, les victimes en oraison et celles qui, profanées, profanent jusqu'à leur dernier souffle, ont droit à un égal respect. Je ne ferai pas mine de prévoir rétrospectivement, ni semblant de vivre ce que je n'ai pas vécu, il faut que les enfants d'Europe supportent définitivement, comme indéfectiblement leur, la possibilité de ce que nul n'avait imaginé : même le bourreau est mon semblable, il demeure une infecte crapule, je dois découvrir par quel côté cet Européen est moi, en quelle part obscure je pourrais être lui. Avant, les humanistes se flattaient d'un claironnant « rien de ce qui est humain ne nous est étranger ». Après, il faut faire face à une exigence moins confortable et se mettre à penser : *rien de ce qui est inhumain ne m'est étranger.* « Les plus grandes âmes sont capables des plus grands vices aussi bien que des plus grandes vertus », énonce Descartes en ouverture au *Discours de la méthode.* Sans même juger nécessaire de préciser que les petites sont également capables du pire avec en prime l'avantage de n'y point prêter attention. Je ne me ferai donc pas meilleur que mon siècle. Je ne serai pas le bon juif qui réhabilite les beaux sentiments d'autrefois. Je ne poserai pas au rejeton providentiel du génocide, dont l'angélisme comble une assez générale demande d'effacement : s'il fait de la mauvaise poésie qu'importe, ce juif modèle prouve qu'on peut rimer comme jadis, croire en l'Homme, en l'Idéal, dans les Vraies Valeurs, glorifier la Haute Culture et prêcher la Société des Nations avec les naïvetés sommaires d'avant le déluge.

Le christianisme a besoin d'un juif respectable, gentil, respectueux. Et l'Occident. Et le marxisme. Et souvent Israël. A chacun son gazé, qui, par l'intermédiaire d'un héritier autoproclamé jure que si l'on avait davantage pratiqué la Bible, les Évangiles, le Coran ou le *Manifeste du parti communiste*, les morts seraient encore vivants. Non, merci. La chose a eu lieu dans l'imprévoyance générale. Baignée par le silence complice des autorités morales, religieuses, politiques, démocratiques et révolutionnaires, voire juives. Et nos bons dieux traditionnels n'ont guère éclairé ceux qu'ils avaient pour charge de guider. Il est probable que si tout le monde avait été kantien ou platonicien, ou cartésien, ou évangéliste, ou humaniste, socialiste, moine bouddhiste, ou pur, Hitler eût compté moins d'électeurs et de tueurs. Ce type de considération amuse l'auditoire. Je ne demande pas au kantien de m'expliquer ce qui se passerait si l'humanité était parfaitement kantienne, ni aux poules d'avoir des dents, j'examine comment il se conduit avec des gens qui ne pensent pas comme lui. Si chacun était bon et sage, il n'y aurait pas de mal. Une tautologie aussi irréfutable ne mène pas loin : il y a du mal, Auschwitz fut. Qui veut retourner intellectuellement au statu quo ante et réinvestir dans les valeurs de grand-père doit passer l'éponge et faire comme si de rien n'était. Le juif, qui cède à la demande de paraître édifiant et exemplaire, classe l'Affaire. Le Christ en croix passe pour avoir apostrophé son père, mais il paraîtrait malvenu de questionner la vénérable civilisation européenne d'un fraternel « pourquoi m'as-tu abandonné? ». Entre personnes du meilleur monde possible, de telles excentricités sont bannies. Après le carnage, nous serions tous redevenus culturellement des séraphins.

Étrangement, le Dieu de Descartes est un des seuls supportables à qui entend ne pas fermer les yeux sur l'horreur du moment. L'explication est simple : il n'est pas un bon dieu. Il fait le bien certes, mais il le fait si absolument qu'aucun modèle préalable ne guide son action. Par conséquent il ne saurait nourrir nos inspirations. La divinité dans la tradition occidentale tantôt contemple un bien éternel, selon lequel elle façonne les créatures, tantôt constitue la substance du Bien qui par émanation s'épand sur tous les alentours. Le Dieu de Descartes n'est pas celui de la philosophie grecque ou médiévale, ou renaissante. Il ne crée pas seulement, comme à l'accoutumée, des existences, mais aussi toutes les essences, le Vrai, le Beau, le Bon, dont un homme ne saurait du coup se réclamer pour juger ce qu'Il fait ou aurait dû faire. Montaigne avait déjà moqué l'outrecuidant qui « veut faire passer la divinité par notre étamine ». Il déconsidérait la folle fierté de s'en croire familier. « Il n'est pas ton confrère, ou concitoyen, ou compagnon. » La chasse gardée, que Descartes ménage au Très-Haut, convient évidemment à ses contemporains, le protestant ne peut se réclamer de Lui contre le catholique, ce dernier est privé de Sa référence pour embraser les bûchers, l'agnostique goûte un Être suprême qui ne saurait intervenir dans nos guerres civiles et religieuses. « C'est une loi municipale que tu allègues, tu ne sais pas quelle est l'universelle » (Montaigne). Et nul n'éprouve plus le besoin de masquer la cruauté régnante, fût-ce pour Lui sauver la face.

Deux voies s'ouvrent en vue de pacifier conflits intimes et guerres civiles. Selon la première, on renchérit sur les objectifs des adversaires, en faisant valoir comment leur collaboration serait plus féconde que leur antagonisme, combien ils gagneraient à ne plus se disputer. Et le combat devrait cesser faute de combattants. La deuxième voie vide ou amenuise les enjeux, il n'y a rien à gagner, les lutteurs s'étripent pour des nèfles. Et le combat cesse faute d'objectif. Dans le premier cas, on persuade, on fait faire : les protagonistes sont conviés à intervenir plus mais ensemble. Dans le second, on dissuade, on fait ne pas faire, il faut accomplir moins et mutuellement s'abstenir. A l'horizon des unions persuasives et sacrées, se profile un nouveau monde à gagner. Au fond de la dissuasion, il y a la catastrophe qu'on évite et l'existence solitaire qu'on conserve. L'issue la plus enthousiaste promet offensivement un seul Dieu pour tous et le bonheur pour chacun. L'autre, moins prometteuse, rabat la Grande Cause qui fâche sur son côté grande fâcherie; à chacun son dieu, ou son absence de dieu. Il s'éclipse de la chose publique; seules les diableries, immédiatement et universellement menaçantes, légitiment des ententes pour l'essentiel défensives. La divinité conçue par Montaigne et

Descartes motive la seconde issue, dissuasive. Puisque nos idées du bien sont strictement municipales, c'est sur l'absence universelle de souverain Bien que nous parviendrons à nous entendre. Certains grands humanistes pensaient devoir proposer davantage et inclinaient vers la première solution. Dieu, les Évangiles restitués, la Raison distillent pour les érasmiens une bonne nouvelle susceptible de rendre à l'Europe divisée son intégrité spirituelle et morale, donc son unité intellectuelle et politique. Élisabeth d'Angleterre et Henri IV incarnent pour beaucoup l'espoir d'une si lumineuse régénération.

Pour clore la période des troubles et des guerres intestines, l'intelligence européenne maintient deux fers au feu. Au nom d'un sublime principe d'idéalisation, elle invite à surmonter les différends par la foi purifiée, l'amour planétaire, une ambition commune, la concorde entre les princes et l'intégration géopolitique du continent. Telle est l'Europe d'Érasme, de Leibniz, un peu de Montesquieu, beaucoup de Lessing, celle que planifient d'innombrables projets de Paix perpétuelle – ô Bernardin de Saint-Pierre! – dont les subites floraisons éveillent la verve insolente de Voltaire. Au nom d'un fort différent principe de dissuasion, d'autres travaillent à désidéaliser les querelles et dédramatiser les antagonismes; au lieu de faire miroiter le *tout est possible* des grandes espérances, ils manifestent que *rien n'est impossible*, surtout pas le pire. Pour des esprits de la trempe de Montaigne, Grotius, Bayle, Voltaire souvent, Rousseau parfois, la considération lucide des menaces et des dangers fonde une entente moins tapageuse et plus assurée, chaque fois que la rivalité moderne des puissances religieuses et politiques transforme les rêves d'harmonie en utopies creuses et met le désastre à la portée de tous. Freud, dans les orages de la Première Guerre mondiale, repère une parente dualité de principes. Tandis que l'Europe cultivée, industrielle, à l'occasion vertueuse, forte de ses lumières et s'éclairant de sa force s'acharne contre elle-même avec une furie qu'elle ne se connaissait pas, il invite à détecter deux pulsions fondamentales, celle d'Éros, qui unit, et celle d'un très dissimulé instinct de mort, qui travaille silencieusement à saper, sans cesse, les constructions d'Éros.

Et la difficulté surgit, quand ces fils, abruptement séparés, viennent s'entretisser. Pulsion de vie et pulsion de mort, Éros et Thanatos œuvrent de conserve, et il n'est pas d'affaire terrestre où ne se reconnaisse la trace de l'un dans le sillage de l'autre. Demeurent deux familles d'esprits. La première affirme le primat de l'idéal, accordant à Éros une victoire sans partage, comme la synthèse est censée vaincre l'analyse, le lumineux l'obscur, l'éternel le temporel. Jung tenta de tirer la psychanalyse sur ce versant-là. D'autres, trop vite qualifiés de sceptiques, rappellent qu'Éros virevolte les yeux bandés, il est puissance d'illusion avant que d'élévation. Ces mauvais esprits hument une vérité qui habite le temporel et hante nos nuits; ils prônent une écoute plus analytique que synthétique et tablent sur la dissuasion plus que sur la persuasion. Faut-il en conclure que les assoiffés d'absolu, qui s'abreuvent de la puissance « invincible » de l'amour, sont optimistes? Les caustiques, qui préservent au contraire la part irrécupérable de la finitude et de la mort, le sont tout autant; ils se fondent sur le lopin d'ombre que chacun porte en lui pour utiliser négativement ce négatif et bâtir ainsi une entente entre malentendants.

La ligne de partage ne passe pas entre pessimistes et optimistes, mais entre deux idées de la vérité, deux manières de la chercher, deux voies pour l'atteindre. Deux méthodes, dirait Descartes. Il y a la stratégie de l'Amour qui vole de plus en plus haut, voit de plus en plus grand, s'imagine de plus en plus puissante en vertu des sublimes facultés d'idéalisation et lave de plus en plus blanc. Sur les bas-côtés de cette voie impériale, il y a ceux qui voient moins grand mais pensent plus précis. Pour déchiffrer le laissé-pour-compte menaçant, que l'amour aime dissimuler, ils s'inventent un troisième œil, la méthode de Cassandre et de Tirésias. Entre l'idéalisation dominatrice et la dissuasion déceptive, l'intelligence européenne maintes fois dut choisir. « Je ne te dis pas comme les cafards : Aide-toi, Dieu t'aidera; car c'est au rebours : Aide-toi, le diable te rompra le col » (Rabelais).

En l'hiver 1619, lorsque le jeune Descartes s'isole pour concevoir le premier jet de sa nouvelle philosophie, il participe, mi-spectateur, mi-soldat de fortune, à un grand tournant de l'Europe classique. Il vient d'assister au couronnement de l'empereur Ferdinand II. Il prend ses quartiers d'hiver sur les rives du Danube. L'année suivante, il ne participe probablement pas à la décisive bataille de la Montagne Blanche, mais il visite Prague derrière les troupes victorieuses du duc de Bavière. Le jeune mathématicien et philosophe voyageait, raconte son biographe, moins pour apprendre le métier de la guerre que pour « connaître le genre humain dans toutes ses catastrophes ». Il est servi : il peut suivre de visu une « catastrophe » historique, un événement tragique et, au sens XVIIe siècle du terme, une fin de partie.

La bataille de la Montagne Blanche interrompt le bref règne de Frédéric V, électeur palatin, souverain de Bohême, « roi d'un hiver ». L'empereur reprend Prague et, terriblement réprimés, les Tchèques perdent pour trois siècles leurs libertés civiles, politiques et religieuses. L'électeur ne se remettra pas de son échec, sa fille Élisabeth vivra en Hollande, c'est elle la princesse qui correspond si finement avec Descartes. Avec la chute du malheureux Frédéric, un rêve européen vieux d'un siècle s'effondre. Lorsqu'il avait épousé la fille de Jacques Ier d'Angleterre, la bonne ville de Heidelberg avait fêté son prince-électeur, intellectuel, mystique et sa nouvelle princesse non moins érudite et garante, semblait-il, de l'alliance anglaise. Lecteur enthousiaste des prédictions millénaristes de Joachim, amateur de Paracelse, Postel et des « illuminati » prophétisant la réconciliation des religions par l'ésotérisme, le couple caressait divers projets de « réformation » des Églises et du Saint Empire romain germanique. Il n'était pas seul dans ce cas; sous Rudolph II (mort en 1612), Prague, où séjournaient Kepler, John Dee, Giordano Bruno, a éclipsé Vienne; elle est devenue la Jérusalem des études occultistes, magiques, astrologiques et scientifiques mêlées; toutes disciplines bannies par les allumeurs de bûchers, aux quatre coins – protestants et catholiques – du vieux continent. En 1617, le futur empereur, Ferdinand de Styrie, devient roi de Bohême; il désire dévotement purger une capitale florissante mais hérétique. Sa brutalité suscite la révolte. En 1619, la Bohême rebelle offre la couronne à Frédéric. La grande réforme est à portée de main, qui unira catholiques libéraux et protestants tolérants. Ô rêve : la Chrétienté se ressoude! Le Saint Empire réunit les deux confessions pour marcher bientôt contre le Turc et libérer les lieux saints! Le roi d'Angleterre, timoré, lâche son gendre; le roi de France abandonne son allié; l'équipée tourne au désastre. La guerre de Trente Ans commence. Les bibliothèques brûlent. Les carnages désertifient la Bohême et le Palatinat. La grande ambition des Rose-Croix et autres spirituels, « réformer totalement et généralement le monde entier », est retombée en pluie de cendres. Jusqu'à la Révolution et l'Empire français, l'Europe ne connaîtra pas de guerre aussi terrible. 1648, le traité de Westphalie stoppe l'hécatombe, Descartes n'a plus qu'un an à vivre. Le cauchemar a duré tout le temps qu'il écrivait.

Le bilan intellectuel de la Montagne Blanche fut tiré par le penseur tchèque Comenius *; il avait, en jeune humaniste, partagé les utopies et les espoirs qu'incarnait Frédéric; il mesura d'autant mieux l'énormité de leur effondrement. Écrit à chaud, *Le Labyrinthe du monde et le paradis du cœur* (1623) analyse sans timidité, ni pitié, les tenants et les aboutissants du drame; il montre les sectes religieuses occupées, comme il se doit, à s'étriper plutôt qu'à combattre pour une liberté de conscience favorable à tous; et ses accents parfois rappellent Rabelais. L'expérience du labyrinthe creuse la déception plus cuisante encore de la découverte de la bouffonnerie des sapiences nouvelles (alchimie, astrologie, ésotérismes divers). Le mirage d'une « pansophie » ou sagesse universelle, fondée sur l'alliance de l'hermétisme, de la science, de la religion et de la philosophie, se dissipe. L'homme s'égare dans le labyrinthe des croyances abusives et des savoirs péremptoires mais creux; il se perd et se sait perdu. Les certitudes enthousiastes de la Renaissance sont emportées dans la tempête, l'utopie n'est plus ce qu'elle était. Si, par la suite, Comenius tente de revivre les ambitions de la pansophie par le biais d'une pédagogie toute-puissante, la rupture avec le monde demeure consommée, l'alchimie de l'âme et la

* Comenius – Jan Amos Komensky – (1592-1670), philosophe tchèque, adepte de la secte des Frères moraves (ou Unité des Frères de la Loi du Christ), prêchait le retour à l'Évangile et dénonçait les injustices sociales. Meurt à Amsterdam, reconnu comme le plus grand réformateur de la pédagogie de son époque. Cf. J. PRÉVOT, *Comenius, l'Utopie éducative*, Belin, 1981.

transformation de l'intérieur par l'intérieur remplacent les pleins pouvoirs perdus sur la nature et la société.

Descartes, revenu à Paris, quitte l'état militaire, estimant « avoir suffisamment envisagé et découvert le genre humain par l'endroit de ses hostilités ». Il a contemplé la tuerie et suivi des yeux le vertige saisissant les intellectuels quand l'illusion se déchiquette et qu'il ne reste des grandes idées que l'amertume de leur évanouissement. Il opte pour le cheminement inverse. Il commence par la déception voulue et organisée, afin d'en éviter la surprise en bout de piste. L'imprévoyant, au regard de sa philosophie, sera celui qui, idéalisant à outrance, le regard perdu dans les voûtes célestes, ne pré-voit pas. Quoi? Le pire. L'expérience du labyrinthe, infligée par les circonstances, demeurait essentiellement subie. Descartes la veut volontaire. Il fait tomber et tourner l'univers dans un doute labyrinthique impitoyable, dont il garde la maîtrise. Il envisage et découvre le savoir humain « par l'endroit de ses hostilités ». « Je me trompe » devient le prélude et bientôt l'ouverture triomphale de sa « nouvelle philosophie * ». Être cartésien sera dévoiler l'avers par l'envers, découvrir l'humanité par l'endroit de son adversité, par sa capacité non de subir mais aussi de construire, gérer, tolérer Auschwitz. Être nouveau philosophe, c'est s'élire mal pensant en ébréchant l'euphorie ambiante, comme d'autres furent sales juifs, mauvais Français, affreux jojos ou, journaliste curieux du dessous des cartes, fouille-merde.

Ce dernier vocable, dont la philosophie use heureusement avec parcimonie, mène tout naturellement à Platon. La tradition nomme platonisme toute pensée qui se laisse régir par le principe d'idéal, persuadée d'entretenir le contact avec des vérités immaculées et éthérées. D'où le qualificatif « platoni-

* Anecdotique précision de vocabulaire : la pensée de René Descartes fut dès publication désignée comme « nouvelle philosophie ». Les pages qui suivent respectent cet usage. Depuis, on nomme nouvelle philosophie toute percée paraissant introduire quelque renouveau dans la pensée française. Chaque fois qu'une tentative de ce type néglige de s'expliquer avec le plus nouveau des nouveaux philosophes que la France accumule depuis trois siècles, Descartes lui-même, elle tourne au flop. On vérifie sans difficulté qu'il s'agit dans ce triste cas de la énième version d'un simple désir de nouvelle religion, qui – à ignorer tout doute, en faisant l'impasse sur Descartes – incline à se prendre pour stylo-feutre ou exécuteur testamentaire de Dieu.

ques » qui échoit aux sublimes amours. Que le cartésianisme manifeste des virtualités d'antiplatonisme n'implique point qu'il faille opposer Platon à Descartes, terme à terme. Platon n'était pas platonique, en témoigne la leçon qu'il administre par l'entremise du sage Parménide au supposé encore jeune et malhabile Socrate. L'apprenti philosophe prétend, comme nombre de « platoniciens » après lui, n'avoir d'idées que du Bien, du Beau, du Vrai. Le profond Parménide va prendre plaisir à faire émerger de plus triviales réalités : « Et d'objets comme ceux-ci, Socrate, qui pourraient sembler plutôt ridicules, cheveu, boue, crasse, ou tout autre objet de nulle importance et de nulle valeur, te demandes-tu aussi s'il faut ou non poser, pour chacun, une forme séparée [ou Idée], elle-même distincte de l'objet qui touche nos mains? » Socrate répond par la négative, reculant surtout devant sa propre inquiétude. J'ai eu, avoue-t-il, « peur de m'aller perdre et noyer en quelque abîme de niaiserie ». Le maître de philosophie conclut et intime au jeune Socrate un ordre de « se perdre et noyer », qui vaut passeport direct vers le *Discours de la méthode* : « C'est que tu es jeune encore, Socrate, aurait dit Parménide, et pas encore saisi par la philosophie de cette ferme emprise dont, je le compte bien, elle te saisira quelque jour, le jour où tu n'auras mépris pour rien de tout cela. A cette heure, tu as encore un regard à l'opinion des hommes : c'est l'effet de ton âge. » Tout cela : cheveu, crasse, boue, si vous n'en avez pas Idée, vous n'êtes point philosophe. Descartes fut parmi les premiers à suivre le conseil; s'employant à douter, il fouille dans les poubelles du savoir et de l'histoire pour découvrir les vérités auxquelles nous avons droit.

Il importe peu qu'on s'affirme pour ou contre, seul compte qu'on s'explique avec. L'anticartésianisme incisif de Michel Foucault rafraîchit ma lecture des *Méditations métaphysiques* davantage que cent paraphrases laudatives. Par contre, je nourris la conviction qu'on ne pense vraiment, en notre province, qu'à rencontrer celui qui introduisit la rigueur philosophique dans l'écriture française et ouvrit du même coup les Français à la possibilité d'une existence philosophique... qu'il nomme énigmatiquement « bon sens ».

2. *Les démons sont dans Paris*

Comme à l'accoutumée, la capitale bruit de rumeurs. Le désordre des esprits va croissant, celui des corps suit, l'incrédulité gagne, on révère peu le plus haut, on ne vénère guère les meilleurs, le respect dû à la perfection s'amenuise, la sainte culture chute, la distinction du sublime et du bas s'évapore, le faste et le néfaste se confondent.

1623, le Père Garasse dénonce « la doctrine curieuse des beaux esprits de ce temps », il censure les refrains à boire, épluche les poèmes dont l'astuce libertine fait « rougir la blancheur du papier », puis interpelle les « athéistes » sacrilèges, excommunie la taverne de la Pomme de Pin et fait enfermer le poète Théophile de Viau. Quelque vingt années plus tard, en l'assemblée du clergé, Mgr Grillet apostrophe derechef les infâmes couplets qui moquent les Saints et les aimables Mystères : « Ce mal est un mal qu'on commet sérieusement, froidement, à dessein et de propos délibéré; et mal, qui pis est, qui se trouve très-dilaté, très-multiplié, et croissant de jour en jour; et qui, venant de personnes considérables et de condition, s'imprime trop et trop dans les cœurs de toute la noblesse de votre royaume (...) Ce n'est plus un simple ulcère en quelque petit endroit de la superficie : c'est une plaie gangrenée, qui augmente tous les jours et ne se peut presque plus arrester que par les rudes appareils, d'autant plus que les voluptez, trop amies du corps, et les vanitez d'une fausse galanterie, poisons des jeunes esprits, accompagnent ce mal et servent d'amorce à cette maudite cabale, pour appeler à son mortel appast des âmes que des-ja l'oisiveté, l'orgueil et l'abondance rendent d'ailleurs très-desréglées. »

1637, la France qui reçoit le *Discours de la méthode* s'estime en crise morale et intellectuelle. La Fronde, bientôt (1648-1653), rallume les troubles politiques, tandis qu'une grave dépression économique (1640-1652) amplifie les dégâts des querelles publiques. Le philosophe du doute ne laisse pas d'apparaître lui-même douteux; jeune et curieux, Descartes voyagea, discuta et parut un instant subversif; on lui prêta une affiliation cachée à la franc-maçonnerie mystérieuse et secrète des Rose-Croix. Il fallut que son ami, le Père Mersenne, entreprît de le dédouaner. Tout organisateur qu'il fût de la première internationale des savants – il correspondait avec les têtes pensantes d'Europe, animait la libre circulation des questions et défis, solutions et découvertes, sans se soucier du protestantisme affiché de tel destinataire ou de l'épicurisme peut-être libertin de tel autre – le Père Mersenne faisait autorité. Garant reconnu de la foi en dépit de ces activités mineures, il avait commis de pathétiques pamphlets fustigeant « l'impiété des déistes, athées et libertins de ce temps » et dénombrait cinquante mille mécréants pour la seule capitale du royaume! Le nihilisme était à l'ordre du jour, il l'est resté depuis. Est-ce que « Dieu est mort »? Faut-il conclure que « tout est permis »? Parce que « rien n'est vrai »? Les slogans qui agitent les cafés berlinois et qui mobilisent les décembristes russes du XIXe siècle hantaient déjà les cabarets, les confessionnaux, les ruelles ou les alcôves du grand siècle.

Aucune époque n'évite les chasseurs de sorcières et autres allumeurs de bûchers; même des esprits placides cèdent à la folie d'épurer, et les tolérants à la panique, pour peu que le désarroi soit attisé par les abbés de cour, les penseurs de salon et les militants fanatiques. Tartuffe ferme le ban, toujours prompt à crier au loup, posant au gardien fidèle et au représentant patenté des valeurs suprêmes. Les écrivains du XVIIe siècle, très au fait de l'hypocrisie des exorcistes, maintiennent cependant le diagnostic de crise. Leurs contemporains font erreur sur l'idéal, cela est de toujours et ne tire pas à nouvelle conséquence. Ils tiennent de surcroît l'idéal pour une erreur; la circonstance semble inédite et propage une désaffection proprement moderne. Quand les idées, comme les armées, sans cesse franchissent les frontières, les « vérités » au-delà des Pyrénées affranchissent et relativisent les « erreurs » d'en deçà. Normes et idéaux s'éparpillent, disparates, « pour ce qui touche les mœurs, chacun abonde si fort en son sens qu'il se pourrait trouver autant de réformateurs que de têtes... » (*Discours de la méthode*). Les foules honorent sans savoir : le reproche ordinaire prend une gravité nouvelle, s'il apparaît qu'elles ne savent plus honorer. A l'erreur sur la personne ou sur l'objet, qui est de tout temps, succède la perte de l'objet et l'incapacité d'en investir aucun, qui sont du nôtre. « La nature est telle qu'elle marque partout un Dieu perdu et dans l'homme et hors de l'homme » (Pascal). Jusqu'alors les sociétés proposaient des convictions diverses mais fortes; elles rassemblaient leurs membres épars autour de quelque grande cause qu'un culte commun couronnait Bien suprême. En revanche, la vie sociale moderne, telle que la découvrent les moralistes, ne convertit point, elle divertit; à l'itinéraire fléché d'une âme qui progresse en Dieu, elle substitue le jeu aléatoire d'un individu qui ruse avec ses solitudes. A la « conversion » s'oppose dans le français classique le « divertissement ». Les moralistes qui en dévoilent les imbroglios explorent l'art de vivre d'une France que nulle référence incontestée au Bien et au Beau ne cimente plus et qu'aucune certitude de vivre dans le Vrai ne conforte. Elle s'ouvre avec deux siècles d'avance au « plus inquiétant de tous les hôtes », à l'émoi, que l'Allemagne et la Russie du XIXᵉ siècle baptiseront nihiliste, d'un fantastique coucher de soleil.

On libertinait avant Descartes, on libertine autour de lui sans qu'il s'offusque, parte en croisade ou inversement satanise à compte d'auteur. L'expérience nihiliste, où « Dieu est mort » (le mot est de Plutarque et des Évangiles avant que Nietzsche n'en use), le philosophe la traverse sans exaltation, sans abattement; il la projette épreuve intellectuelle, il lui confère ses lettres de noblesse spirituelle et l'impose étape obligée de toute quête de soi. Désormais la figure énigmatique, redoutable d'un malin génie et du Dieu trompeur ne cesse de hanter les défilés solitaires où la pensée européenne teste la vérité de sa recherche de vérité et ne recule devant rien, fût-ce devant la possibilité de se trouver piégée par une mystification absolue. Le nihilisme dorénavant teste et mesure les certitudes d'un savoir moderne pour qui penser est d'abord se désabuser. Et réfléchir, se détromper; et concevoir, dé-décevoir c'est-à-dire contrer le défi d'un tout-puissant décepteur.

Tel semble le pari cartésien : creuser l'abîme sans céder au vertige, évoquer le péril afin de s'y toiser, invoquer le diable pour le prendre à ses propres attrapes. Il introduit dans la pensée un ton héroïque, dont à leur corps défendant les critiques portent témoignage. Tout se passe comme si Descartes avait décisivement fixé la règle et l'enjeu de notre accession à quelques miettes de vérité. Les lauriers couronneront l'heureux élu qui surmonte le nihilisme sans jamais mépriser ou sous-estimer cet adversaire coriace. Est vainqueur qui paie le prix du doute le plus vaste, le plus profond et le plus radical. Vaste, en ce que rien, ni gloire ni grandeur n'échappe à l'ébranlement qu'il propage. Profond, parce qu'il interroge jusqu'au bout, remontant de l'effet à la cause, analysant le fondé dans ses fondations et retournant les conséquences à leurs principes. Radical : la racine pour la recherche de la vérité est la recherche elle-même, laquelle n'admet aucun présupposé antérieur à l'inquiétude qui l'anime et qu'elle entretient. « Il fallait que je rejetasse comme absolument faux tout ce en quoi je pourrais imaginer le moindre doute » (*Discours de la méthode*). Aussi Descartes qualifie-t-il exactement son doute le plus général de « métaphysique » puisque la tradition désigne en ce terme la prise en considération des choses et des êtres dans leur ensemble (« en général » ou « catholiquement »). Seul le doute ouvre à l'universel : il assemble les choses et présente leur ensemble tel quel.

Depuis, la spécialisation des sciences, des arts et des divertissements est allée croissant, découpant l'ensemble des êtres en multiples royaumes indépendants et compartimentés, tandis que les spécialistes des généralités, que sont devenus si souvent les philosophes, s'épuisent dérisoirement à arbitrer d'inépuisables conflits frontaliers et d'infinies querelles de compétences. Chaque époque néanmoins – ou chaque génération, chaque individu – tente de vivre l'ensemble comme ensemble intégré et unique, faisant mine d'homogénéiser ses croyances, de connecter ses disparates hiérarchies, de rassembler ses esprits en proposant une image cohérente de son absence de cohérence. On parle de l' « esprit du temps » comme si chaque siècle, voire tous les vingt ans, l'époque se modelait un nouveau visage, devenait contemporaine d'elle-même en coagulant les diverses durées qui la traversent et les rythmes inégaux des opérations contrastées qui l'écartèlent à jamais. Nombreux sont ceux qui cultivent la vaine illusion d'épouser leur époque : le mariage est ordinairement blanc, car l'épousée, toujours en avance ou en retard sur la touchante cérémonie, manque les épousailles. L'homme moderne habite, en personne déplacée, un temps irréductiblement dispersé. Descartes pensait qu'on ne pouvait recoller les morceaux, ni saisir derrière cet apparaître discontinu une continuité plus essentielle peut-être mais irrémédiablement absente : « A cause que je ne voyais au monde aucune chose qui demeurât toujours en même état (...) j'eusse pensé commettre une grande faute contre le bon sens si, pour ce que j'approuvais alors quelque chose, je me fusse obligé de la prendre pour bonne encore après, lorsqu'elle aurait peut-être cessé de l'être, ou que j'aurais cessé de l'estimer telle » (*Discours de la méthode*). Quand les yeux s'ouvrent sur la non-unité de l'époque, cette « patrie des pots de peinture » (Nietzsche), l'heure de la philosophie sonne.

Vivre avec son temps et le voir glisser entre les doigts qui prétendent le saisir suspend le fameux « ensemble » des choses et des êtres entre ciel et terre, être et néant. Le temps promeut et emporte les vues cavalières qu'on prétend prendre sur lui, et loin que le philosophe puisse régler à la va-vite le sort d'un doute provisoire, il doit s'immerger dans une libre apesanteur, au risque de perdre ses repères. Sans savoir à l'avance s'il s'en tirera, il doit suivre pas à pas les nihilismes envahissants, il se fera leur ombre et leur complice, avec le discret espoir de les imiter et envelopper pour mieux les limiter et les étouffer.

Il paraîtrait qu'en matière de mise en question, d'arrachement à soi et de bouleversement des idées reçues, René Descartes n'ait rien à révéler aux hommes d'aujourd'hui. En deux siècles n'avons-nous pas contredit toutes les opinions établies, évacué les idoles, mis en pièces les hiérarchies d'antan, détruit l'ancien régime des mœurs, broyé les idéaux pour contester, par retour de courrier, ces contestations mêmes et rétablir un semblant d'ordre soutenu par le refus de refuser sans cesse? L'Europe a éternué et cinq continents sont entrés en transe. Le ciel est tombé. La terre a craqué. Les peuples s'ébranlèrent et leurs guerres devinrent, tantôt taciturnement, tantôt ouvertement, mondiales. Sur les effets combinés de l'incrédulité dominante et des fanatismes locaux, les angoisses convenues du Père Mersenne et les apocalypses cocasses du Père Garasse nous en apprennent moins long que les faits d'armes des intégrismes terroristes avec ou sans Dieu. Il suffit d'allumer une télévision à l'heure des nouvelles pour découvrir qu'une bonne intention couvre derechef une mauvaise action, qu'une revendication de liberté tourne facilement à la tyrannie et que l'évocation d'un créateur sage et bon motive une fois encore le massacre de femmes et d'enfants. Au regard de ces informations ordinaires, les mises en garde de Descartes contre la prévention, qui s'attache aveuglément aux croyances anciennes, et la précipitation, ou l'amour fou du nouveau pour le nouveau, ne risquent-elles pas de sembler par trop modérées, voire désuètes?

L'information désabuse, douche; sans parer, préparer, garantir : une naïveté de perdue, dix de retrouvées. La faculté de sauter d'une crédulité à l'autre n'est pas entamée. Le citoyen averti oppose à la mystification enfin dévoilée sa converse et voisine; il flotte entre Charybde et Scylla. Comme il y a trois cent cinquante années. Descartes, au rebours de Garasse ou Mersenne, n'a cure de dénoncer; il ne s'acharne pas contre telle éphémère position nihiliste au risque de tomber dans telle autre aussi virulente et mensongère. Il n'est pas athée, il s'évite dévot; aux prises avec des opinions adverses, il ne s'engage, ni ne préfère, avant d'avoir usé l'une contre l'autre de probables erreurs symétriques et jumelles; il prête attention moins aux exclusives des deux camps qu'à la règle du jeu qui rend leur affrontement interminable. Derrière les préjugés contradictoires, il pointe la contradiction qui les organise et en celle-ci la culbute du jugement, cette part de nous-mêmes qui prend feu pour une chimère : « Pour ce que nous avons tous été enfants avant que d'être hommes, et qu'il nous a fallu longtemps être gouvernés par nos appétits et nos précepteurs, qui étaient souvent contraires les uns aux autres, et qui, ni les uns ni les autres, ne nous conseillaient peut-être pas toujours le meilleur, il est presque impossible que nos jugements soient si purs ni si solides qu'ils auraient été si nous avions eu l'usage entier de notre raison dès le point de notre naissance, et que nous n'eussions jamais été conduits que par elle » (*Discours de la méthode*). Descartes n'équilibre pas une outrance par sa réciproque, ni ne se contente de tenir un instable juste milieu; il ne réplique pas aux défauts des uns par la faillite des autres; il se donne du champ, il s'invente une retenue et semble se retirer de la lice.

Anachorète, philosophe coupé de la vie, visité par quelque

illumination extraterrestre? Son « poêle », la chambre où il s'isole pour penser, n'est pas une cellule monacale close pour le siècle, ni la tour d'ivoire où chacun loge la caricature de son adversaire. Descartes sort du jeu afin de le considérer dans son ensemble; ne courant pas sa chance partie après partie, il se retourne sur les règles qui définissent les enjeux, organisent l'affrontement et partagent les gains et les pertes. Son problème n'est pas l'illusion de jadis ou de demain, il focalise sur notre permanente capacité d'auto-illusion, il examine le contrôle que nous en pouvons escompter. Prétendre avoir dépassé la question cartésienne semble par conséquent quelque peu présomptueux, car, si le citoyen du XXe siècle déploie une inépuisable faculté de se tromper, il n'est pas, trois cents ans après, plus avancé que l'honnête homme dès qu'il tente de lucidité garder.

Je suis bien, tu es beau, nous sommes bons, le soleil brille dans nos yeux et les cieux illuminent des bavardages flatteurs. « Nous avons tant de fois éprouvé dès notre enfance, qu'en pleurant, ou commandant, etc., nous nous sommes fait obéir par nos nourrices, et avons obtenu les choses que nous désirions, que nous nous sommes insensiblement persuadés que le monde n'était fait que pour nous, et que toutes choses nous étaient dues. En quoi ceux qui sont nés grands et heureux ont le plus d'occasion de se tromper... » (Lettre, mars 1638). Parfois, en France, l'esprit Descartes interrompt la pluie d'éloges dont nul ne dédaigne s'asperger, on ne feint plus tenir pour acquise la bonne opinion qu'on a de soi, on s'impose mal à l'aise quitte à contracter quelque sida mental, afin que tombent de fallaces immunités. Le Bien-pensant (non pas l'homme qui pense bien mais l'homme qui se pense dans le bien) crie alors au scandale. Il n'apprécie guère que lui soit signifié de tout lâcher, garde-fous, amarres, destination garantie, horaire programmé, qu'il lui faille lever l'ancre pour découvrir que jamais d'ancre il n'y eut et qu'il voguait depuis toujours en haute mer. Le philosophe est l'étranger dans la demeure. Entre nous la confiance ne demandait qu'à revenir, chacun passionné de soi et Dieu de tous, pourquoi nous encombrer d'un importun? A la racine des intégrismes, se repère sans peine la manie de l'endogamie; dévot comme Tartuffe, l'amour-propre diffuse discrètement à partir du je central sur la famille, les proches, les voisins, les compatriotes, il profère des exclusions avec l'éternelle ambition de sauver l'intégrité d'un je-me-moi qui embrasse, étreint et n'aspire qu'à l'osmose. Le philosophe qui doute interdit cet inceste dans la pensée : tu ne trouveras pas belles les idées parce qu'elles sont tiennes, tu ne les estimeras pas vraies parce qu'elles t'appartiennent, ni bonnes parce que produites par toi. Cette prohibition de la présomption, il ne suffit pas de la trouver sage; comme dans le cas du bon sens, « le principal est de l'appliquer bien ». Descartes procède en effet avec doigté.

3. *Le philosophe et le cardinal*

Contrôler le nihilisme en nous comme hors de nous, découvrir ses masques, scruter ses ressorts, repérer les métastases; à l'occasion le cerner et le battre en rase campagne; le programme cartésien séduit. Les religieux en quête de sainteté, tel le cardinal de Bérulle *, ne sont pas moins intéressés que les savants et les honnêtes gens. L'inquiétude suivra, plus tard, lorsque s'affirmera l'étrange stratégie prescrite par la nouvelle philosophie. Le doute est certes la botte secrète qui va permettre au nouveau saint Michel de terrasser le dragon du scepticisme, mais Descartes ne peut confondre les nihilistes et douter avec eux, plus loin qu'eux, sans décider de sacrifier au départ la prétention de détenir quelque supérieure sagesse. Le doute ne dévoile une vérité qu'à condition d'être un vrai doute, il donne l'avantage à celui qui se refuse tout avantage initial. La part du feu croît de façon inquiétante, seul celui qui ne se

* Pierre de Bérulle (1575-1629) établit les carmélites en France, fonde l'Oratoire, protégé d'Henri IV, conseiller très puissant de Louis XIII et de la reine mère, devient cardinal en 1627. Espinas l'intronise « directeur spirituel » de Descartes. H. Gouhier invite à quelque prudence : « Nous ne devons pas invoquer l'Oratoire, Bérulle, la renaissance néo-platonicienne chaque fois que nous rencontrons chez Descartes une thèse augustinienne... » (*La Pensée religieuse de Descartes*, Vrin, 1972, p. 262).

proclame pas hors d'atteinte peut affronter la grande menace; il lui faut donc s'exposer à la contagion spirituelle et abdiquer intégralement l'espérance d'une garantie préalable.

La pilule amère du qui perd gagne cartésien était encore ignorée lorsque le cardinal s'enticha d'un mathématicien penseur venu l'épauler dans sa longue croisade contre les incrédules. C'est sur l'injonction du cardinal de Bérulle, rapporte la chronique, que Descartes publia sa *Méthode*. Disputant chez le nonce d'un sujet à la mode – la critique d'Aristote et de la scolastique – le mathématicien, âgé de trente et un ans, l'avait emporté haut la main sur un contradicteur, faisant valoir « qu'il n'était pas difficile de débiter le Faux pour le Vray et de faire réciproquement passer le Vray pour le Faux à la faveur de l'Apparent ». Descartes s'était gardé d'exposer sa propre conviction, se contentant d'argumenter mieux que le héros de la soirée, le sieur de Chandieux, quelque peu charlatan, en faveur des thèses dudit, pour aussitôt prendre brillamment le contre-pied des points qu'il venait de soutenir. L'assemblée des savants présents « fut surprise de la force et de l'étendue de génie que Monsieur Descartes faisait paraître dans ses raisonnements; mais elle fut encore plus étonnée de se voir si clairement convaincue de la facilité avec laquelle notre esprit devient la dupe de la vray-semblance » (Baillet). Le jeune vainqueur, que la modestie n'étouffait pas, confia que son triomphe quant à lui ne devait rien au hasard ou à la vraisemblance, qu'il ne se piquait pas de joutes rhétoriques, mais qu'il disposait par-devers lui d'une règle universelle, « sa méthode naturelle sur laquelle il mettait à l'épreuve toutes sortes de propositions de quelque nature et de quelque espèce qu'elles puissent être » (*id.*). Quelques jours plus tard, le cardinal au comble de l'enthousiasme l'adjura devant Dieu et les hommes de coucher sur le papier sa philosophie. « Il lui en fit même une obligation de conscience. » Mandaté, Descartes délaissa le monde et se retira dans la lointaine Hollande afin de méditer et écrire. Ainsi raconte le Père Baillet *, son délicieux biographe.

* Le Père Adrien Baillet publie en 1691 la *Vie de Monsieur Descartes*, Slatkine Reprints, en 2 volumes, 417 p. et 600 p.

Pour romancée qu'elle paraisse, la scène néanmoins parle. Aux hommes d'Église, aux hommes de science et aux esprits éclairés, Descartes tient sensiblement le même discours : vous avez besoin de moi. Si vous jugez nécessaire que votre foi, vos mœurs, vos sciences échappent aux bateleurs, voilà une méthode. Elle met à l'épreuve les vraisemblances, dévoile les artifices et fait douter du douteux. Vous ignorez encore si j'apporte des vérités, mais vérifiez sur l'heure que je vous délivre du faux. Le philosophe propose un front uni dans la lutte contre l'erreur et le mensonge.

Aux yeux du Père Mersenne *, la recherche désintéressée et rigoureuse, la mathématique et la mécanique, sont l'unique issue; le devenir-science de la conscience européenne la délivrera de la magie et de la sorcellerie, l'émancipera des hérésies et lui rappellera l'authentique religion (catholique et romaine).

* R.P. Marin Mersenne (1588-1648), religieux minime : « ... jamais mortel ne fut plus curieux que luy pour pénétrer tous les secrets de la Nature, et pour porter toutes les sciences et tous les arts à leur perfection. Peu de gens furent plus industrieux à satisfaire cette insatiable curiosité par des expériences de toutes manières, par ses propres méditations, et par des relations continuelles qu'il avoit avec tous les Sçavans et Curieux de l'Europe. Il s'étoit rendu comme le centre de tous les Gens de Lettres par le commerce continuel qu'il entretenoit avec tous, et tous avec luy. C'étoit à luy qu'ils envoyoient leurs doutes et leurs difficultez pour étre proposées par son moyen à ceux dont on en attendoit les solutions; et lorsqu'il les avoit reçûës il les leur renvoyoit faisant à peu prés dans le corps de toute la république des Lettres la fonction que fait le cœur dans le corps humain à l'égard du sang. C'étoit à luy qu'aboutissoient toutes les nouvelles de littérature pour les répandre ensuite par tout le monde sçavant. On le consultoit sur tout ce qui est du ressort de l'esprit humain : on luy communiquoit tous les desseins afin qu'il en facilitât l'exécution; et il mettoit tout le monde dans les voyes. Les Italiens le regardoient aussi bien que nous comme le *grand négociant* des Lettres, qui fournissoit les provisions aux autres, et qui sçavoit exiger d'eux ce qu'ils étoient capables de produire. Il avoit heureusement jetté parmi les Sçavans une émulation honnête pour les exciter à publier les véritez qu'ils avoient découvertes, ou à s'appliquer à la recherche de celles qui sont les plus cachées, et dont plusieurs ont été heureusement développées par ses innocentes intrigues. Lorsqu'il ne pouvoit persuader ces grands génies à faire part de leurs travaux au Public, il essayoit de les y forcer, insérant dans ses livres ce qu'il apprenoit par leur communication; et il les trahissoit en profitant de leurs lumiéres, pour les mettre hors d'état de pouvoir reculer. Par ce moyen il vouloit leur faire entendre que ce qu'ils prétendoient cacher étoit déjà public; et que ce qu'on demandoit d'eux étoit à moitié fait » (BAILLET, *Vie de Monsieur Descartes*).

Sur Mersenne cf. R. LENOBLE, *Mersenne ou la naissance du mécanisme*, Vrin, Paris, 1971.

Descartes lui explique que ses *Méditations métaphysiques* – qui ne persuadent ni n'enthousiasment le bon père – fondent la connaissance en vérité. Sans ma méthode, réitère-t-il, vous errerez comme un mathématicien athée : « Or qu'un athée puisse connaître clairement que les trois angles d'un triangle sont égaux à deux droits, je ne le nie pas; mais je maintiens seulement qu'il ne le connaît pas par une vraie et certaine science, parce que toute connaissance qui peut être rendue douteuse ne doit pas être appelée science; et puisqu'on suppose que celui-là est un athée, il ne peut pas être certain de n'être point déçu dans les choses qui lui semblent être très évidentes... » (*Deuxièmes Réponses*). Après l'Église et la science, l'État. A l'occasion, Descartes offrira ses services, escomptant aussi un ordre de mission. En France la tentative avorte, en Suède l'occasion se présente mais un fatal refroidissement termine l'engagement en mettant fin au penseur.

Le triple couronnement de la nouvelle philosophie par les autorités du Ciel, de la Terre et de l'Esprit rend perplexe. Trop c'est trop. A l'évidence, il y a quiproquo. Le philosophe ne saurait, sans se contredire, satisfaire les attentes passablement divergentes d'institutions en désaccord sur leurs compétences respectives. Le cas Bérulle est révélateur. Rien de plus normal, à première vue, que d'établir un front commun entre un penseur qui se mêle de « prouver » Dieu et le cardinal qui couvre la France d'écoles, la peuple de directeurs de conscience et entreprend de régénérer une à une les âmes du royaume. Si la France a besoin de saints – et l'ordre de l'Oratoire qu'il fonde s'emploie à susciter des vocations –, elle exige aussi une sainte philosophie qui donne l'immortalité de l'âme pour certaine. Et c'est ce qu'annonçait le titre original des *Méditations*, quitte pour Descartes à en rabattre dès la seconde édition. A peine entré dans le vif du sujet, on voit le mirage de cette union sacrée se dissiper, Bérulle et Descartes fraternisaient d'autant plus volontiers qu'ils négligeaient de s'entre-écouter. Une visite des textes révèle que leurs auteurs n'émettent pas sur la même longueur d'onde.

Les *Discours de l'État et des Grandeurs de Jésus par l'union ineffable de la divinité avec l'humanité* découvrent un Bérulle en contact, modeste pour sûr, mais direct avec la divinité.

Conseiller et confesseur des grands du royaume, le cardinal n'ignorait rien du fonctionnement des institutions. En connaisseur, il risque un parallèle délicat, invitant à séparer dans l'économie divine, comme dans le gouvernement du royaume, le « cabinet » et le « conseil ». La coutume distingue les affaires privées du roi agitées dans son cabinet et les publiques, celles du royaume, élaborées dans son conseil. Dieu, pareillement, ne sort pas de lui-même et de la Trinité, ne traitant alors en cabinet « qu'avec les personnes divines »; en revanche « c'est le propre du Conseil de Dieu de ne délivrer et pourvoir qu'à ce qui est hors de Dieu ». L'incarnation enchevêtre énigmatiquement cette division du travail; « nouveau Conseil » et « nouveau Mystère », il paraît impossible depuis les Évangiles de maintenir tranchée la séparation en Dieu du rapport à soi et du rapport à la création. La « nouvelle alliance » qui « donne et produit au Monde l'Auteur du Monde » complique l'Œuvre de ses Œuvres et le « Conseil des Conseils », dès lors que délibérant sur ce qui est « hors de lui » le Seigneur ordonne et délibère « non sur les créatures, mais sur soy ». Le cardinal ne tarit pas d'explications. « Ne plaignons pas doncques un peu de temps à pénétrer davantage dans les secrets de nos Mystères. »

Descartes ne suit pas le prélat sur ce terrain. Il s'interdit d'emblée tout braconnage intellectuel sur les chasses gardées de la divinité; il ignore s'il convient de distinguer, comme à la cour, le cabinet et le conseil pour envisager ensuite leur miraculeuse fusion; il estime inconvenant, pour qui recherche philosophiquement une vérité, de pousser si haut l'investigation : une telle ambition implique le désir d'« être du conseil de Dieu et prendre avec lui la charge de conduire le monde, ce qui cause une infinité de vaines inquiétudes et fâcheries » (à Élisabeth, septembre 1645). Faute de siéger au comité directeur de la Création, ou d'y pénétrer par quelque porte dérobée, Descartes prononce la séparation (douce et sans acrimonie) de la religion et de la philosophie. Dépourvu d'illumination extraordinaire, il procède en « homme purement homme », sans omettre de préciser qu'il ne soumet pas les vérités révélées à la « faiblesse » de ses raisonnements, car « pour entreprendre de les examiner et y réussir, il était besoin d'avoir quelque extraordinaire assistance du ciel, et d'être plus qu'homme » (*Discours de la méthode*).

Entre le *Discours de la méthode* et les *Discours de l'État et des Grandeurs de Jésus*, le divorce est irrémédiable. Le second prend pour thème inépuisable le sujet que le premier tient par principe inabordable. D'où vient un si fondamental désaccord entre deux esprits qui de prime abord sympathisent? Les historiens sérieux ne relèvent aucune raison de suspecter la sincérité des professions de foi du philosophe. Descartes croit, ni moins, ni plus que le prélat, il croit autrement.

Filant l'analogie et identifiant les affaires de la cour et l'organisation des pouvoirs célestes, le cardinal ne laisse pas d'apparaître téméraire. Descartes ne s'arrête pas sur une question de rhétorique, il compare lui-même Dieu à un « souverain dans son royaume »; il convient que s'agissant de l'infini, métaphores, images et comparaisons sont aussi nécessaires que nécessairement inadéquates, elles témoignent moins de la grandeur de ce qui est pensé que de la faiblesse de celui qui pense. Descartes n'est ni l'athée qui dissimule, ni le radical-socialiste sur le sentier de la guerre, ni l'ultrakantien qui parle de Dieu pour signifier qu'il ne faut pas en parler. L'hiatus touche plus profond que la simple différence des manières de dire ou de taire.

Inouï en théologie, le Dieu de Descartes introduit du jamais vu en philosophie : il *crée* les vérités éternelles. Depuis Platon imaginant le cosmos fabriqué par un démiurge plus ou moins mythique, on comprend la création comme une activité réglée sur des Modèles, des Idées (Bérulle préfère : des « prototypes »). Dieu ne fait pas n'importe quoi, il agit selon un programme, le meilleur évidemment, et par voie de conséquence ces vérités qui règlent également le choix humain sont elles-mêmes sacrées, elles précèdent nécessairement une création qu'elles modulent. Cette manière de concevoir la production des êtres et des choses domine la pensée occidentale avant comme après Descartes; elle s'impose aux œuvres humaines non moins qu'aux célestes et vaut pour les athées comme pour les religieux. Pour fabriquer un lit, dit Platon, le menuisier doit se régler sur l'Idée de lit. Et Dieu pour faire un monde bon sur l'Idée du Bien. Mesuré à l'aune de ce schéma passe-partout, le

Dieu de Descartes entretient un rapport extraordinaire avec sa propre bonté : puisqu'il crée toutes les Idées, il ne possède en lui aucun critère préalable du bon qui lui permette de délibérer « en cabinet », seul à seul avant la création.

Il répugne que la volonté de Dieu n'ait pas été de toute éternité indifférente à toutes les choses qui ont été faites ou qui se feront jamais, n'y avant aucune idée qui représente le bien ou le vrai, ce qu'il faut croire, ce qu'il faut faire, ou ce qu'il faut omettre, qu'on puisse feindre avoir été l'objet de l'entendement divin, avant que sa nature ait été constituée telle par la détermination de sa volonté. Et je ne parle pas ici d'une simple priorité de temps, mais bien davantage je dis qu'il a été impossible qu'une telle idée ait précédé la détermination de la volonté de Dieu par une priorité d'ordre, ou de nature, ou de raison raisonnée, ainsi qu'on la nomme dans l'École, en sorte que cette idée du bien ait porté Dieu à élire l'un plutôt que l'autre. Par exemple ce n'est pas pour avoir vu qu'il était meilleur que le monde fût créé dans le temps que dès l'éternité, qu'il a voulu le créer dans le temps; et il n'a pas voulu que les trois angles d'un triangle fussent égaux à deux droits parce qu'il a connu que cela ne se pouvait faire autrement, etc. (*Sixièmes Réponses*).

Toutes ces négations concernent seulement notre rapport à la divinité, elles interdisent que nous concluions analogiquement de nous à elle, opération que ne se refusent ni Bérulle, ni les pré-ni les postcartésiens.

Le refus d'introduire son lecteur aux secrets du « conseil » de Dieu ne procède pas de la seule humilité chrétienne ou prudence philosophique; l'événement, plus secret et plus grave, touche à la nature et à la définition de ce que nous nommons *idées*. La tradition les rangeait du côté du Créant, intangibles modèles de la création; elles basculent tout à coup côté créé, devenant les produits d'une production qui énigmatiquement se passe d'elles. Descartes n'est pas un sans-dieu, il a perdu le Bon dieu. Un dieu qui crée le Bien sans se référer à un gracieux modèle préexistant ne saurait être bon, au sens habituel. « Le bien ne sera pas un motif de sa volonté, puisqu'il est postérieur à la volonté », note Leibniz qui trouve décidément le Dieu de Descartes « bien étrange » et « fondement de la philosophie athée ». Cette divinité échappe à nos critères humains, trop humains. L'Être suprême ne devient pas méchant pour autant, il prend ses distances, une distance infiniment infinie, prononcera Pascal plus cartésien qu'il ne le soupçonne. Pendant près d'un siècle, les moralistes français vont explorer les tenants et aboutissants d'une nouvelle condition humaine, déployée dans la « présence d'un Dieu qui se cache » (Pascal). Comment se cache-t-il? En rendant le Bien-Beau-Vrai douteux, c'est-à-dire en refusant de se présenter à travers la clarté jadis incontestable des « transcendantaux », que le XIXe siècle rebaptise « valeurs suprêmes ».

Nous ne sommes pas dans le secret des dieux. Nous n'avons pas à y être. Pour des raisons qui touchent à l'essence de la raison, à la nature des idées qu'elle manie. Descartes prend par avance le contre-pied des conceptions dominantes du XIXe siècle européen et des idéologies qui, de droite ou de gauche, nationales ou internationales, parcourent au XXe siècle le globe dans son entier. La décision est prise très tôt; le Dieu créateur des vérités éternelles apparaît dans une lettre à Mersenne, datée 1630. Elle ne sera jamais affichée en détail, tant l'arbitraire d'un acte qui crée de rien, ex nihilo, le beau et le bien risque d'effaroucher maints fidèles. Ce Dieu extraordinaire révoltera les grands « cartésiens » : Malebranche, Leibniz, et même Spinoza. « Le Dieu de Descartes est le plus libre des Dieux qu'a forgés la pensée humaine », remarque Sartre. La doctrine gouverne discrètement et affleure à chaque moment crucial. Elle ne maintient pas seulement une distance irrécupérable entre la méditation philosophique et la révélation religieuse, elle oppose rigoureusement les certitudes de la science et celles, plus solides, de la pensée.

Le quiproquo avec Mersenne, porte-parole des savants, est de la même eau que le malentendu où plonge Bérulle, paladin de la foi. Au départ, Descartes en appelle à une complicité voulue inébranlable, il entend fonder la science, l'asseoir sur une base inattaquable. Que peuvent exiger d'autre ses collègues éclairés? Pourtant les réticences réitérées du fidèle Mersenne s'expliquent aisément, il objecte dès qu'un métaphysicien entreprend de mettre en doute l'existence du monde extérieur. Le physicien – à l'époque on dit globalement : philosophe –

travaille sur des réalités physiques; une fois celles-ci suspendues, qu'en est-il de sa science? D'autant que le monde intérieur du savant passe à son tour à la trappe lorsque les certitudes mathématiques elles-mêmes deviennent sujettes à caution. Comment la science nouvelle, toute à la gloire de mathématiser l'espace et le mouvement, accepterait-elle de voir ainsi soupçonner l'instrument merveilleux que Descartes algébriste et géomètre a contribué à perfectionner? Bien davantage en phase avec le sentiment spontané des chercheurs de l'époque, Leibniz annonce bientôt : Dieu a calculé et le monde apparut. Le Dieu de Descartes ne sait créer en calculant, car il crée le calcul autant que le monde et il aurait pu faire que deux et deux ne fissent pas quatre.

La condamnation de Galilée (1633) perturba la communauté intellectuelle. Descartes remit sine die l'achèvement de son *Traité du monde*, qui tenait l'héliocentrisme pour acquis. Il expliqua par la suite qu'on pouvait affirmer la Terre immobile sans que sa physique des tourbillons en souffrît. On taxa souvent pareille dérobade d'esquive, supposant parfois que le masque d'un fidèle conformiste et prudent cachait un esprit subversif, libre penseur, voire hérétique. Certains, plus rares, se plurent à percevoir dans la « solution » proposée un avant-goût de relativisme : Einstein percerait sous Descartes. Tel débat ne reflète que la dispute des positivistes quelque peu scientistes et des spiritualistes assez dévots du XIXe siècle français. Par une illusion rétrospective des plus communes, le cartésianisme, qui n'en pouvait mais, fut invité à présider au divorce de l'Église et de l'État. L'actualité politique variant, la grande querelle universitaire s'éteint finalement faute de combattants, sur le jugement mesuré et impartial de Gaston Milhaud : le philosophe était de bonne foi, « à travers ses querelles, ses accès de mauvaise humeur et de susceptibilité exagérée (...) ce qui frappe le lecteur c'est qu'il prend toujours tout au sérieux. Et ce trait de son caractère écarte naturellement tout soupçon de comédie... » La comédie exclue, reste l'ironie. Descartes se fait peindre par Weenix en arborant la fière devise : le monde est une fable. Il y a le récit de la Genèse au nom duquel le Saint Office persécute Galilée. Et il y a la « certitude morale » de la physique : elle tourne. Les passages de l'Écriture qui vont contre le mouvement de la Terre sont une « façon de parler » populaire et non scientifique. Mais la physique rationnelle n'a pas non plus le dernier mot, elle ne juge pas du point de vue de l'absolu : « Il est certain que Dieu a une infinité de divers moyens, par chacun desquels il peut avoir fait que toutes les choses de ce monde paraissent telles que maintenant elles paraissent, sans qu'il soit possible à l'esprit humain de connaître lequel de tous ces moyens il a voulu employer à les faire » (*Principes*, IV, 204).

Incontestablement la criminalisation de l'héliocentrisme par Rome a ébranlé Descartes : « J'avoue que si ce sentiment du mouvement de la Terre est faux, tous les fondements de ma philosophie le sont aussi. » Doit-on conclure qu'il recule, biaise et dissimule? Supposons qu'il feinte, passe entre les deux camps, lance un nouvel art de penser et renvoie dos à dos l'Église, qui brandit son texte saint implacable et univoque, et Galilée, qui lui oppose la neuve infaillibilité d'une science non moins tranchante (« la nature est écrite en langage mathématique »). Il n'existe pas pour Descartes de loi écrite de toute éternité. Même les mathématiques, si chères à son cœur, sont de l'ordre de l'invention; travailler avec elles, c'est inventer un ordre; le Créateur, tout le premier, les inaugure; loin de se conformer à quelque modèle préétabli qui reposerait à l'antique dans le ciel des idées, avant que le démiurge n'agisse et que l'homme ne pense. Feuilletant à son tour le *Grand Livre du monde*, Descartes invite aux voyages, à l'essai, aux épreuves; il n'évoque pas de texte unique, son « livre » parle des langues multiples.

« Il s'étudia aussi beaucoup à recueillir diverses expériences, tant sur les choses naturelles que produisaient les différents climats par où il passait, que sur les choses civiles qu'il voyait parmi les peuples, d'inclinations et de coutumes différentes. C'est ce qu'il appelait *le grand livre du monde*, dans lequel il prétendait chercher la vraye science, n'espérant pas pouvoir la trouver ailleurs que dans ce volume ouvert publiquement, et dans soy-même, selon la persuasion où il était que les semences que Dieu a mises en nous ne sont pas entièrement étouffées par l'ignorance ou par les autres effets du péché. Suivant ces principes il voulut que ses voyages lui servissent à s'éprouver lui-même dans les rencontres que la Fortune lui proposait » (Baillet). En délaissant le projet d'un *Traité du monde* pour oser un inouï *Discours de la méthode*, Descartes quitte la terre ferme où tout est scientifiquement ou religieusement écrit. Il se jette dans l'océan d'un doute, où tout reste à découvrir, y compris le Tout lui-même, ce monde qui tourne à la fable tandis que, depuis trois siècles, fanatiques de la foi et fanatiques de lamécanique s'en disputent les dépouilles qu'ils croient « réelles ».

4. *Le déchaînement d'Éros*

Les ponts sont coupés. Les disciplines traditionnellement les plus glorieuses s'avèrent inaptes à pointer quelque vérité première, et la fréquentation des ambassadeurs, des princesses et des reines n'introduit qu'un troisième quiproquo. Certes, têtes couronnées et têtes pensantes s'unissent aisément contre le nihilisme politique qui envahit les cours, sous les traits d'un machiavélisme vulgaire. L'heure est à l'établissement d'écoles et d'académies. Le philosophe ne cesse d'offrir ses services, mais son programme ne répond visiblement pas à la demande des pouvoirs. Les jeunes États-nations se partagent hargneusement l'Europe, exclusifs, fiers de leur moderne puissance, jaloux de leur unité politique et religieuse – la France avance vers la révocation de l'édit de Nantes. Descartes est une personne déplacée. Il passe vingt et une années, les plus décisives de sa bataille philosophique, dans la libérale Hollande. Un demi-siècle plus tard, son admiratif biographe tente naïvement de le blanchir et d'expliquer pourquoi – ô scandale – son héros s'expatrie chez les hérétiques : « Mais quelque avantage que la Hollande eut au-dessus de l'Italie dans la pensée de M. Descartes, la vue de la religion catholique l'aurait infailliblement déterminé à se retirer au-delà des Alpes, sans la crainte des maladies que la chaleur de l'air a coutume de causer en Italie... » (Baillet). Admettons. Mais pourquoi quitter la France, où de calmes ermitages peuvent abriter ceux que les tumultes de la capitale offusquent? Le paradoxe est complet :

l'homme qui représente l'esprit français, l'incarnation de tout ce que l'univers apprécie ou fustige chez les natifs de l'hexagone, le penseur à qui l'on attribue, en bien ou en mal, à tort ou à raison, la paternité des rigueurs jacobines, des centralisations napoléoniennes, du rationalisme bureaucratique, des ratiocinations administratives, de la suffisance universitaire et même le dévergondage télévisuel, cet individu, symbole de toutes les qualités et autres vices nationaux, ne supporte pas de rester chez lui et de converser quotidiennement avec ses compatriotes. Quintessence de la nation, ce Français plus vrai que tous les Français et que l'on perçoit au cœur de chacun d'eux, cet emblème d'intelligence, supposé inaltérable alors que passent les modes et que s'oublient batailles et amours, qui est-ce? Un marginal, soucieux de marginalité, refusant de vivre et mourir au pays, pour le pays : un mauvais Français. « Me tenant comme je suis, un pied dans un pays et l'autre en un autre, je trouve ma condition très heureuse, en ce qu'elle est libre », écrit-il à Élisabeth, en juillet 1648.

Les peuples comme les chefs apprécient qu'on les courtise. Descartes, inhabile à flatter, lâche tout de go : « Si un homme vaut plus, lui seul, que tout le reste de sa ville, il n'aurait pas de raison de se vouloir perdre pour la sauver » (à Élisabeth, septembre 1645). Qui juge? La ville ou l'homme? Le citoyen fixe lui-même son prix aux pouvoirs qui le sollicitent. Il s'auto-évalue. Voilà, en germe, planté dans l' « esprit français », l'axiome des modernes dissidences. Lorsque des « intellectuels » (la dénomination apparaît alors) agressent l'état-major et la classe politique, en réclamant contre l'injustice faite à Dreyfus, ils sont vertement tancés par Brunetière : pour ce porte-parole conservateur, l'armée s'identifie avec la Nation et les écrivains perturbent la discipline indispensable à l'existence de la société, ils pèchent par individualisme et égoïsme. Sous la plume de Darlu, qui fut le professeur de philosophie de Marcel Proust, la *Revue de Métaphysique et de Morale* – qui venait d'être fondée par de jeunes universitaires – répond par une apologie toute philosophique de l'individualisme : « Toutes les fois que nous réfléchissons sur les choses, notre pensée a son centre dans notre conscience individuelle (c'est le cogito cartésien); et elle s'applique à des objets qui tiennent les uns aux autres et qui sont les pièces et les parties de l'univers. Notre humble jugement prend la mesure du monde; notre petite volonté ajoute de l'être à la réalité où elle puise. Nous ne sommes qu'un fil dans la toile immense qui se balance au vent du ciel, et cependant nous ressentons le mouvement de l'ensemble, et nous savons le ralentir ou l'accélérer... » La référence cartésienne ne laisse pas d'être par trop respectable, voire souvent poussiéreuse; elle n'en a pas moins véhiculé pendant quelques siècles une charge éminemment subversive. De quoi inquiéter les grandes institutions – familles, entreprises, Églises, partis, patries, humanité – qui enveloppent l'individu de soins et d'exigences, lui offrant sécurités sociales et mentales, à condition qu'il les aime et se sacrifie pour elles.

Descartes délie l'individu. De quoi? Des filets de l'amour. Tant que ce sublime sentiment règle le cours des choses, un individu n'a pas à se demander s'il vaut plus que toute une ville. Certes, saint Augustin vaut davantage que l'empereur romain et son empire, mais pas en tant qu'individu; en lui, c'est l'Église qu'il faut sauver et c'est elle qui juge. Dans la Grèce finissante, au Moyen Age, pendant la Renaissance, le lien d'amour fut unanimement glorifié; de la Nature qui crée à la nature créée, comme de créature à créature, Éros domestiqué par la spéculation, la religion et l'art circulait pacificateur et rassembleur. Les perversions de la passion, sans être ignorées, n'étaient pas estimées assez positivement puissantes pour mettre à mal la grandiose harmonie du cosmos. L'heure cartésienne sonne au moment où la fonction cosmologique de l'amour vire et que le principe d'ordre se découvre irrépressible agent de subversion et de désordre : sous le nom d'amour-propre (c'est-à-dire d'amour de soi), la France classique de La Rochefoucauld, de Racine et de Molière dévoile les pouvoirs désintégrateurs d'Éros. Le lien céleste est dénoué. L'événement affecte le rapport qu'une conscience solitaire entretient avec elle-même, mais aussi le commerce des États ou la communication entre la création et le créateur. Le règne de la liaison amoureuse avait été universel, l'individualisme cartésien ne le sera pas moins, qui inaugure le régime du non-amour.

La rupture est décisive avec une tradition millénaire – platonique – qui prétendait réduire l'amour de la sagesse à une sagesse de l'amour. Descartes connaît cette chanson : « La nature de l'amour est de faire qu'on se considère avec l'objet aimé comme un tout dont on n'est qu'une partie », fredonne-t-il, précisant dans la foulée que cette formule circule grosse d'ambiguïtés : qui se targuerait de débrouiller la relation-piège où l'amoureux s'annonce évaluateur et évalué, peseur et pesé, juge et partie, sacrificateur et sacrifié, en toute bonne conscience, sans pressentir l'ombre d'une difficulté? Le philosophe défiant distingue, d'un côté, l'amour « purement intellectuelle et raisonnable », de l'autre « celle qui est une passion ». La seconde affection se prête à toutes les aliénations que le corps et les souvenirs d'enfance verrouillent; la première, pour sage qu'elle paraisse, porte également au délire, puisque même l'amour de Dieu nous pourrait faire venir « à l'extravagance de souhaiter être dieux » et perdre la mesure de « notre petitesse » (à Chanut, février 1647).

En reléguant au magasin des farces et attrapes l'amour qui si longtemps gouverna la pensée, la nouvelle philosophie ne soutient pas, à la Hobbes, que les hommes sont irrécupérablement méchants, ni, à la Machiavel, que l'amour est mauvais : elle le montre trompeur. Et d'autant plus malin qu'il ne l'est pas toujours. La nature, en l'homme comme hors de l'homme, se tait ou dit n'importe quoi. Prétendre la suivre, comme le propose le droit naturel classique, égare le politique. Nulle justice universelle. Aucun souverain Bien ne règle plus les rapports entre États, la rupture de l'Europe chrétienne est consommée. Depuis le concept moderne et a-théologique de souveraineté élaboré par Jean Bodin et les « Politiques » du XVIe siècle, « la justice entre les Souverains a d'autres limites qu'entre les particuliers et il semble qu'en ces rencontres Dieu donne le droit à ceux auxquels il donne la force » (à Élisabeth, septembre 1646). La sentence tombe, terrible, aussi coupante spontanément que celles que Pascal cisèlera bientôt : « La justice est sujette à dispute, la force est très reconnaissable et sans dispute (...) ainsi ne pouvant faire que ce qui est juste fût fort, on a fait que ce qui est fort fût juste. »

Dieu n'est lié par aucun modèle avant de créer. Chaque État, de même, ne respecte que les lois qu'il a lui-même édictées, sans reconnaître de juridiction supérieure, préalable et plus universelle. « Ne craignez point, je vous prie, d'assurer et de publier partout, que c'est Dieu qui a établi ces lois en la nature [il s'agit des mathématiques] ainsi qu'un roi établit des lois en son royaume » (à Mersenne, avril 1630). De même, sans autre mandat que celui qu'il se donne à lui-même, l'individu exerce le pouvoir de révoquer en doute l'intégralité de ses croyances et par là, avant de savoir quoi que ce soit, il se sait libre et découvre, dans son détachement hors nature, l'indice d'une souveraineté qui lui est propre. « Mais quand celui qui nous a créés serait tout-puissant et quand même il prendrait plaisir à nous tromper, nous ne laissons pas d'éprouver en nous une liberté qui est telle que, toutes les fois qu'il nous plaît, nous pouvons nous abstenir de recevoir en notre croyance les choses que nous ne connaissons pas bien, et ainsi nous empêcher d'être jamais trompés » (*Principes*, I, 6).

Descartes applique à Dieu, aux États et à l'esprit individuel un identique concept de souveraineté, invitant à repérer derrière les évidentes différences de rang et de prestige quelque équivalent pouvoir inaugural, arbitral, et arbitraire. On aurait tort d'imaginer ici Dieu, moi et l'État expéditivement identifiés. Mais une seule et même opération chirurgicale tranche le cordon ombilical. Dieu est antérieur à la bonne nature qu'il crée; les États sont exorbités d'un monde juste, qu'après coup seulement ils parviendront, peut-être, à esquisser; l'individu s'éprouve cherchant avant de se trouver prouvant. Par trois fois une analogue castration abroge l'universel lien d'amour assemblant créateurs et créatures, au gré d'une tradition venue du *Banquet* de Platon et triomphante dans la *Somme théologique* de saint Thomas.

Tout, précartésiennement, était si simple, malgré l'extrême complexité du détail. L'analogie régnait, ressemblances et imitation réglaient les inférieurs sur les supérieurs, une seule raison opérait dans le grand ensemble où chacun conspirait à la gloire du créateur. Dieu s'aimant lui-même se conformait à son idée de la bonté et avait édifié la meilleure des créations. Les États ne pouvaient que persévérer dans l'être; ils participaient collectivement à la splendeur d'un ordre, où la construction et la justice étaient censées l'emporter globalement sur la destruction et l'injustice. Les hommes ne pouvaient que désirer leur bien, donc désiraient le Bien dans les limites de leurs facultés. Ce monde un, bel et bon, où l'Être englobe les êtres, s'avère pour Descartes définitivement anachronique. Et Leibniz adressera les plus vifs reproches à une nouvelle philosophie à qui « il est inutile de parler et de la bonté et de la justice de Dieu » et pour qui « la providence ne sera qu'une chimère ». Tandis que Leibniz s'attache à retrouver derrière les désordres d'un Éros dislocateur les harmonies de l'amour créateur, un pareil replâtrage du cosmos antique n'est nullement l'objectif de Descartes.

L'univers clos, dont le pape et l'empereur se sont au long du Moyen Age disputé la gestion, éclate. La découverte de nouveaux mondes les révèle étrangers aux us et aux coutumes des religions du Livre. La poudre, l'imprimerie, la boussole, l'Europe brisée religieusement et nationalement divisée, les renaissances ont dynamité l'ordre antique si soigneusement christianisé. Quand arrive Descartes, les effondrements ont eu lieu. Il dresse le constat des disparitions et bâtit une pensée d'après effondrement. L'amour n'est plus guide infaillible; la nature doit elle-même être dressée et éduquée; le monde n'enveloppe familièrement ou familialement aucune tutélaire providence. « Je fermerai maintenant les yeux, je boucherai mes oreilles, je détournerai tous mes sens, j'effacerai même de ma pensée toutes les images des choses corporelles, ou du moins, parce qu'à peine cela se peut-il faire, je les réputerai comme vaines et comme fausses, et ainsi m'entretenant seulement moi-même, et considérant mon intérieur, je tâcherai de me rendre peu à peu plus connu, et plus familier à moi-même » (*Méditations,* III). Le monde est une fable à déchiffrer dans la plus neuve des solitudes.

Interlocuteurs et amis tentent en vain, comme nombre de disciples plus tard, de ruser avec l'événement des événements : la disparition du cosmos antique et de l'orbe médiéval. La Renaissance avait espéré sauver le monde avec sa bonté et sa beauté; l'idéalisme enthousiaste de la nouvelle académie de Florence et Marsile Ficin diffusèrent sur l'Europe érudite, en invoquant le divin Platon, la doctrine du règne universel de l'amour. Illustré et comme vérifié par les peintres et les poètes, l'empire de Vénus et des nymphes est de plus en plus éclipsé par l'univers-machine de la nouvelle physique, de la physiologie et de l'anatomie comparée naissantes. Animés ou inanimés, toutes espèces confondues, les corps sont justiciables d'explications sobres et désenchantées; leurs mouvements s'élucident prosaïquement par chocs, poussées, tractions, imbrications, condensations, ébullitions. Le savant du XVIIᵉ siècle passe côté cuisine. Il s'intéresse en technicien à la production de certains effets plutôt qu'à leur qualité esthétique ou leur finalité morale. Il se soucie de mécaniques et d'intelligibilité terre à terre. Certes les habitudes anciennes persistent, l'univers est une horloge dont on chante l'harmonie et la splendeur, mais l'éventuelle magnificence du cadran n'éclaire nullement le mécanisme. Avec Descartes, l'explication du monde s'affranchit du respect ému de ses beautés.

5. *Entre la persuasion et la dissuasion*

Ni Beau, ni Bien. La nature physique privée de sublime, la nature humaine semble vouée à la dislocation, à l'incohérence. La nouvelle philosophie procède à une double réduction. Elle sépare, premièrement, lumières surnaturelles et lumière naturelle : d'un côté, les révélations de la foi, de l'autre une recherche de la vérité, seule occupation des hommes purement hommes, recevable « partout, même chez les Turcs ». Deuxièmement, elle distingue la nature en général et les natures individuelles en privilégiant les secondes. L'homme idéal, bel et bon, point de mire de la culture antique, passe pour un concept vide. « Le souverain Bien de tous les hommes ensemble est un amas ou un assemblage de tous les biens, tant de l'âme que du corps et de la fortune... » Ce dédain inouï relègue au musée l'unique objet du soin et des querelles cultivés dans les écoles moralistes grecques et romaines. A la définition générale du bonheur, au souverain Bien universel est substituée la considération individualiste du souverain bien « d'un chacun en particulier » qui est, écrit Descartes à Christine de Suède, le 20 novembre 1647, « tout autre chose ». En deux mouvements et deux revers d'esprit sont proclamées désuètes et la sagesse chrétienne forte de son éclairage supraterrestre, et la sagesse païenne qui, dévoilant la « Nature », crut définir pour tous le plus grand bien en cette vie. Congé est donné, du même coup, aux aspirations confuses d'une Renaissance désireuse de les concilier. Les idéaux anciens ne sont guère discutés, Descartes les pose d'emblée *hors d'usage* : « Aristote ayant considéré le souverain Bien de toute la nature humaine en général, c'est-à-dire celui que peut avoir le plus accompli de tous les hommes, il a eu raison de le composer de toutes les perfections dont la nature humaine est capable; mais cela ne sert point à notre usage » (à Élisabeth, août 1645). Renvoyés de la Surnature à la nature et de la Nature-en-général à celle *d'un chacun*, les hommes sont condamnés à camper hors du Bien comme hors du Beau.

La France a besoin de saints renouant avec le Bien, pensait le cardinal de Bérulle. La France recherche des savants pour rétablir la Vérité sur son pavois, prônait Mersenne. Les Français manquent d'éducateurs qui leur rendent le sens de l'honnête et du beau, regrettait Richelieu. Descartes propose aux responsables une alliance qu'il estime loyale et sincère, affirmant rester fidèle à « la religion de son roi », voire « à la religion de sa nourrice ». L'apparente boutade rappelle une ferveur et annonce une espérance : ni l'infinie variété des nourrices, ni la diversité des convictions religieuses ou politiques n'entraînent fatalement la zizanie et le meurtre. Certes le nourrisson en nous subsiste indépassable, premiers émois et souvenirs d'enfance fixent la saveur propre d'un plaisir que chaque individu découvre incomparable. L'union de l'âme et du corps forme ainsi « une troisième substance », aussi originale la vie durant que les deux premières : entre l'esprit qui pense et la machine du corps, elle définit notre caractère ou notre nature, l'équation personnelle qui partage plaisir et peine. Notre bien et la vivacité des sentiments qu'il provoque n'est pas le bien-de-tout-le-monde, si tant est qu'une telle rareté existe.

Comment vivre dans un monde déserté par le beau et le bien communs? Faut-il désespérer d'un minimum d'accord? Engoncé dans l'union singulière de son âme et de son corps, l'individu risque de ne jamais rencontrer son prochain également verrouillé par sa nourrice et ses préjugés. L'humanité cartésienne se résumerait ainsi à la spirale tourbillonnante de consciences erratiques condamnées à se heurter sans se voir ou à parler pour ne rien dire, chacune ne racontant que « sa » vie sans entendre aucune autre. Pour rompre le sombre déportement qui brinquebale ces solitudes solipsistes, Descartes dédaigne les facilités d'un coup d'État philosophique, aucune Nature humaine ne vient couvrir d'une voix unitaire le murmure infini de nos différences naturelles. Aucune voix ne fixe un Bien commun incontestable venu homogénéiser les émois, raccommoder les cœurs pour embraser les âmes européennes d'une seule flamme. Plus restreinte, moins racoleuse, la solution cartésienne emprunte à l'ascèse médicale et pas à l'enthousiasme prêcheur. Si l'économie des plaisirs attache les particuliers à leur histoire singulière, la perception des peines permet quelque échange d'expérience. En prêtant trop aux sentiments qui affleurent, ma nature me trompe : la douleur, ou la chaleur que le feu dégage, je suis dans l'erreur lorsque je les projette posant en lui quelque chose de ressemblant à cette chaleur et à cette douleur. Le feu brûle : cela révèle peu sur lui, mais beaucoup sur ma nature qui « m'apprend bien à fuir les choses qui causent en moi le sentiment de la douleur et à me porter vers celles qui me communiquent quelque sentiment de plaisir... » Si la poursuite ne renvoie finalement qu'à moi-même – à chacun son plaisir et son idée du bien –, la fuite semble davantage universalisable. Faute de souverain bien, un mal commun? Une perception communicable, généralisable des maux? La médecine ne fait pas le bien, elle soigne des maladies. Quand elle délaisse l'univers des charlatans, elle peut guérir, sans prétendre gérer la santé, ou le bonheur.

Au nihilisme machiavélien, la nouvelle philosophie ne répond pas par l'énoncé péremptoire de quelque règle universelle, éternellement valable, à laquelle le Prince devrait se conformer. Au contraire, « Dieu donne le droit à ceux à qui il donne la force ». Aucune Nature tutélaire ne fonde à l'ancienne un Droit naturel antérieur et supérieur aux libres conventions que les États instaurent de gré à gré. Nulle table des lois ne précède ni ne juge l'acte souverain du législateur qui détient le pouvoir.

Tout semble possible : ni le chef, ni les sujets ne peuvent se réclamer d'un idéal supérieur. Pourtant tout n'est pas permis, « les plus justes actions deviennent injustes quand ceux qui les font les pensent telles ». Contre le machiavélisme, se maintient la distinction du juste et de l'injuste. Non parce que les braves gens connaissent le juste – ils se trompent comme n'importe qui – mais parce qu'ils subodorent l'injuste. Et ils se révoltent, « car enfin le peuple souffre tout ce qu'on lui peut persuader être juste, et s'offense de tout ce qu'il imagine être injuste; et l'arrogance des princes, c'est-à-dire l'usurpation de quelque autorité, de quelques droits, ou de quelques honneurs qu'il croit ne leur être point dus, ne lui est odieuse que parce qu'il la considère comme une espèce d'injustice » (à Élisabeth, septembre 1646). L'origine arbitraire et chaotique des pouvoirs politiques ne préjuge pas de leurs qualités; le temps souvent les civilise et les police car ils doivent compter avec la critique des sujets. Optimistes platoniques et pessimistes machiavéliens sont de la sorte mis à la porte simultanément. L'idée d'injustice, par la répulsion qu'elle engendre et les subversions qu'elle motive, permet d'envisager la bonification bon gré mal gré d'un régime. La Justice idéale s'éclipse, dont personne ne détient la formule. La loi commune veut que les hommes tendent « à se faire du bien les uns aux autres ou du moins à ne point se faire du mal » (à Élisabeth, janvier 1646). « Du moins » n'introduit pas une restriction mais une précision : ne pas faire de mal devient l'unique maxime universelle pour tout désir de bonne action.

Médecine sociale ou individuelle, la volonté d'élider les maux plutôt que d'assener le Bien bouscule peu le XVIIe siècle français. Elle s'inscrit dans une tradition bien assise, celle des « Politiques » qui délibèrent leur pays des guerres de religion en subordonnant les querelles sur les fins dernières à l'urgence première des exigences de survie. Paris vaut une messe, le leitmotiv légendairement attribué à Henri IV suspend la question du Bien – comment célébrer l'Être suprême? – et met en avant la question des souverains maux – Paris brûle-t-il? Les *Essais* de Montaigne abritent la substantifique moelle de cette prudence : « Je sais bien ce que je fuis, mais non pas ce que je cherche. »

En proposant son alliance antinihiliste aux autorités morales et politiques, la nouvelle philosophie ne fait pas miroiter un marché de dupes. Aux machiavéliens, elle accorde qu'un Bien un et indivisible est désormais hors d'atteinte, mais leur refuse la conclusion « il n'y a pas de mal ». La juste estimation des erreurs et des maux paraît la pierre de touche des accords possibles. L'inquiétude du doute inaugure la recherche philosophique. L'inquiétude philosophique place sur orbite une sagesse nouvelle, sans langueurs ni nostalgies. Le Cosmos antique, l'Europe chrétienne, la République des âmes, dont saint Thomas s'assura un temps la gestion, ne sont plus. Une mer de scepticisme s'étale sur les ruines des anciennes constructions intellectuelles. Pour lutter contre le nihilisme ambiant, il convient de lever la double hypothèque – « il n'y a pas de mal » et « il n'y a pas de vérité ». Pour regarder le mal en face et le saisir en vérité, il faut de la philosophie. De la philosophie et non pas une pensée bien pensante, prêchi-prêcheuse avec séjour garanti dans le vrai, immersion dans le bien et promesse d'amour ou de beauté. L'oiseau de la philosophie s'invente des yeux pour le désastre. La chouette de Minerve s'envole quand tombe le jour. Elle chasse dans le noir et elle voit dans la nuit.

Le principe du jour s'oppose à la nuit comme la persuasion à la dissuasion. Le grand soleil du bien, qui fait briller les choses dans leur présence prépondérante, régissait l'entente et l'analogie : entre créatures émanées d'un identique créateur, la ressemblance primait et imposait une justice commune. Quand le firmament s'obscurcit, lorsque les références familières deviennent équivoques et que l'individu se heurte à l'individu, il devient nécessaire de se rencontrer sans analogie : je ne suis pas Dieu, je ne suis pas toi, je ne suis pas le monde. L'astre suprême ne dispensant qu'une lumière intermittente et peut-être trompeuse, il faut s'éclairer du désastre. On ne s'entend qu'à partir d'un mal qu'on peut infliger ou subir, à charge de s'accorder pour éviter de le subir et de l'infliger. La société civile est tissée d'amours-propres qui se divertissent, comme la société européenne d'États égoïstes qui se heurtent à l'aveuglette. Dressant ce constat désabusé, la nouvelle philosophie propose de substituer aux illuminations transcendantes le duel avec les puissances trompeuses.

6. *Le grand décepteur*

Les interlocuteurs de M. Descartes ne le suivent pas. La remise en question va trop loin. Ni Bérulle le cardinal, ni Mersenne le savant, ni la France officielle ne perçoivent la nécessité d'un doute aussi universel, métaphysique, hyperbolique. Les disciples le réduisent, l'attendrissent ou le récusent. Leibniz, le plus lucide, s'insurge, reprochant à l'illustre aîné, devenu son ennemi posthume, de « supprimer toute la beauté de l'univers et toute la finalité des choses ». A quoi bon? La question ne trouve pas de réponse dans l'œuvre cartésienne. A peine s'énonce-t-elle. Le cocon douillet est crevé, où chaque chose prenait la place qui convenait pour œuvrer à la fin qu'une maternelle nature assignait. Dieu crée sans pourquoi. Les princes gouvernent de même. La conscience qui interroge trouve dans l'absence des fins dernières l'occasion de son nouveau départ. « Je suppose donc que toutes les choses que je vois sont fausses; je me persuade que rien n'a jamais été de tout ce que ma mémoire remplie de mensonges me représente; je pense n'avoir aucun sens; je crois que le corps, la figure, l'étendue, le mouvement, et le lieu ne sont que des fictions de mon Esprit; qu'est-ce donc qui pourra être estimé véritable? peut-être rien autre chose, sinon qu'il n'y a rien au monde de certain » (*Méditations*, II).

Doute pour doute. Le soupçon vient vite : sous le prétexte de combattre le scepticisme avec ses propres armes, la nouvelle philosophie entretient, réanime, arme et finalement sacre un nihilisme qui, malgré Descartes et, disent les méchantes langues, grâce à lui, devient la secrète doctrine de la modernité. Tel s'insinue, très tôt, l'avis d'un illustre cartésien, Bossuet, qui préside alors aux destinées de l'Église de France : « Je vois (...) un grand combat se préparer contre l'Église, sous le nom de la philosophie cartésienne. Je vois naître de son sein et de ses principes, à mon avis mal entendus, plus d'une hérésie; et je prévois que les conséquences qu'on en tire contre les dogmes que nos pères ont tenus, la vont rendre odieuse et feront perdre à l'Église tout le fruit qu'elle en pouvait espérer. » Descartes aurait ainsi travaillé, involontairement, contre lui-même et sapé les fondements qu'il croyait si fermement établir. Cette trappe qu'il ouvrit sous les nihilistes, voilà qu'il y tombe dans les éclats de rire que suscite bientôt un dupeur dupé. Au centre du dispositif, ressort secret du revirement, il y a, selon Bossuet, le doute. « Sous prétexte qu'il ne faut admettre que ce qu'on entend clairement (ce qui, réduit à certaines bornes, est très véritable), chacun se donne la liberté de dire : j'entends ceci, et je n'entends pas cela; et sur ce seul fondement on approuve et on rejette tout ce qu'on veut (...) Il s'introduit, sous ce prétexte, une liberté de juger, qui fait que, sans égard à la tradition, on avance témérairement tout ce qu'on pense. » Le piège se serait ainsi refermé sur le piégeur.

Les reproches de Bossuet demeurent mesurés. Le malentendu est attribué à la témérité des disciples, Malebranche en l'occurrence. Le père fondateur n'aurait péché que par imprévoyance mais le « malentendu » lui sera bientôt imputé. Dépassé par ses propres audaces, n'a-t-il pas invoqué le malin génie avec la naïveté de l'apprenti sorcier? Aurait-il inconsidérément abandonné à Méphisto, à l'esprit qui toujours nie, la force de frappe du radicalisme philosophique? Descartes, source du nihilisme moderne! L'hypothèse, devenue thèse, a lentement conquis la pensée du XXe. Au départ, seuls quelques néo-thomistes la soutinrent sous la houlette de Jacques Maritain. En 1937, date anniversaire du *Discours de la méthode*, la Sorbonne célèbre le culte du Grand Homme, dans une atmosphère d'unanimité touchante et mondiale. Cinquante années plus tard, les trois cent cinquante ans du *Discours* passent inaperçus; les contestations l'emportent sur les louanges; le refrain c'est-la-faute-à-Descartes fleurit jusque dans les sphères universitaires huppées. Fêtant en 1945 une liberté retrouvée de justesse, l'Europe éclairée s'est mise en même temps, tout uniment, à désespérer d'elle-même et du penseur qu'elle portait aux nues.

La vérité du nihilisme tient-elle entière dans le vague sentiment que les plus hautes valeurs se dévalorisent et dans la révélation banale qu'il n'est d'idéal qui ne flanche, qui ne prête au doute, voire provoque une réaction justifiée de rejet? On dit : la crise s'étend, les repères bougent, les points cardinaux s'effacent, rien n'est sacré, que croire, à qui se fier? On l'a toujours dit. De telles lamentations meublaient Sparte et Athènes, elles fleurirent la rhétorique romaine, l'an mil les multiplia, l'an deux mille fait écho. Et par génération spontanée, surgit immanquablement le contre-chœur des guérisseurs qui vantent diverses panacées : les anciens modèles n'attirent plus, suivez le mien; puisque les nouveautés se fanent, retournons aux Antiques. Les bons esprits annoncent alors la fin de la pensée et espèrent sans y croire en quelques remèdes miracles : « La philosophie est à bout (...) Seul un dieu peut encore nous sauver. » La prédiction de Heidegger, dans son interview posthume, suit la prédication de Bossuet; dans le sillage, la foi annonce derechef son triomphe sur le cartésianisme. Les esprits faux prolifèrent, qui font don de leur personne à la cause des valeurs suprêmes; faute de pouvoir désigner le bien, ils se complaisent à l'auto-éloge, imitant le « bareul », cet animal fabuleux sorti du bestiaire de Patrice de La Tour du Pin, censé produire lui-même la brume nécessaire à sa respiration.

Descartes n'épouse pas son époque. Autour de lui, les esprits s'agitent et tentent de rétablir la dignité de l'univers. Ils substituent au beau ancien le beau moderne, ou vice versa. Les saints édifient, les érudits mettent en ordre, les doctes passent de la Bible à la Mécanique, sans perdre le goût des infaillibilités. Familles et sociétés se policent; le roi va bientôt se prendre pour le soleil, à charge pour la cour, le pays et l'Europe de graviter autour. Au cœur de ces réaménagements à courte vue, original à sa manière, le philosophe joue les solitaires. Il promet moins et davantage qu'un monde nouveau de plus. Il annonce une *méthode* susceptible de fixer l'insoluble comme insoluble et de résoudre les problèmes élucidables. Contre le nihilisme, Paris est demandeur, mais l'atmosphère y est pesante. L'air de la capitale « me dispose à concevoir des chimères, au lieu de pensées de philosophe », écrit-il à Chanut (mai 1648). La France officielle exige la recette sèche et brève d'un réarmement moral, rapide et assuré; l'article ne se trouve pas dans la besace du penseur, il part ainsi planter ses pénates à Amsterdam, où, contrairement aux habitudes françaises et italiennes, personne ne songe à l'importuner. « En cette grande ville où je suis, n'y ayant aucun homme, excepté moi, qui n'exerce la marchandise, chacun y est tellement attentif à son profit, que j'y pourrais demeurer toute ma vie sans être jamais vu de personne. Je me vais promener tous les jours parmi la confusion d'un grand peuple, avec autant de liberté et de repos que vous sauriez faire dans vos allées, et je n'y considère pas autrement les hommes que j'y vois, que je ferais les arbres qui se rencontrent en vos forêts, ou les animaux qui y paissent » (à Balzac, mai 1631).

L'effervescence permanente du plus grand port d'Europe et la prospérité de la libre Hollande présentent un ironique miroir aux sombres fantômes qui hantent les nostalgiques d'antan. Lorsque chacun vaque à sa guise au bien qui lui est propre, on peut coexister sans Ordre moral, dans la tolérance et l'ignorance réciproques. La société hollandaise, « un grand peuple fort actif et plus soigneux de ses propres affaires que curieux de celles d'autrui », illustre la possibilité de vivre bien et raisonnablement dans l'éclipse du souverain Bien. Amsterdam supporte une règle générale : « Encore que chacun rapportât tout à soi-même et n'eût aucune charité pour les autres, il ne laisserait pas de s'employer ordinairement pour eux en tant qu'il serait de son pouvoir, pourvu qu'il usât de prudence... » (à Élisabeth, octobre 1645). Peut-on traduire : chacun pour soi et le marché économique pour tous? Descartes est-il libéral et digne précurseur d'Adam Smith? Le philosophe, pour sa part, table sur la prudence, la réflexion, non sur l'intervention de quelque « main invisible ». Une société moderne peut se passer de référence suprême, telle est la base commune du cartésianisme et de la philosophie anglo-saxonne. Mais l'hypothèse d'un automatisme qui réglerait la machinerie politique ou le système économique, très vite formulée par Hobbes, est aussitôt récusée par Descartes. Rien, décidément, ne vient arracher l'individu à son inédite solitude, ni quelque nouveau soleil venu l'éclairer de haut, ni quelque savante mécanique dissimulée à la vue des acteurs et agissant mieux qu'eux. Les sphères célestes sont désormais silencieuses. Le déterminisme astrologique tourne au ridicule. La religion future des déterminismes sociologiques n'est pas à l'ordre du jour, il devient insipide de penser à l'unisson. « Je laisse à chacun la liberté que je désire pour moi, qui est qu'on puisse écrire ingénument ce qu'on croit être le plus vrai, sans se soucier s'il est conforme ou différent des sentiments d'un autre » (à Huygens, octobre 1642).

Descartes n'exprime, ni ne domine son époque. Dieu merci. Les écrivains du grand siècle le pratiquent sans excès, le connaissent peu, s'en inspirent médiocrement. Lorsque leurs réflexions croisent la sienne, ils ne pensent pas « comme » lui, mais aussi bien. Par la suite l'étiquette « cartésienne » vient couvrir, dans l'histoire de la pensée française, des prétentions hétéroclites et contradictoires. Les écoles avides de gérer l'héritage se succèdent, mutuellement exclusives, incapables de monopole. L'anticartésien se montre parfois plus cartésien que les suiveurs trop tatillons. Voltaire balance effrontément le buste de Newton dans les porcelaines cartésiennes de style Louis XV et cependant venge le *Discours de la méthode*, en égratignant d'un doute ironique le meilleur des mondes leibnizien. A l'optimisme métaphysique, à la chimère de l'harmonie universelle, l'auteur de *Candide* oppose le bon sens, philosophiquement consacré en 1637.

7. *Double France*

Si les Anglaises sont rousses, le Français est, par nature, cartésien. A vouloir préciser l'hypothétique « caractère national » lié à l'image du philosophe, le cliché encombre. On évoque le rationalisme ennuyeux et envahissant des bureaucrates, mais aussi la « furia francese », la fougue révolutionnaire qui monte à l'assaut du ciel; il y a celui qui réduit le cœur à la raison et celui qui brandit ses sentiments comme des vérités universelles. Prudent, téméraire, libre penseur, quasi mystique, conservateur de toujours, révolutionnaire à jamais, fanatique de la science, esprit critique, méfiant, confiant, aucun trait n'est épargné. Si les Français sont cartésiens, force est de conclure que les figures libéralement épinglées de ce caractère sont aussi nombreuses que les Français eux-mêmes et que le signe distinctif s'annule. Les mânes de l'illustre ancêtre, pourtant, ne cessèrent d'être invoquées à chaque crucial tournant de l'histoire nationale. La Grande Révolution voulut transporter en grande pompe le cercueil du penseur; la Restauration inventa le spiritualisme fondé sur la première édition de ses œuvres complètes par Victor Cousin; la Troisième République mobilisa l'auteur des *Méditations,* qui se trouve de la sorte présider aux querelles de l'Église et de l'État; les dreyfusards se réclamaient de lui; en 1914 il fut promu chef des armées : la première tuerie qualifiée de mondiale passa pour la « guerre de Descartes contre Kant ». L'antinazisme le fêta à son tour, moins abusivement. La Deuxième Guerre mondiale évita de justesse le match Descartes/Nietzsche; la grande leçon (1940-1946) de Heidegger sur le second le projetait fils – prodigue et génial – du premier. Un vent d'anticartésianisme secoua par la suite le vieux continent, comme si l'Europe ne pouvait se contester sans déboulonner son penseur emblématique.

Parangon de toutes les vertus? Bouc émissaire de nos faillites? Étrange et intense captation par l'actualité brûlante d'un écrivain vieux à ce jour de trois cent quatre-vingt-onze ans. Le bonhomme prit soin sa vie durant de garder ses distances et se trouva, la mort venue, le plus engagé des philosophes. Les multiples et contradictoires récupérations ne laissent pas d'intriguer. Il n'est certes guère responsable des fadaises qui collent à sa pensée post mortem. Mais d'où sort donc cette passion de l'embarquer dans nos passions? Dès l'origine, il fonde la diffusion de ses écrits sur les bonnes relations qu'il maintient avec l'élite savante, religieuse et si possible politique qui l'entoure. Je suis d'accord avec vous contre le nihilisme envahissant, accordez-vous sur ma philosophie. Le marché, sincère, recouvre une relation équivoque : Bérulle, Mersenne et les autorités publiques ne manquent pas de projets et d'idéaux, ils acceptent volontiers d'enrôler le penseur sous la bannière du Nouveau Bien qu'ils promeuvent mais n'entendent pas envelopper leurs plus intimes convictions dans le doute que le philosophe diffuse. Qui sert qui? La pensée doit-elle substituer de nouvelles croyances aux anciennes, cimenter les institutions qui prennent la relève, annoncer un monde régénéré où le Beau, le Bien, le Vrai brillent derechef d'un feu inextinguible voulu incontestable? Faut-il au contraire éviter les replâtrages du

Bien, en laissant philosophiquement les morts enterrer les morts, sans prétendre reconduire ou reconstruire dans l'avenir les autorités d'antan? Descartes n'est pas un démolisseur, les naufrages l'ont précédé, il tire un bilan et s'affaire aux constructions futures. Mais l'étendue de son doute risque d'affliger les enthousiasmes édificateurs et édifiants. Ses études de terrain et son plan d'occupation des sols glacent la fièvre de certitudes religieuses, scientifiques et nationales, qui secoue l'Intelligence du moment.

De son dernier voyage dans la capitale, Descartes ne retire qu'une grande colère. Jamais le quiproquo ne s'avéra si total entre lui et les importants de l'heure. « Ce qui m'a le plus dégoûté, c'est qu'aucun d'eux n'a témoigné vouloir connaître autre chose de moi que mon visage; en sorte que j'ai sujet de croire qu'ils me voulaient seulement avoir en France comme un éléphant ou une panthère, à cause de la rareté, et non point pour y être utile à quelque chose » (à Chanut, mars 1649). De multiples malentendus assurent à sa pensée renom, protection et diffusion, il ne les a pas cultivés de propos délibéré, il n'a pas cherché davantage à les dissiper, les tenant pour inévitables et utilisables. Rien d'étonnant, rien d'offusquant donc, si, pendant trois siècles, les malentendus durent.

Chaque génération française s'entiche d'un cartésianisme mystique à sa mode; elle en coiffe ses ambitions, en pare ses intérêts prosaïques. Mesurée à cette échelle historiquement courte – deux ou trois cartésianismes par siècle –, la ribambelle d'annexions témoigne pour les actualités de la France officielle. Le culte voué à Descartes n'est que la forme vide et cérémonieuse de nos successives idéologies. Aucune des O.P.A. rétrospectives n'interrompt le quiproquo originel. On se sert du philosophe plus qu'on ne le sert. Tout cartésien est l'anticartésien d'un autre cartésien, tandis qu'en chaque anticartésien sommeille un cartésien qui s'ignore. Une telle permanence dans le théâtre de la pensée intrigue.

Dans l'histoire des rapports compliqués et heurtés qui nouent Descartes à la France, je distinguerai, à la manière des historiens, une durée longue et des durées courtes. Appréciée à l'aune des décennies et des générations, la méprise domine. Considérée à l'échelle panoramique des siècles, sa continuité en cascades fait énigme. Les France officielles fleurissent les tombes et se drapent de souvenirs pour vaquer sans complexes aux affaires courantes. Ce sont ces France « courtes » qui, écran ou prétexte, s'inventent un quelconque « cartésianisme » jetable après usage. Existe-t-il une France « longue », en profondeur travaillée par des remises en cause, auxquelles Descartes ne serait pas étranger?

En matière de démographie, nul n'ignore l'originalité de la « longue durée » française. Précédant de plus d'un siècle les autres nations européennes, les Français pratiquèrent très tôt un contrôle des naissances, systématique, continu. L'équilibre de la population se modifia drastiquement. Deux explications sont avancées. La première, purement démographique, et quelque peu mécanique (Marcel Reinhard), soutient que le surpeuplement de la France à l'orée des Temps modernes déclencha, par une autorégulation spontanée, le freinage de la procréation; trop de bouches à nourrir, pas assez de ressources, l'équilibre fut rétabli automatiquement à un niveau plus modéré. Les données chiffrées sont incontestables, comparée aux pays voisins qui plus tard la rattrapèrent, la France était surpeuplée. L'idée que la natalité baisse en conséquence, quasi automatiquement, se révèle une hypothèse d'école peu crédible. S'il suffisait à un « écosystème » de pâtir objectivement d'un surcroît de population pour que sa croissance démographique tende à ralentir, un des plus cruels embarras grevant l'avenir du Tiers Monde serait éliminé d'office. Reste que seule, parmi les pays surpeuplés, la France sut faire jouer le prétendu automatisme salvateur. La seconde explication, socioculturelle, présente l'avantage d'interpréter, avec Alfred Sauvy et Fernand Braudel, l'équilibre retrouvé comme un équilibrage et la baisse de natalité comme la résultante de comportements subtils et complexes. A cette époque, le contrôle des naissances ne relevait ni de la médecine, ni de la pilule, il nécessita un réajustement de la condition humaine en bloc, une restructuration des relations familiales, un bouleversement du rapport au corps, au plaisir, aux enfants, une remise en cause du rôle de l'Église, une redistribution des responsabilités entre la tradition, le droit, la culture populaire et savante, qui supposaient une mutation discrète, voire secrète, mais fondamentale. Braudel rattache ce grand chambardement des mœurs et des coutumes à « l'hésitation originale de la France entre Réforme et Contre-Réforme, et son effort, toujours présent dans les rangs au moins de ses intellectuels, de ses humanistes, de ses " libertins ", pour échapper à l'une comme à l'autre. L'originalité culturelle de la France a été cette hésitation, ce va-et-vient, cette recherche d'une voie à part. Une incitation à l'indépendance d'esprit, de Montaigne jusqu'à Voltaire et au-delà. A l'avance un échec, une blessure grandissante de l'Église. Je crois qu'elle a joué son rôle dans l'attitude française vis-à-vis de la contraception ».

Par un préjugé communément reçu, on croit qu'un processus de longue durée relève nécessairement d'un déterminisme matériel. Les transformations technologiques et leur lente diffusion, les modifications des manières de produire et de subsister, les variations climatiques rythment ainsi souterrainement le devenir des civilisations, tandis que les déterminations spirituelles n'exerceraient qu'une action restreinte, de portée plus brève. Idées et mœurs n'interviennent certes pas seulement au jour le jour dans la chronique des événements courants, elles marquent, accordent les historiens, l'esprit du temps, elles confèrent un air de famille à des conduites hétérogènes mais ressemblantes, qui paraissent simultanément dans des sphères jusqu'alors indépendantes. Un tel synchronisme définit une unité de mentalité et passe pour caractériser une « époque ». Au mieux un siècle. A l'esprit, les effusions limitées dans l'espace et le temps. A la matière, au côté « sérieux » de l'histoire – nature, physiologie, technologie, économie – les longues diachronies où les siècles s'ajoutent aux siècles. Or la réflexion inaugurée par Sauvy, prolongée par Braudel, montre combien une donnée historique, des plus matérielles et mathématiques – la courbe démographique –, met en jeu un ressort spirituel, une stratégie globale dans laquelle la société française réajuste sur trois siècles son rapport au ciel, à la terre, à l'avenir.

Descartes c'est la France peut ainsi s'entendre de deux façons. Du point de vue événementiel des France courtes et officielles, le quiproquo est de règle, inévitable, toujours instructif. Du point de vue panoramique, se déploie une France « longue »; à l'aube des Temps modernes, à la croisée de l'Europe du Nord, réformée, et de l'Europe latine, catholique et baroque, elle s'invente une nouvelle manière de penser et de vivre. A l'échelle des durées longues, les retraites hollandaises d'un penseur solitaire et volontairement expatrié peuvent s'avérer plus décisives que l'agitation de la cour, des salons et de l'Académie française naissante. Descartes, en son doute radical, tranche un cordon ombilical; le bien et le beau passent désormais affaires individuelles, privées; le monde est désenchanté; Dieu prend ses distances; la recherche de la vérité est le problème premier d'une pensée qui revient à elle-même – in se conversa; elle s'interpelle seule à seule – me solum alloquendo (*Méditations*, III).

Qu'est-ce à dire? Que « je » ne suis plus dans le monde comme chez moi, qu'entre le désir et l'ordre des choses la faille devient définitive, qu'entre mon plaisir et le Bien ne subsiste aucune commune mesure, que la Loi de l'Amour qui liait depuis la Grèce les êtres les uns aux autres, la nature à la surnature, est dénouée. Dieu est seul en créant, comme « je » en pensant, agissant, procréant. La tempête ne souffle-t-elle que sous le crâne du philosophe?

Un contrôle des naissances implique le gouvernement de soi et constitue, au même titre que le gouvernement des autres et la création de vérités éternelles, un exercice de souveraineté. La baisse de la natalité française témoigne : en avance d'une longue durée sur la chimie et la société dite de consommation, une population s'est auto-éduquée; en ordre dispersé, sans tambour ni trompette, elle distingua la jouissance et la procréation, la volupté du corps et les plaisirs de la famille, le bonheur terrestre et la béatitude céleste, la vie privée, l'existence publique et la survie en outre-tombe.

Opérée par des millions d'individus dans une extrême solitude, la prévision du nombre des enfants suppose à chaque décision une possibilité de confrontation avec l'autorité – l'Église où je me confesse –, une refonte des institutions – la famille chrétienne nécessairement transformée –, dans l'angoisse d'une imprévue réforme de l'entendement. Michel Foucault l'a suggéré, la pensée européenne, s'est rendue victime d'une acception trop étroite de l'idée de technique, entendue seulement comme maîtrise de la nature matérielle. Les Temps modernes ont révolutionné les technologies du corps et de la société, aussi fantastiquement qu'elles ont mathématisé et mécanisé la domination du monde extérieur. Très tôt les premières économies politiques et la recherche démographique se découvrent sciences de gouvernement, susceptibles de doter les régimes éclairés d'un nouveau « biopouvoir »; la question et le contrôle du flux des biens et des personnes, ainsi que le dressage des corps devient alors une affaire de « police ». C'est-à-dire d'État. Très vite, s'impose le champ unitaire de la technique (au sens large), englobant arts d'application et disciplines théoriques, parmi elles les sciences baptisées plus tard humaines et les sciences de la nature. Le rapport traditionnel au monde naturel et à l'environnement social subit un bouleversement qui affecte non seulement les sommets, les olympiennes élites politiques et intellectuelles, mais plus silencieusement, à la base, des millions de décideurs qui, dans les faubourgs et les villages, inventent ou essaient les nouvelles techniques. L'extraordinaire aventure de la démographie française manifeste l'entrée en lice d'étranges citoyens. Ils désenchantent l'acte des actes, ils n'hésitent pas à demander qui? quand? où? Sans égard pour l'insécable grâce et la surnaturelle bénédiction venue du fond des âges nimber la sexualité. Descartes signe l'acte de naissance philosophique des individus souverains.

Au XVIe siècle, la France « longue » hésita entre Rome et Luther. Au XVIIe siècle, elle finit de choisir : ni l'une, ni l'autre. A l'Italie « longue », elle abandonne la quête du Beau pardessus tout; aujourd'hui encore l'angoisse magnifique et première de maints Italiens n'est-elle pas la laideur? A la culture allemande, elle cède le souci du Bien, le désir d'être bon, l'angélisme de Gretchen qui verse dans la méconnaissance du mal et dans l'affolement quand la rencontre a lieu. En France « longue » par contre, Beau et Bien ne focalisent pas l'attention, une place est faite au laid et au mal qui étonnent peu. Mais la sottise, celle que l'autre m'attribue, celle que je me reconnais, devient péché capital et injure suprême. Dès que mon bon sens est en cause je perds la possibilité de me rapporter à une vérité quelle qu'elle soit. On peut, avec des sentiments mêlés, se trouver méchant et s'accepter laid. Mais peut-on se trouver et s'accepter privé d'intelligence? La chose semble peu admise au pré carré, non sans que la forfanterie d'échapper à la bêtise n'introduise à une suprême bêtise par un retour pervers dont Montaigne, avant Molière, a malicieusement percé le secret : « Les Français semblent des guenons qui vont grimpant contremont un arbre, de branche en branche, et ne cessent d'aller jusques à ce qu'elles soient arrivées à la plus haute branche, et y montrer le cul quand elles y sont. »

8. *Le nihiliste et son masque*

La philosophie médiévale pense le Bien, l'Un et le Vrai comme des « transcendantaux » (auxquels la Renaissance ajoute le Beau). Présentes en chaque être, inséparables de l'être, ces catégories suprêmes sont également inséparables les unes des autres : tout être, en tant qu'il est, est de quelque façon beau, bon et vrai. La solidarité de ces termes est réciproque, ils peuvent à loisir se convertir les uns dans les autres, leur coexistence marque l'unité de la création, tout entière empreinte de la perfection de son créateur. D'où un inévitable problème : ces termes, qui se recoupent et se recouvrent, nous les différencions néanmoins; l'un, l'être, le beau, le bien par quelque côté se distinguent et ne sont pas synonymes. Saint Thomas répond : la séparation existe pour nous, mais non en soi, elle fonctionne en idée, dans l'ordre de la connaissance, mais ne vaut pas dans l'ordre de la chose (in re), elle fait une distinction de raison (in ratione) qui caractérise la connaissance plutôt que le connu, et à laquelle Dieu échappe. Il est la source indicible, en qui Bien, Honnête, Être et Vérité trouvent une unité d'au-delà de l'unité. Nos humbles distinctions ne supportent pas la suprême clarté, qui condescend à se manifester, moins éclatante mais plus visible, à travers la convertibilité des transcendantaux : le monde sera simultanément beau, bon et vrai puisqu'il révèle Dieu et que la création dans son ensemble témoigne pour son omniscience, son omnipotence et son omniprésence.

Et si la beauté s'avérait trompeuse? Et si le vrai n'était pas forcément bon? Et si l'amour prêtait à des complications, des revirements, voire une perversion qui interdise la conversion beau-bien-vrai? Et si le désordre des passions brouillait irrémédiablement le bleu du ciel et la pureté des harmonies supracélestes? Depuis le Quattrocento, ces questions courent les rues, Panurge les agite savamment; de Boccace à Montaigne l'humanisme les redouble et ausculte les réponses : « Nous cherchons d'autres conditions, pour n'entendre l'usage des nostres, et sortons hors de nous, pour ne savoir quel y est fait. Si, avons-nous beau monter sur des échasses encore faut-il marcher de nos jambes. Et au plus eslevé throne du monde, si ne sommes assis que sur nostre cul » (Montaigne).

Le monde bon beau vrai s'éteint pendant plusieurs siècles. Le crépuscule semble accompli quand l'ironie de Kant évoque « la règle célèbre chez les scolastiques » : chaque être est un, vrai et bon, « quoique en vérité l'usage de ce principe ait abouti à des conséquences déplorables (donnant des propositions purement tautologiques), si bien que, dans les Temps modernes, on ne l'admet plus guère que par bienséance dans la Métaphysique ». Déplorable le monde vrai? Pures convenances la beauté, la bonté du cosmos? Non seulement le monde ancien s'éclipse, mais avec Kant la disparition elle-même achève de disparaître, puisque, fût-ce pour la refuser, il n'entend plus la règle des anciens : ce principe cosmologique qui disait l'accord sublime de la création avec Dieu, voilà que, selon lui, il « rentre simplement dans les règles logiques de l'accord de la connaissance avec elle-même ». La boucle est bouclée. L'harmonie des valeurs suprêmes, inscrites pour saint Thomas dans le fond des choses, devient kantiennement pur être de raison et simple façon de parler. A l'insu de Kant, les « transcendantaux » détrônés régissent encore en sous-main l'œuvre de celui qui, hautain, les méprise. La question du vrai gouverne la *Critique de la raison pure*, la question du bien la *Critique de la raison pratique*, la question du beau et de l'un la *Critique du jugement*. Les trois œuvres maîtresses du philosophe de Koenigsberg tournoient dans le cercle d'une « convertibilité » qu'elles croyaient si aisément franchir.

L'explosion du cosmos médiéval ouvre plusieurs portes à l'escapade. La Renaissance italienne trace les allées d'une beauté que Platon magnifiait comme « la plus manifeste des Idées » et qui, désormais, offrirait le témoignage premier et principal de l'unité du créateur et de la création. La Réforme allemande s'oriente vers le Bien. La civilisation anglaise explore les paradoxes d'une convertibilité des valeurs devenue anarchique. Et Shakespeare d'évoquer la prostitution universelle, avant que le libéralisme n'affecte d'en fixer le désordre. « Ce peu d'or suffirait à rendre blanc, le noir; beau, le laid; juste, l'injuste; noble, l'infâme; jeune, le vieux; vaillant, le lâche. Ah, dieux, à quoi bon ceci? Qu'est-ce que ceci, dieu? Eh bien, ceci écartera de votre droite vos prêtres et vos serviteurs; ceci arrachera l'oreiller du chevet des malades. Ce jaune argent tramera et rompera les vœux, bénira le maudit, fera dorer la lèpre livide, placera les voleurs, en leur accordant titre, hommage et louange, sur les bancs des sénateurs... Allons. Poussière maudite, prostituée à tout le genre humain, qui mets la discorde dans la foule des nations... »

Prise dans l'européenne dérive, à son tour orpheline du cosmos, l'intelligence française se lance, avec Pantagruel et ses compagnons, dans l'interminable voyage. Le grand Pan est mort. Le monde est une énigme. La Sibylle ne répond plus, sauf à conseiller aux assoiffés de boire. Pantagruel décrypte, tel Freud, le Trink sibyllin : « Soyez vous-même interprètes de votre propre entreprise. » L'équipée française se déploie dans la recherche de la vérité; ni l'amour du bien, ni la passion du beau ne seront la boussole; pas même un amour de la vérité que quelques vérités désagréables sur l'amour ont vite fait de déflorer. « Le bon sens est la chose du monde la mieux partagée » : des splendeurs du monde, il ne reste en partage qu'un éclat fragile, la volonté ténue, non possessive mais inévacuable, de rester en intelligence avec l'intelligence. Ni beau, ni laid, ni bon, ni méchant, le « bon sens » crée le rapport à soi d'une vérité en quête d'elle-même.

Les France officielles ne se satisfont pas d'une navigation aussi aventureuse. Elles veulent régir en beauté, au nom du bien, fortes de vérités définitives. Et de même les jeunes États qui montent. Charles Quint entreprit d'unifier l'ancien et le nouveau monde à la manière d'un César. Le renouveau impérial fascina le XVIe siècle. La légende religieuse dérivant dans un « sens nationaliste » nimbait Élisabeth d'Angleterre d'une gloire poétique, ésotérique, à l'occasion astrologique. A la couronne impériale, la monarchie française fit valoir des droits plus anciens que ceux des Tudor; héritière de Charlemagne, fondée par Francus le mythique Troyen, la lignée des Valois s'en allait clamant que Paris succéderait à Rome. La « grande Politique » d'Henri IV perpétua ce projet. Louis XIV crut l'accomplir. Et Napoléon vint. L'hégémonie en Europe, et partant le sceptre du monde, sera l'enjeu de la Première Guerre mondiale, le fantasme pousse Hitler à précipiter la Seconde. Il fallut attendre la dissuasion nucléaire, pour qu'à contrecœur l'Europe s'acceptât en croisière plutôt qu'en croisade et renonçât, contrainte et forcée, à gouverner le Monde par l'idée du Bien.

Les Français, comme les autres, sont dévorés de picrocholines passions. L'histoire de leurs grands hommes, de leurs batailles, des France « courtes », monarchiques et républicaines, témoigne pour leur goût de conquête et de domination. Dans l'interstice des images d'Épinal qui défilent sur le devant de la scène, il est permis d'interroger « une certaine idée de la France ». Elle affleure dans les périodes de doute, elle perce dans la débâcle, quand, sur un sol étranger, un énergumène gradé, avec pour toutes armes son stylo et son micro, va clamant contre l'aveu de ses compatriotes qu'il incarne la France. A Londres, de Gaulle, ni plus seul ni moins convaincu que Descartes à Amsterdam, compte pour rien le nombre des adversaires, l'occupation du territoire, l'ordre établi et les hiérarchies dominantes. Il annule la réalité du pays réel au regard d'une France en idée, dont l'existence demeure suspendue au fil ténu d'une pensée. S'arc-bouter contre la majorité massive du moment, supporter que le sol glisse sous le pied, s'immobiliser à l'improviste dans la déroute générale, entrer en dissidence revient à prendre pour seul appui « cette sorte de connaissance intérieure qui précède toujours l'acquise » (*Sixièmes Réponses*). La souveraineté de l'individu moderne tient, depuis Descartes, dans son rapport aux idées. S'il n'a de comptes à rendre qu'à ses pensées, nulle force trompeuse ne le possédera. Il peut perdre le bien, l'amour, la vie, mais pas la faculté de transformer sa misère en grandeur et l'adversité en occasion de se saisir, de se découvrir ou de se ressaisir.

> *Que la liberté de notre volonté se connaît sans preuve, par la seule expérience que nous en avons.*
>
> Au reste il est si évident que nous avons une volonté libre, qui peut donner son consentement ou ne le pas donner quand bon lui semble, que cela peut être compté pour une de nos plus communes notions. Nous en avons eu ci-devant une preuve bien claire; car, au même temps que nous doutions de tout, et que nous supposions même que celui qui nous a créés employait son pouvoir à nous tromper en toutes façons, nous apercevions en nous une liberté si grande, que nous pouvions nous empêcher de croire ce que nous ne connaissions pas encore parfaitement bien. Or, ce que nous apercevions distinctement, et dont nous ne pouvions douter pendant une suspension si générale, est aussi certain qu'aucune autre chose que nous puissions jamais connaître (*Principes*, I, 39).

Liberté donc. Égalité aussi. Non pas égalisation forcée des qualités et des qualifications positives d'un chacun, forcément incommensurables. Mais égalité négative de ceux qui, ne se prenant pas pour dieux, se découvrent pareillement exposés aux puissances trompeuses et à la mort. Fraternité encore. Celle qui fait du « Turc » un semblable et n'implique aucune idée commune de paradis. A charge pour les enfants de dieu et les canards sauvages, qui d'éternité se disputent les biens éternels, « du moins à ne pas se faire de mal ».

Entre France « longue » et France « courte », entre l'humanisme négatif qui assemble au coup par coup des individus souverains et les idéologies qui agglomèrent « positivement », aucun rapport simple. Les unanimités passagères ne traduisent, ni ne masquent, le vrai visage d'une France une et indivisible, fille présumée du cartésianisme. Descartes est la France, si la France existe en idée, hors image, hors visage, irréductible aux vapeurs du folklore. Sans frisson complice pour d'éphémères unions sacrées, ni souci de cohésion à tout prix. La France

« longue » se réinvente, en permanence dissidente; peu lui chaut des consensus ponctuels puisque le consensus en général, la retrouvaille transcendantale sous l'égide du Beau, du Bien et du Vrai n'éveille que sa méfiance. Les individus souverains ne s'entendent que sur l'horizon indépassable de leur désaccord. Ils fraternisent contre et non pour. L'expérience des erreurs et des pestes, puisque commune, est seule communicable. Celle du bien relève des initiatives privées d'un chacun. Une société des ennemis du crime, oui. La communauté des amis du bien, attention : circulation saturée, encombrements dangereux, prendre bretelles de délestage!

Il y a deux sortes de dissidences. La plus courante est d'occasion, elle récuse tel bien au nom de tel autre, enterre un vieux monde sous les fleurs d'un nouveau et sautant, gentil moineau, d'une certitude à l'autre, elle ne prend jamais le risque de s'interroger en plein vol sur ce qui l'enlève et l'élève. L'occasion rend larron l'individu; tout à la découverte de sa fraîche souveraineté, il s'invente dissident professionnel. Le renversement d'un idéal prestigieux mais local inaugure à ses yeux la chute générale de l'Idée d'idéal, tout comme, dit la fable, la pomme tombée sur le nez de Newton lui fit concevoir les lois de la gravitation universelle. Le dissident d'occasion dépasse la croyance A au bénéfice de la croyance B; il combat le passé par le futur et le présent par l'éternité. En revanche, la dissidence qui se pense comme telle ne privilégie pas l'avenir sur le temps écoulé; elle se tient à distance égale de la prévention et de la précipitation et son refus d'une illusion ne se justifie point par la célébration d'une chimère jumelle. La rupture voulue sans retour avec le fanatisme du Bien définit une éthique. Avant comme après Descartes, les moralistes la détaillent et l'illustrent. Lui la fonde. Ici, il est seul.

Deux définitions du nihilisme, deux seulement. Soit on le suppose d'abord aveuglement devant le bien. Soit on le dévoile pour commencer aveuglement devant le mal. La version la plus commune est la première; elle décrit la perte du but, la panne des idéaux, la désorientation des individus et des peuples : « Que signifie le nihilisme? (...) Que les valeurs suprêmes se dévalorisent », c'est Nietzsche qui l'écrit. Quelles sont ces valeurs si haut placées? Celles qui installaient l'être humain dans le cosmos : « Le Vrai, c'est-à-dire ce qui est réellement; le Bien, c'est-à-dire ce qui partout importe; le Beau, c'est-à-dire l'ordre et l'unité de l'être dans son ensemble », commente avec exactitude Heidegger. Rien de plus simple : sans les « transcendantaux » du Moyen Age, nostalgiquement recherchés comme valeurs suprêmes par les modernes, nous sommes perdus; le néant règne. « Il manque le but, la réponse au Pourquoi? » (Nietzsche). Ce diagnostic initial motive des conduites fort diverses : on peut déplorer, en appeler au coup de force, attendre un miracle; mais le regard demeure chevillé sur les hautes valeurs qui manquent à l'appel. « Si Dieu est mort, tout est permis », imagine-t-on.

La deuxième acception du nihilisme, moins populaire, est plus ancienne. Elle le saisit d'emblée comme cruauté, cécité systématique, non devant un bien, mais face au mal : « Après tout, c'est mettre ses conjonctures à bien haut prix que d'en faire cuire un homme tout vif », ici c'est Montaigne qui parle. En bavardant sur le bien, en faisant mine de le chercher, de le glorifier même en son absence – hors de lui rien ne compte! – le nihilisme propage en douce son message délétère. En attendant (... le Bien) tout m'est égal, rien n'est mal! Puisque le nihilisme aiguise ses couteaux en niant l'existence radicale des maux, il se niche plus commodément dans l'enthousiasme des bons sentiments que dans l'aveu des mauvais. « Entre nous ce sont choses que j'ay toujours vues d'un singulier accord : les opinions supercélestes et les mœurs souterraines » (Montaigne). Cette deuxième intelligence du nihilisme débusque dans la première le symptôme supplémentaire d'une maladie si générale : le tapage, accompagnant à grands frais l'éclipse des idéaux supérieurs, n'introduit-il pas en sous-main l'acceptation du pire? Faute de mieux ou faute de dieu, bref en désespoir de Cause, nous nous apprêtons à tolérer les forfaits. Puisque rien ne vaut absolument, tout s'équivaut. Sous prétexte de ne plus voir le bien, nous nous crevons les yeux devant le mal.

Ou bien « il n'y a plus de bien ». Ou bien « il n'y a pas de mal ». Les deux axiomes gouvernent deux conceptions antagoniques du nihilisme occidental. Ils sont loin de nous loger à la même enseigne. Je refuse l'axiome n° 2. S'il m'est accordé de prendre appui sur une expérience communicable et partageable des maux, je puis définir, relativement à cette inhumanité première, des biens seconds, dont le mérite tient à barrer les enfers et non à entrouvrir le paradis. Partant, une éthique collective est aménageable, qui garantisse dans la mesure du possible contre un mal absolu sans se référer à un bien absolu : « L'horreur de la cruauté me rejette plus avant dans la clémence qu'aucun patron de clémence ne me saurait attirer » (Montaigne). On peut se passer du souverain Bien à condition de ne pas perdre de vue les souverains maux.

Contrairement à l'analyse ordinaire, orchestrée avec brio par Nietzsche et Heidegger, l'efficace destructrice du nihilisme tient uniquement dans le second axiome : « il n'y a pas de mal ». Laissé à lui-même, le premier – il n'y a pas de bien – n'empêche pas Amsterdam de danser où chacun vaque à son bien particulier. La civilisation occidentale est prudente et souvent relativiste en matière d'idéaux et d'absolu, et ce dès son origine grecque. Elle ne devient nihiliste qu'à conclure de l'absence du bien à l'absence du mal. Le nihilisme ne dépend nullement du sentiment que les valeurs qui nous gouvernent sont relatives, car il n'existe pas encore, tant que nous maintenons le côté direct, primaire et universalisable de l'expérience du mal. « La maladie se sent, la santé peu ou point; ni les choses qui nous oignent au prix de celles qui nous poignent » (Montaigne). Expérience originelle de la culture occidentale, la tragédie grecque y trouve son principe. A travers ce qui nous affecte douloureusement – le « pathein » –, nous accédons à l'intelligence – le « mathein » –, énonce Eschyle. Beethoven, en écho, réitère « durch Leiden Freude », à travers l'épreuve, la joie. La forclusion d'une telle expérience tient du prodige, comment nier que j'erre, que j'ai mal, que je blesse? Mais c'est sur ce prodige que le nihilisme établit son empire.

Comment annuler la plus commune des expériences, celle de la souffrance, qu'on reçoit ou qu'on inflige? L'enjeu ne réside pas dans l'immédiate flagrance, mais dans son interprétation. Le nihiliste à l'occasion souffre comme un autre, mais il élide la souffrance, il refuse d'accorder une vérité à l'expérience du mal. Comment savoir si on a, ou si on fait, vraiment mal quand on est du dernier mal avec la vérité? Le nihilisme en éthique trouve sa condition de possibilité dans un nihilisme philosophique, pour lequel il n'y a ni faits, ni certitudes, ni savoir, ni probabilités, seulement des interprétations et le bon plaisir d'icelles. « Il n'y a pas de mal » se soutient du postulat « rien n'est vrai ». Ainsi ne résiste-t-on pas au nihilisme en se jetant à corps perdu dans l'affirmation péremptoire du beau et du bien. Rien ne sert de vouloir couper au doute préalable, désormais indispensable à toute effusion lyrique soucieuse de ne pas tromper et se tromper. Pour résister au nihilisme, il faut se risquer sans provisions, ni providence dans le labyrinthe d'une recherche du vrai, qui sera souveraine. Ne présupposant rien, elle ne rend compte qu'à soi-même. Ici commence la solitude cartésienne d'une pensée d'après le déluge, pour qui tout est perdu fors la chance d'une vérité.

L'expérience du doute décompose les liens familiaux que la vérité tissa avec le bien et le beau; elle la rapatrie dans les régions plus désolées de l'erreur possible, de la faute probable et de la tromperie générale. Les terres du mal sont baignées par l'océan du doute.

II

JE DOUTE

1. *L'arme absolue*

Douter de tout. Ne rien admettre pour vrai qui n'ait subi l'ébranlement d'une contestation initiale, rigoureusement irrespectueuse. Tel est le style singulier dont s'entiche la pensée européenne. René Descartes s'attribue, sans hésiter, la paternité de ce « radicalisme du point de départ » (Husserl); ses lecteurs non prévenus, au rang desquels l'auteur de ces lignes a la naïveté de se compter, éprouvent à le méditer le plaisir renversant de se déniaiser. La grande majorité des disciples et des commentateurs adopte néanmoins une attitude contraire, comme si l'ordinaire hommage, qu'il convient de rendre au philosophe du doute, se réduisait à douter de son doute, en lui attribuant un lot de croyances solides et de convictions assurées, d'autant plus infaillibles qu'il n'aurait jamais testé leur fiabilité. Descartes doute-t-il du monde? Peut-être. De soi? Jamais. De Dieu? Pas vraiment. Expéditivement bouclée, ou plus soigneusement épluchée, une pareille Somme Égocentrique suscite des sourires amusés. Pour imprécise qu'elle soit, source d'interminables disputes, elle dévalorise un doute réduit à la portion congrue. La suspension du jugement supplée le tamis des chercheurs d'or; la pépite de vérité préexisterait, pure et intangible; les systématiques suspicions ne mettraient en scène que la subtile mise en valeur d'une valeur jamais mise en doute.

Ou bien : un grand moment inaugural. Ou bien : une minable feinte pédagogique pour convaincre les esprits rétifs et subjuguer les consciences butées. Soit le doute pomponne un savoir préétabli : on y passe, comme dans une antichambre de la science, pressé d'émerger, toilette rectifiée et chevelure gominée pour courir embrasser une révélation davantage distinguée. Soit la rupture s'affirme souveraine : prononçant son vœu de pauvreté en matière de connaissance, l'individu pénètre dans le doute comme on entre en religion, ou en « méditation ». Sous ce vocable, Descartes décrit à maintes reprises un exercice spirituel, où l'effort pour penser rebondit et ne réforme pas seulement la suite des idées, mais celui qui les égrène.

Entrée de toutes les entrées, le doute ne prévaut que si aucune cause ne résiste à ses mises en cause. Pas même celle dont il se réclame et qui le mobilise. Sans quoi le douteur partiel se déconsidérerait par un faux départ, d'emblée partial. Ne pénètrent dans le grand doute que ceux qui renoncent à l'assurance d'en sortir. Il faut risquer tout perdre, n'épargner rien et s'attaquer aux fondements. On doute au nom de la vérité; la recherchant, on suppose, certes, qu'elle existe, on en cultive quelque idée, mais on s'objecte également que cette supposition, simple hypothèse de travail, peut être démentie. Comme promesse d'ivrogne. Si celui qui recherche avait déjà trouvé, il ne chercherait pas. Pascal, à distance, demeurait cartésien, opposant au doute des hommes, purement humain, la révélation du don divin qui nous trouve avant que nous ne partions à sa recherche. Non sans caricaturer la pensée médiévale, on attribue ordinairement à Descartes le mérite d'une raison émancipée, se refusant servante de la théologie. On oublie que cette neuve indépendance devant toute révélation implique une indépendance redoublée de la philosophie à l'égard d'elle-même : un doute frappant toute vérité philosophique ci-devant établie, espérée ou recherchée.

Le préalable refus s'exerce sur les deux versants du doute. Il vise les vérités qui précèdent comme celles qu'on espère. Il est déconseillé de suivre et répéter l'expérience de la première *Méditation* et prétendre connaître qu'elle se terminera bien, imitant l'enfant bercé d'un « il était une fois » chuchoté par la douce nourrice : lui peut dormir tranquille, car à la fin les princes épousent les bergères. Douter en philosophie, ce n'est pas tirer des traites sur une victoire anticipée et jouer avec l'assurance sans souci d'à-tous-les-coups-on-gagne. Telle fut pourtant l'illusion alléchante propagée par nombre d'interprètes, offrant de substituer leurs fraîches doctrines aux lumières vacillantes d'antan. « Au commencement de l'ère moderne, la foi religieuse se transforma de plus en plus en convention extérieure, une foi nouvelle saisit et releva l'humanité intellectuelle (...) dès lors toute la culture humaine devait être guidée et éclairée par des vues scientifiques... » (Husserl). En installant les sciences à la place encore tiède des religions évanescentes, divers cartésianismes historiques, édifiants et consolateurs, bouchent les trous. Avec plus de mondanités et moins de constance que les antiques croyances, dont ils prirent si présomptueusement la relève.

Différents conformismes firent, tour à tour, parrainer leur dictionnaire des idées reçues par les *Méditations métaphysiques*. A chaque époque sa version, témoin celle proposée, voilà cent ans, par l'excellent Brunetière. Il résumait le cartésianisme en cinq thèses : 1. l'Identité de la pensée et de l'être, laquelle prouve que Dieu existe; 2. l'Objectivité de la science; 3. la Toute-Puissance de la Raison; 4. le Progrès à l'infini; 5. « Et par là, enfin, une cinquième et dernière idée, se dégageant de celle du progrès, achève de caractériser l'essentiel du cartésianisme; c'est celle de l'optimisme... » Brunetière a beau se déguiser politiquement en conservateur, voire en réactionnaire, ses thèses ne déparent nullement les plus « progressistes » célébrations, à condition, peut-être, de remplacer la croyance en Dieu par le culte de l'Humanité et l'Être par quelque dialectique de la matière qui en tienne lieu. « Quelle force révolutionnaire dans l'appel de Descartes à la toute-puissance de la Raison... » jette en écho, à la Sorbonne, le secrétaire général du Parti communiste français, Maurice Thorez; c'était le 2 mai 1946.

L'étiquette cartésienne décore les dogmes de nos religions modernes, à condition seulement d'évacuer un doute susceptible de déflorer de fraîches et carrées convictions. Le sommet d'une telle dédramatisation fut atteint par l'école éclectique qui, de Victor Cousin à Brunetière et de la Restauration à l'affaire Dreyfus, propagea l'hypothèse d'un doute pour rire, dont le tape-à-l'œil n'aurait d'autre objectif que d'appâter le chaland, à charge pour les disciples sérieux d'en dissiper le parfum de scandale. Une réinjection modérée de contestation réanima les générations postéclectiques, de Renouvier à Brunschvicg; elles s'autorisèrent à douter du monde, soit dans sa nécessité (Boutroux), soit dans son existence même. Elles diffusèrent, sur l'Europe, l'idéalisme critique, dont Husserl, à la veille de la Seconde Guerre mondiale, offrit une dernière représentation. La suspicion gagna ensuite le monde intérieur, dans le droit fil d'une remise en cause qui emprunte ses temps forts comme ses temps morts à Descartes. Qu'elle se réclamât de lui (Sartre), ou argumentât contre lui (Heidegger, Foucault). L'histoire du cartésianisme, et de l'anticartésianisme, l'Iliade et l'Odyssée de la pensée européenne, n'est rien d'autre qu'un essai répété de délimiter l'ambition et la portée du doute philosophique.

On peut douter par raison, pour de bonnes raisons, dont la meilleure sera de sagement tenir aux faits. Puisqu'ils sont troubles et ambigus, je suspends mon jugement. Le monde me paraît douteux, pas à vous? L'irruption du philosophe vient, à la tombée du jour, signifier l'adieu d'une époque qui se décompose. Quand Socrate paraît, la Grèce entre déjà en décadence. Lorsque Descartes commence, le Moyen Age a fini de finir. Historiens et sociologues peaufinent à loisir un style hégélien d'interprétation, sans en modifier l'assomption de base qui veut que le doute exprime un constat d'échec et récapitule le faire-part nécrologique que les temps passés expédient en passant. L'auteur du *Discours de la méthode* néglige en effet rarement l'occasion de prendre la pose du sceptique, à l'ancienne; il laisse monter en lui le bavardage antinomique des doctes; il abandonne aux opinions accréditées le soin de s'exterminer mutuellement. Tandis que les funérailles traînent en longueur, sa pensée mesure sa hauteur et survole le champ de ruines. Dans le sillage, on explique sans peine qu'après les grandes découvertes, les guerres de religion et la révolution astronomique, il s'avère difficile d'écrire et de croire comme au XIIIe siècle. Les *Méditations* sont la *Somme théologique* devenue impossible. Et Descartes un saint Thomas manqué? Et la philosophie une simple nostalgie de théologie?

On peut également douter par volonté. Les motifs affichés dissimulent ou décorent alors l'inquiétant projet de rendre douteux les êtres et les choses. Loin du constat d'échec, et des tristes raisons d'une raison malheureuse, nous voilà en pleine épreuve de force. Ce qui bouge doit être ébranlé. Ce qui chancelle sera mis à bas. Debout, dans les décombres du révolu révolutionné à coups de marteau, s'il n'en reste qu'un, le je-qui-doute sera celui-là. Plus l'adversaire résiste, plus les vérités s'installent solides et prépondérantes, plus fort je doute. Lorsque l'évidence brille indubitable, quand toutes les raisons de douter font défaut, ce défaut même devient ma principale et presque irréversible raison de douter. Hyperbolique tant que vous voulez, métaphysique à votre gré : d'autant plus implacable qu'elle ne tient qu'à moi. Ici, « la volonté de puissance envahit son homme, redresse le héros, lui rappelle sa mission », note Valéry, admirateur de Napoléon. Le doute camoufle, de la sorte, le coup d'État philosophique d'un « grand capitaine de l'esprit » jurant « alors comme alors », soit : il faut ce qu'il faut. La moustache nietzschéenne et parfois le costume de capitaine Fracasse furent exhumés, gonflés, glorifiés par l'Europe Belle Époque, partie à la recherche d'antécédents glorieux propres à déguiser des appétits prosaïques, souvent cruels.

Opération sage, raisonnable. Ou percée héroïque, volontariste. Pour contradictoires qu'elles paraissent, ces deux interprétations se laissent conjuguer; Descartes mise sur les deux tableaux. Il y a le bonhomme, conciliant, qui négocie avec d'anciens professeurs la diffusion de sa pensée et qui, sans vouloir blesser aucune des doctrines établies, les remplacera toutes. Il autorise le thomisme de la chaire à mourir de sa belle mort, se gardant de jouer au brise-tout. Mais à côté du père tranquille, se profile un inflexible aventurier de la vérité, peu enclin au compromis.

Le lecteur hésite. Hypothèse nº 1 : le monde, devenu confus et incertain, jette le désarroi dans ma pensée. Hypothèse nº 2 : ma pensée trouble le monde et dynamite ses vérités. Je constate? Je bouleverse? Je n'y suis pour rien ou j'opère partout? L'alternative semble claire. Elle est trop courte pour qualifier les ressources d'une insurrection fondamentale. Si mon doute reflétait, purement et simplement, le côté douteux des choses, il perdrait sa pointe active et sa force décapante. S'il n'avait que l'éclat de mes coups d'État, il ferait une émotion parmi d'autres. Pour atteindre une généralité vraie, il ne saurait se contenter de traduire un état de choses fortuit, ni d'exprimer un éphémère état d'âme. L'entendement, rendu seulement prudent et hésitant face aux rencontres aléatoires, ne doute pas encore. La volonté, dont le pronunciamento répand l'incertitude chez les autres, mais jamais chez soi, ne doute plus véritablement. Et Valéry de s'irriter « d'un doute auquel il n'arrive pas à croire ».

Fonder le doute sur l'entendement coincé dans son activité ordinaire, ou le figurer décision volontaire parmi d'autres, revient deux fois à le banaliser. Car on ne fonde pas ce qui fonde. Certes, Descartes évoque les classiques raisons de douter; il passe en revue les occasions factuelles – erreurs des sens, illusions perceptives, difficile distinction entre la veille et le sommeil; il les rehausse de saines motivations intérieures – ne pas se laisser tromper ou truquer; il mobilise contre l'opinion et l'imagination communes, à la manière de Platon, et emprunte à Sextus Empiricus les procédures éprouvées que mirent en batterie les sceptiques grecs. Ces antiques déstabilisations ont un effet psychologique garanti : elles bousculent les convictions naïves du grand enfant qui sommeille en chacun. Elles ne suscitent aucun ébranlement philosophique. Tant que nous doutons pour le bon motif et au nom d'honorables raisons, la bonté des motifs et des raisons échappe au doute qu'elle dévalue. Par définition, un principe commence et commande. Désirée fondamentale, ma suspension de jugement s'élève nécessairement au-dessus des justificatifs, des recommandations ou des témoignages de bons et loyaux services, qui se donneraient contradictoirement pour but d'introduire ce qui est censé tout introduire.

La crue du doute philosophique emporte les garde-fous et les poteaux indicateurs qui prétendent baliser et régler son cours. Certes, la hiérarchie des facultés de l'âme ordonne l'ascension; on se méfie des sens, puis de l'imagination, enfin de l'intelligence. Il n'empêche : l'âme elle-même et la traditionnelle tripartition de ses facultés ne valent que sous bénéfice d'inventaire, elles tombent, à leur tour, sous le coup d'une suspicion générale. Le doute cartésien est autonettoyant. Il use les impressions qui le déclenchent, vide de leurs substances les fins qui le mobilisent. Il déborde le sillon qu'on lui assigne. Parti, innocent, du simple désir de mettre au net et de tirer au clair, il finit par bousculer tout sur son passage, avec l'impétuosité soudaine de l'oued africain perçant sous un discours d'apparence aussi translucide et calme qu'un canal de la tranquille Hollande.

Au début de la troisième *Méditation*, l'auteur récapitule l'ensemble des contestations et des remises en cause proposées dans les deux premières. Le panorama est édifiant : « J'ai reçu et admis ci-devant plusieurs choses comme très certaines et très manifestes, lesquelles néanmoins j'ai reconnu par après être douteuses et incertaines. Quelles étaient donc ces choses-là? C'était la Terre, le Ciel, les Astres et toutes les autres choses que j'apercevais par l'entremise de mes sens. » La montée des flots a recouvert la plus évidente évidence, « je ne vois pas que je puisse être certain d'aucune chose », avant que soit éliminée l'hypothèse d'un malin génie qui tirerait les ficelles du penseur méfiant. Une fois contestée l'extériorité des choses et l'enchaînement interne de mes pensées, que reste-t-il? Apparemment rien. Ni existence extra muros, ni essence intra muros.

L'univers disparaît. La douce intimité suit. Dans la foulée sont mises sur la touche les deux seules acceptions communément reçues de la vérité. Vérifier revient soit à contrôler une adéquation – celle de la pensée et de l'être, de l'idée et de la chose, de l'hypothèse et du fait, etc. –, soit à authentifier un enchaînement nécessaire – entre des propositions logiques, des théorèmes géométriques, des inductions scientifiques, des déductions de bon sens ou des intuitions théologiques. Lorsque Husserl, dans ses *Méditations cartésiennes*, prétend dépasser son maître en défiance et en rigueur, il n'en accepte pas moins sans examen, comme allant de soi, les deux points de vue de l'adéquation et de l'enchaînement (« apodicticité »), censés déterminer toute vérité imaginable. Or le malin génie réfute l'un comme l'autre. Avant et après la publication des *Médita-*

tions, pas un penseur européen n'osa rapprocher d'aussi près la vérité et l'erreur, le penser juste et le se mentir. Au point de courir le risque de les rendre définitivement indistincts. Seul Platon, au grand dam des platoniciens béats, se permit de suggérer qu'entre un philosophe et son singe sophiste, entre la pensée et l'absurdité qui mortellement la parodie, l'écart, si imprescriptible qu'on l'exige, demeure presque toujours, et peut-être à jamais, imperceptible.

« Commencer tout de nouveau dès les fondements » signifie moins se mettre en route à partir des fondements – qui ne le souhaite? – que s'attaquer aux fondements. Avec le monde extérieur, le monde intérieur; avec le monde apparent, le monde vrai; rien ne résiste à l'universelle mise en cause. Pas même l'idée de vérité qui la guide. Le doute avance, progresse, s'amplifie, frappe sans cesse plus fort, toujours plus haut. Il embrasse et il embrase; pourtant sa fougue dissimule le secret de son inexorable expansion. Il dévore ses mobiles et ses motifs, met entre parenthèses les occasions qui l'éveillent et entre guillemets les idéaux qui l'orientent. Il ne se laisse ni pousser par l'événement, ni attirer par quelque immaculée finalité. Il prouve son mouvement en marchant. Mais quel ressort intime l'entraîne et l'intensifie?

2. *Ou bien l'arme impossible?*

Comme les armées de l'époque, le doute se nourrit sur l'habitant. Son universalité est d'emblée négative : « Parce que la ruine des fondements entraîne nécessairement avec soi tout le reste de l'édifice, je m'attaquais d'abord aux principes sur lesquels toutes mes anciennes opinions étaient appuyées. » L'examinateur n'en sait pas plus long que l'examiné, il lui suffit des quelques faiblesses, ou failles, dans les thèses proposées pour justifier un rejet. « Et je continuerai toujours dans ce chemin jusqu'à ce que j'aie rencontré quelque chose de certain, ou du moins, si je ne puis autre chose, jusqu'à ce que j'aie appris certainement, qu'il n'y a rien au monde de certain » (*Méditations*, II).

La bourrasque passée, le mauvais moment du malin génie surmonté, la paix mentale paraît se rétablir, les choses existent à nouveau; les idées s'enchaînent comme au premier jour et l'individu retourne à ses convictions. Autour du pivot central de la suspension dubitative, le plan des *Méditations* développe sa rigueur, et offre à chaque provisoire question une réponse définitive. Les premières vacillations affectent les choses perçues; l'existence des réalités sensibles sera la dernière démontrée (*Méditations*, VI). Suit l'interrogation sur les idées intelligibles; des essences seront sauvées en avant-dernière position (*Méditations*, V). Enfin, au doute sur soi, impliquant un Dieu trompeur tard venu, répond la première des garanties, celle du Dieu véracé. Comme dans les machines bien réglées, à chaque « in-put » correspond son « out-put », tandis que l'ordre d'entrée en doute trouve un reflet inversé dans celui des sorties en certitude. Un scénario si bien monté semble s'échiner à démentir, par une cascade d'issues heureuses, des inquiétudes longtemps et laborieusement chauffées à blanc. Retour donc à la case départ? Le doute n'était-il qu'un mauvais rêve et les *Méditations* un exercice inutile, où chacun rempoche ses mises, sans risques de perte, ni chance de gain? Christophe Colomb découvrit un nouveau continent, en croyant retrouver les Indes anciennes. Descartes, inversement, n'aurait-il navigué que pour retourner au port qu'il eût pu s'abstenir de quitter? Le doute se résume-t-il à une mise en scène lourde et vaine? Gassendi, l'un de ses premiers objecteurs, formula un tel reproche, souvent réitéré depuis. Ainsi Hegel s'inquiète-t-il de « ce qu'on a coutume d'entendre par doute, c'est-à-dire une tentative d'ébranler telle ou telle vérité supposée, tentative que suit une relative disparition du doute et un retour à cette vérité, de sorte qu'à la fin la chose est prise comme au début ».

Le marché philosophique n'est pas aussi simple ou nul. Lorsque j'investis en croyances pour être payé en idées claires, le bilan des naïvetés dépensées et des savoirs acquis est condamné à comptabiliser l'incomparable. Entre le vieil homme qui se dépouille radicalement de ses opinions et l'individu moderne qui découvre ce faisant sa fraîche souveraineté, la mue n'autorise aucun retour à l'envoyeur. Les choses retrouvées dans la sixième *Méditation* et les idées recouvrées dans la cinquième ne sont pas identiques aux avoirs intellectuels homonymes, inauguralement déposés à fin d'expertise méditative. Au cours de l'examen philosophique, les poids et la mesure ont été modifiés. L'étalon fut réétalonné. La pensée n'accorde pas un rendu pour un prêté, mais du nouveau contre de l'antique définitivement perdu. Avalé par la baleine, Jonas resurgit transfiguré. Rien ne sera jamais plus pour lui auréolé de naïveté première; parcourant à sa façon un périple cartésien, il séjourne dans le ventre non maternel de la fabuleuse bête qui avale, sinon tout – on en ressort, que diable! –, du moins le grand Tout. Les enfants qui se veulent éternellement enfants désapprennent avec peine à vivre en originelle sécurité.

« Changer mes désirs plutôt que l'ordre du monde. » Descartes mentionne à l'occasion la recette stoïcienne; son projet, davantage retors, ne se laisse pas réduire en la simplicité de changer ses pensées plutôt que la disposition du monde. Il sait que, si l'ordre des pensées est modifié, l'organisation du monde bouge à son tour. Une pensée, qui rebondit sur son penseur, une procédure, qui transforme son utilisateur, pousse la mutation au point où l'agencement nouveau des idées fait disparaître l'ordre ancien d'un monde, qui devient mirage. La méditation dubitative n'instruit pas; elle ne transmet pas de savoir constitué, elle éduque; elle ne substitue pas une connaissance à une autre, elle bouscule la mise en place; elle ne remplace pas du faux par de l'exact, elle dérange les critères habituels et contraint une pensée à s'arranger tout de neuf avec le monde, Dieu et elle-même. Le ventre de la baleine est le lieu exorbitant, où opère une castration initiatique ou une initiation castratrice. L'expérience bouleversante mesure son ampleur aux réactions de rejet que, durant trois siècles, elle ne cesse de susciter.

La baleine n'existe pas. Un tel doute est proprement impossible. D'ailleurs vous n'y croyez pas vous-même. « Quoi que vous en disiez, il n'y aura personne pour se persuader que vous soyez vous-même persuadé que rien ne soit vrai de tout ce que vous avez appris à connaître, et que les sens, ou le sommeil, ou

Dieu, ou un mauvais génie vous en ait toujours imposé. » Cette première objection est l'unique et la seule, Gassendi * la monnaie indéfiniment dans le gros volume de ses *Recherches...* Sa réfutation conjugue : je ne suis pas convaincu, tu n'es pas convaincant, nous ne sommes pas influençables, le sentiment que le monde existe demeure irrécusable. « En effet vous ne pouvez réellement penser ni vous persuader que vous n'avez jamais vu le soleil, ni la terre, ni les hommes, ni autre chose, que vous n'avez entendu aucun son, que vous n'avez jamais marché, ni mangé, ni écrit, ni parlé, ni fait rien d'autre, c'est-à-dire que vous n'avez jamais usé du corps, ni de ses organes. » Avouez : « en réalité vous ne sauriez douter de l'existence des choses en dehors de vous » (Gassendi).

On peut certes suspendre *un* jugement, mais par un autre jugement, comme une chose douteuse est biffée par une autre, davantage probable et comme les bonnes idées chassent les défectueuses. J'apprends ainsi à mieux voir et je n'incline nullement à me tenir pour aveugle. Rien en ces permanentes rectifications n'évoque une suspension si générale qu'elle fasse disparaître un univers, qu'au contraire mes approximations sont censées authentifier. Je crois au monde avant de croire à moi-même. Je connais tant de choses à connaître que mon ignorance les concernant submerge le savoir que je crois avoir de moi. Gassendi toujours : « Comme la proportion des choses que vous connaissez à celle que vous ignorez est à un degré inexprimable moindre que celle d'une goutte d'eau à l'océan (...) ne serait-il pas ridicule, pour une goutte d'eau recueillie dans une cuvette, de se vanter d'y avoir enfermé l'océan tout entier » (*id.*). Pascal, probablement inspiré par ces lignes, inverse la disproportion, il dévoile cartésiennement la grandeur d'un roseau pensant, ou celle d'une goutte d'eau, qui dans sa misérable cuvette mire l'immensité de l'océan. Je ne suis qu'un point perdu dans le vaste univers mais celui-ci, suspendu au fil d'une pensée, se réduit à son tour en un point, à l'instant où

* Pierre Gassendi (1592-1655), docteur en théologie, prêtre, philosophe épicurien et sensualiste, occupe la chaire de mathématique au Collège royal. Publie en 1644 *Disquisitio Metaphysica...* (*Recherches métaphysiques, ou doutes et instances contre la métaphysique de René Descartes et ses réponses,* trad. Rochot, Vrin, 1962, 650 p.).

mon jugement prononce sa présence. Derrière des arguments, qui se croisent sans se rencontrer, deux expériences de la vérité se font face.

La résistance acharnée de Gassendi est trop souvent réduite à l'énoncé de thèses. Il est sensualiste – rien ne vient à l'esprit qui n'ait été transmis par les sens. Il est réaliste – les choses existent en dehors de nous. Il oppose, donc, sa leçon à celle de Descartes. Quoi de plus ordinaire que deux doctrinaires vaquant à leur querelle? A les lire, on découvre que celle-ci porte moins sur des points de doctrine que sur l'expérience même de la pensée. Non seulement Gassendi ne s'entend pas avec Descartes, mais il ne l'entend pas. Les *Méditations métaphysiques* lui semblent plaisanteries, au mieux une perte de temps, au pis un abus de confiance, où l'auteur persuade les lecteurs de ce dont il ne saurait se convaincre lui-même. Si penser c'est passer d'une conviction à l'autre sans délaisser jamais l'élément de la persuasion, le doute métaphysique devient en effet impossible et peut-être, dans la foulée, n'importe quel doute. Spinoza, ni « sensualiste » ni « réaliste » à la manière de Gassendi, récuse pareillement le principe du doute : puisque le vrai est signe de lui-même et du faux (index sui), il faut déjà savoir pour savoir qu'il faut se retenir de croire. Hegel enchaîne : la défiance n'est première qu'en apparence, elle implique la confiance d'une vérité déjà là, bien que s'ignorant encore elle-même. Tu ne décrocherais pas, si tu ne pressentais un éblouissement qui, par ricochet, te fait déprécier tes fixations d'antan. Hegel raffine sur Gassendi, il coince toute suspension de jugement entre deux convictions fortes, il oppose celle d'hier et celle de demain : le tribunal de l'opinion ne juge pas à huis clos, les parfums de l'encens et de la poudre chatouillent ses délibérations et, tandis que la paix des prétoires ou des poêles cartésiens amuse les badauds, la guerre des persuasions tranche, la victoire à qui croit le plus fort!

Impossible donc de dissuader ou de se dissuader, c'est-à-dire de « suspendre le jugement ». Telle est l'objection première et quasi unanime des penseurs modernes. Assenée par les réalistes comme par les idéalistes, elle réunit les suffrages de ceux qui croient au ciel et de ceux qui n'y croient pas. En elle, le sens commun parle, sourit et frappe, certain de son bon droit. « Pour vous, tant qu'il vous plaira, faites celui qui rêve, celui qui se trompe, celui qui se moque du monde et par tous les moyens possibles mettez-vous en garde de penser que vous ayez commerce avec nous, que vous nous parlez, que vous nous écrivez etc. Je n'en continuerai pas moins d'agir avec bonne foi, moi qui dans le Monde ou la Nature découvre tant de choses obscures et dignes de l'examen le plus attentif, que je considère comme ridicule et vraiment enfantin de révoquer en doute ce qui est si évident, et de perdre du temps à démontrer l'existence de tout cela » (Gassendi). Devant cette si obstinée résistance, le philosophe n'est pas loin de déclarer forfait; dans la lettre publique, qui introduit ses brèves réponses à Gassendi, Descartes semble oublier que le bon sens est « la chose du monde la mieux partagée » : « Je sais que la plupart des hommes remarquent mieux les apparences que la vérité, et jugent plus souvent mal que bien; c'est pourquoi je ne crois pas que leur approbation vaille la peine que je fasse tout ce qui pourrait être utile pour l'acquérir. »

Pour Gassendi, comme trois siècles plus tard pour Merleau-Ponty, le monde est déjà là, il est le *quoi* dont nous parlons, l'ensemble des choses que nous nous disputons, la chimère qui hante nos désirs et les splendeurs qui purifient nos sentiments, jusqu'au bleu du firmament où le regard se lave. Sous les arguties d'école et la polémique tatillonne, on devine le frisson sacré devant la profanation en train de se perpétrer : « Vous avez cependant quitté la voie royale indiquée par l'Écriture et suivie par tous les Sages, et qui est celle de la contemplation de cet admirable Univers; et par je ne sais quel sentier passant par le rêve, la tromperie, l'illusion, vous vous êtes glissé hors de cet Univers même, estimant que l'Univers en question et tout ce qu'il pouvait y avoir en dehors de vous était apparemment faux... » (Gassendi). Ici sensualistes épicuriens et réalistes thomistes sont rejoints par leurs adversaires postcartésiens. On tient ces derniers pour « idéalistes », en ce qu'ils privilégient la deuxième acception traditionnelle de la vérité (liaison nécessaire, à l'exemple des lois mathématiques) sur la première (adéquation au réel, à l'image de l'image ressemblante). Ainsi, Leibniz n'exige nullement que la conscience atteigne directement, par les fenêtres de la sensation ou la porte de la perception, les réalités extérieures. Il cartésianise, sur ce point, bien plus dogmatiquement que Descartes, mais contre ce dernier il retrouve Gassendi et exige, derechef, le sauvetage du monde et de ses harmonies préétablies et bonnes.

Qui profère « le monde » n'invoque pas seulement une extériorité, mais une cohérence. Si le *quoi* peut prêter à diverses interprétations, le *comment* arrive inexorable : à travers la multiplicité de ses apparitions dans l'espace et le temps, le monde se donne comme l'unité de ces apparitions, le visage qui est dans tous les visages, la « face totale de l'univers » (Spinoza) ou « l'unité inconditionnée des phénomènes » (Kant). Qui dit « le monde » pense un même monde. Pour tous. Pour les pierres et les animaux. Voire pour les anges s'ils existent. On peut, banalement, imaginer cette unité comme une chose contenant toutes les autres choses, à la manière réaliste d'un grand sac. On peut, plus astucieusement, concevoir l'Univers comme homogénéisant une diversité, imposant l'impératif de sa cohérence à un chaos sporadisé. Idées, concepts, catégories, lois deviennent alors les règles, selon lesquelles le monde est produit ou reproduit dans son unité. Et les philosophes de se promener dans les ateliers où la fable du monde se programme, que ce soient les conseils de Dieu, l'âme cosmique ou les fameux rapports de production dont la manufacture et la Bourse sont censées loger le mystère.

Le doute cartésien dynamite les usines secrètes de la création, en mettant en cause la légitimité éternelle des vérités éternelles. Dieu (ou la Nature, la Société, le Capital et tutti quanti) les impose, mais elles ne s'imposent pas à Dieu. L'esprit les subit, mais pas au point de ne pouvoir les supposer truquées. Les enchaînements, même indubitables, entre les idées ne valent pas pour règle d'une production absolue, car ils sont incapables de dévoiler les recettes de leur propre production. La pensée constate des liaisons nécessaires, mais ne les inaugure pas. Et surcroît d'embarras, elle constate qu'elle n'est pour rien dans leur fabrique. Il existe, bien entendu, une différence entre 2 + 3 = 5 et 2 + 3 = 6. Descartes est sensible à l'évidence intrinsèque d'une relation, pourtant il doute encore. Contrairement au philosophe idéaliste, il interroge les institutions intellectuelles sur leur provenance : d'où arrivent-elles? quelle instance les instaure? Pour l'idéaliste, la pensée présente et produit. Pour Descartes, elle représente et reproduit. Selon Berkeley, l'être est ce que je perçois. Les *Méditations* apostrophent les plus claires et distinctes intuitions quant à l'origine : d'où leur vient qu'elles sont et qu'elles soient comme elles sont? Pour Hegel, la vérité-sujet s'autoproduit comme résultat. Pareille autogestion de la création est refusée par Descartes; même les plus transparentes de nos illuminations naissent d'une nuit à laquelle elles menacent sans cesse de retourner.

Le doute sur les réalités extérieures a beau choquer, il se soutient d'une haute tradition et fait sonner les références platoniciennes comme autant de titres de noblesse; à condition toutefois de critiquer les données sensibles, au nom des intérêts supérieurs d'un monde intelligible. Qu'à son tour celui-là bascule dans l'infondé et l'incertain, nous voilà sans recours. Ne pouvant prendre d'appuis sensibles en imitant Aristote, ni d'intelligibles en invoquant Platon, il nous faut perdre pied.

Rien n'est laissé hors de doute, ni les choses, ni les idées, ni la terre qui nous entoure, ni le ciel qui nous abrite. Une telle incertitude, non plus des sens mais du sens, provoque une fantastique levée de boucliers philosophiques. Très vite Spinoza signifia l'irrecevabilité d'un vertige si tourbillonnant qu'il pousse au suicide une pensée qui se prive volontairement des moyens de penser : « Je réponds en niant que nous ayons le libre pouvoir de suspendre notre jugement. » Ne faut-il pas juger encore pour juger venu le moment de suspendre le jugement? Ne faut-il point déjà être dans le vrai pour se détacher à bon escient du faux? Si toute pensée affirme et s'affirme avant que de nier, le doute n'est jamais qu'une boiterie entre deux affirmations. Dans leur écart, il demeure suspendu, bien loin d'avoir lui-même la force de gérer quelque suspension que ce soit. Il faut donc partir, non du flottement, mais de l'Indubitable, d'une affirmation impeccable, qui ne supporte plus l'ombre d'une négation ou d'une réticence : « Le philosophe vulgaire commence par les créatures, Descartes par l'esprit, moi par Dieu. » La brutale franchise de Spinoza fit reculer la communauté pensante, qui n'en partageait pas moins son rejet d'un projet trop contestataire pour nos habituelles certitudes.

L'intermède suspensif n'aurait ainsi pour seul effet que de

monter les enchères; le temps pour la philosophie, « recherche de la vérité », de s'élever Science et Savoir inconditionnel de soi. Hegel explicite ce destin commun en célébrant le doute et le désespoir, comme le chemin de croix d'un esprit qui s'accomplit en surmontant son profond déchirement. Le cartésianisme se voit ici ravalé à une étape de la conscience de soi. Le doute est devenu une éphémère station dans l'ascension de l'esprit. Un moment de l'itenerarium mentis in Deum. Hegel marque, avec force, que la conscience, naïve ou naturelle, campe sur ses opinions, elle ignore, encore et toujours, le chemin du désespoir; même lorsqu'elle chute de déception en déception, la succession d'accrocs n'entrouvre aucune voie. La conscience pas naïve, puisque hégélienne, ne se montre pas moins dédaigneuse; elle laisse derrière elle la trace de ses incertitudes; elle n'y reconnaît plus que des prémonitions qu'une arrivée à bon port confirme. Elle, qui a tout vécu et tout compris, évite soigneusement le risque de rencontrer son propre doute nez à nez. Déconnectant le passé au nom de l'avenir, inhibant le fini grâce à l'infini, court-circuitant le sensible par l'intelligible, le scepticisme du savoir n'est jamais contemporain des néants qu'il dévoile. En lui et par lui, l'au-delà juge l'en deçà, et, bon prince, propose derrière le rideau de salvatrices transfusions : « L'absolu est dès le départ en soi et pour soi auprès de nous et veut être auprès de nous » (Hegel). L'indubitable précède le doute.

Il n'y a pas lieu d'incriminer quelque anticartésianisme propre au plus grand penseur du XIXe siècle. Ce rejet du point de départ suspensif est si peu assujetti à quelque doctrine particulière que toutes les écoles font front. Gassendi, Spinoza, Hegel, Leibniz, les réalistes et les idéalistes, opposent leur commune expérience de la pensée à ce qui leur paraît initier le suicide de l'intelligence. Cette union sacrée peut être dessinée en figures cartésiennes; elle inverse l'ordre des *Méditations* et proclame le primat incoercible du je pense sur tout je doute. Peu importe que je pense dans le sensible ou en Dieu, pourvu qu'une conviction ferme conduise le bal; je sens, nous avons une idée vraie, le concept s'autoproduit, c'est autant de manières de se persuader que la persuasion précède. Il appartint à Husserl de clore le ban, en explicitant le principe logique salvateur : « tout non-sens n'est qu'un mode de sens », « les anomalies sont comprises comme des modifications intentionnelles de la normalité ». N'est-ce pas une aussi pure présence du sens au je pense et du je pense au sens, que postulent, unanimes, les réalistes et les idéalistes? Quitte à s'étriper, par la suite, sur l'interprétation de ladite présence, ils s'accordent sur le début. « C'est l'expérience pure et pour ainsi dire muette qu'il s'agit d'amener à l'expression pure de son propre sens » (Husserl). En somme les *Méditations* de René Descartes parlent et partent trop vite; si elles n'avaient pas commencé par le doute, elles auraient sagement goûté le prélude silencieux et consensuel de « la présence vivante du moi à lui-même » (*id.*).

3. *A l'entrée du non-monde*

Il fallut attendre Husserl pour qu'une pensée maîtresse de l'Université européenne subisse, si intensément, la tentation de la « table rase », du « renversement » qu'incarnait sourdement le cartésianisme. Apparaît du même coup la ténue, mais infranchissable, ligne de partage entre deux façons de penser et de douter. Descartes nie le monde, alors qu'il faut le mettre hors circuit, le suspendre non le détruire, affirme Husserl. A première vue, un tel rappel à la mesure et à la modération n'offusque guère le lecteur. Éviter que la « tentative de doute universel » ne se fourvoie en « tentative d'universelle négation » sauve plutôt le projet originel. A mieux observer, l'attaque frappe juste et fort. Quelle est la « négation » si durement mise en cause? La contestation de l'existence du monde extérieur? Ce serait une mauvaise querelle, elle n'a pas lieu. En cette matière, les mises entre parenthèses (« epoche ») sont semblables, qui révoquent – pour examen philosophique cartésien ou husserlien – la croyance naïve au monde naturel et interdisent toute prise de position portant sur l'existence spatio-temporelle. En revanche, la différence éclate, dès qu'on glisse de la mise entre parenthèses à la mise entre guillemets et des données sensibles aux réalités intelligibles. Descartes, le négateur, va trop loin. Il ne suspend pas seulement la position de l'existence du monde, il en hypothèque le sens. A ce degré d'escalade dubitative, Husserl s'alarme. Une fois expédié le problème de l'existence ou non du monde, la question de son sens demeure. Le phénoménologue maintient dur comme fer « le fond sur lequel se projette notre vie naturelle ».

Descartes se rendrait coupable d'un « contresens » en doutant des idées et du sens, comme il doute des réalités, avec une pareille radicalité. Or, est-il objecté, notre univers est toujours présupposé. On ne peut pas en douter « entre autres choses », car toute chose est dans le monde. Pour avoir l'idée de mettre entre parenthèses le monde il faut avoir préalablement l'idée du monde. Laquelle ne se laisse donc pas chloroformer. L'ensemble des choses et des êtres vaut comme ensemble, pour la collectivité intersubjective de ceux qui perçoivent. Un même monde pour tout le monde, tel est le sens indivisible que chacun vise dans les termes monde, cosmos, Welt, world, etc. Que distinguer derrière le monde qu'on change, renverse, supprime, sinon un autre monde? Puis-je sérieusement contester qu'il y ait un sens à parler en ce sens d'un même monde pour tout le monde? Même quand je distingue ton univers et le mien, ta culture, ma science, son inculture, les diverses « représentations du monde » étalent leurs originalités à l'intérieur d'une unique « expérience du monde ». L'Indien ne vit pas comme moi, le constatant je sous-entends : il diffère dans un même univers.

Et pourtant, il pourrait y avoir un sens à interroger le sens du monde. Si l'harmonie, toujours supposée entre ta perception et la mienne, se trouvait démentie par quelque soudaine discordance. Et si le fond commun, sur lequel se détachent les différences – entre toi et moi, nous et eux –, se révélait illusion transcendantale, dysharmonie préétablie. D'un côté, il y a « l'inaltérable croyance au monde », de l'autre, l'honnête Husserl laisse constamment ouverte « la possibilité que le monde ne soit pas ».

Difficile à concevoir cette hypothèse de la non-existence du monde! En quoi signifie-t-elle quoi que ce soit? On change, on bouleverse, on révolutionne, et à la place du monde n° 1 bon pour la casse, surgit irrésistiblement un monde n° 2. La place-du-monde, son sens, ne change pas. Même après la plus formidable explosion nucléaire, nous imaginons un monde désolé, mais un monde toujours. Y a-t-il un sens du non-monde? A quoi pensons-nous quand nous envisageons la possibilité de la non-existence du monde, c'est-à-dire de « tout ce qui existe »? Qu'existe-t-il alors? Rien? Non pas, mais plus exactement : un non-tout. Dans mon monde, je vérifie, je corrige, je coordonne ce qui m'arrive ici, là, à l'instant A et aux moments B, C, D, etc. Et même cet « etc. » restitue une dimension essentielle de mon environnement. Dans notre monde, nous nous vérifions, nous coordonnons pareillement. Mais rien ne garantit que ces jeux vont continuer; reste « constamment ouverte la possibilité que le style de concordance actuel de la perception telle qu'elle se déroule réellement se mue en chaos absurde » (Husserl). Cette possibilité pour demain, ou tout à l'heure, me concerne ici et éternellement, car c'est d'ores et déjà que le monde se présente comme contingent, comme capable de tout, y compris de non-unité, de non-harmonisation et de chaos. Le sens du non-monde est aussi originel que le sens du monde, parce qu'il en est partie prenante. En prononçant les mots Welt, cosmos, world, je réanime ma croyance indubitable au monde, pour me dire en même temps, aussi affirmativement : « Et néanmoins, c'est une possibilité (...) il se pourrait tout de même qu'en vérité il n'y eût point de réalité, point de monde, qu'il n'eût jamais existé ni qu'il existât actuellement lors même que j'en ai l'expérience en toute certitude et tout à fait indubitablement » (Husserl).

L'hypothèse de la non-existence du monde n'est aucunement absurde. Je me retrouve aux prises avec deux possibilités, aussi « exemptes de contradiction » l'une que l'autre, de surcroît contemporaines, jumelles, inséparables. Le sens du non-monde est donné avec le sens du monde, comme l'indice d'une contingence, le témoignage d'une facticité indépassable. Le monde existe d'une manière telle qu'il pourrait fort bien ne pas être. D'aussi hétéroclites intuitions coexistent pacifiquement. A un petit détail près, qui se révèle très vite catastrophique pour la quiétude intellectuelle : ces deux vérités, du monde, du non-monde, ne sont pas moins indubitables l'une que l'autre et par là mutuellement exclusives. En effet, la possibilité d'existence du non-monde n'est pas pour demain, mais pour tout de suite. C'est ici et maintenant qu'il se peut que le monde « n'eût jamais existé ni qu'il existât actuellement lors même que j'en ai l'expérience en toute certitude... » Indubitablement le monde est. Indubitablement il peut ne pas être, au moment même où il paraît être. Il semble qu'il faille choisir : ou bien il est, ou bien il n'est pas. Le drame veut que les deux indubitabilités soient siamoises : tel qu'il est, s'il est, le monde ne peut exclure qu'il soit illusion. Réciproquement, s'il n'est pas, il paraît être. Le monde se présente comme intrinsèquement contingent, qu'est-ce à dire sinon qu'il glisse à l'oreille : je mens? Quand je parais exister, je fais apparaître la possibilité actuelle de ma non-existence actuelle. Il n'est jamais exclu que je sois un mirage. Si je dis vrai, je suis un mensonge, si je mens, je suis vrai. Il ne s'agit pas d'un contresens, ni même d'une contradiction, mais d'un paradoxe, de la famille de ceux rencontrés par la logique mathématique et qui paralysaient l'auditoire d'Épiménide, ce fabuleux Crétois qui susurrait : « Je mens » en laissant à ses interlocuteurs coincés le soin de conclure, « il dit vrai » ou « il dit faux ».

Indubitable apparaît mon être dans le monde. Indubitable apparaît mon être dans le non-monde. A égalité d'évidence : la seconde intuition s'enveloppe dans la première. Il faut choisir, car elles s'excluent. On ne peut choisir, car elles s'appellent comme le recto et le verso d'une indivisible présence des choses et des êtres. Redoutable duplicité, qui nous plonge dans l'embarras, l'aporie et le suprêmement douteux. Non seulement Descartes a raison : il faut douter du monde, mais le reproche de Husserl tourne au compliment. Penser le monde c'est corrélativement, et de l'aveu même de Husserl, nécessairement penser le non-monde, en quelque sorte nier le monde. En anticipant la non-existence du monde, en détruisant le sens du grand Tout, le doute cartésien s'en tient à sa propre décision de procéder aux éclaircissements ultimes. Il semble, par avance, fidèle à la présence douteuse du monde, telle que la décrit un Husserl, qui s'effraie quant à lui de sa propre découverte. En refusant que la mise entre parenthèses de l'existence se parachève dans la mise entre guillemets du sens, Husserl stoppe à l'entrée du doute radical, au seuil du renouveau philosophique, devant les portes de la nuit.

De semblables reculades effrayées ne sont ni accidentelles ni bénignes; elles signalent davantage qu'une inclination personnelle relevant de la psychologie, des affaires de cœur et des états d'âme. Derrière la réticence à pousser le doute dans ses derniers retranchements, sous le refus de suspendre le sens et la lumière du monde, perce une décision inverse de la cartésienne, mais aussi résolument première. Avec Husserl, pour la grande dernière fois (seuls des épigones suivront), la pensée européenne s'évertue et s'entête à contempler le monde « du point de vue du jour * », laissant de côté sa face d'ombre, réduisant, dialectisant, minimisant, miniaturisant, ou selon les cas négligeant, oubliant, biffant les désordres qui fragilisent et les rêves nocturnes qui rongent de frêles paix diurnes.

Les harmonies du jour consolent et sécurisent, elles enchantent la conscience courante et apaisent les inquiétudes académiques. Il ne faudra pas moins de deux guerres mondiales et la révolution en prime, pour qu'une Europe dissidente renoue avec l'expérience de l'ébranlement et retrouve la mémoire de cette « nuit cruelle » où Troie homériquement incendiée annonce l'indéracinable possibilité des catastrophes. Jour et nuit jouent alors une partie contrastée où le non-monde se manifeste directement. « La guerre apporte la preuve ad oculos que le monde est désormais mûr pour sa fin » (Patočka). Camouflant cette épreuve par l'absurde, les âmes avides d'idéalisation manquent la solidarité des ébranlés – « ébranlés dans leur foi en le jour, la " vie ", la " paix " » (*id.*). Et voilà que la mondialisation des guerres, année après année, se charge d'une mise entre guillemets refusée par de trop lumineux penseurs.

Sur la ligne des fronts, comme sur le télé-écran qui la transporte à domicile, tout bascule. Le jour ne domine plus paisiblement la nuit. L'anormal ne se laisse pas sagement mesurer et maîtriser par le normal. Le penseur, polémiquant avec ses mauvaises pensées, et l'homme de la rue, en proie aux mauvaises nouvelles, doivent instaurer une distance au chaos en plein chaos. Ils vont tous deux assumer la fin possible d'un monde, sans exclure qu'elle s'amplifie fin du monde pour tout le monde. Les flashes d'information sont raisons de douter pour le téléspectateur, tout comme les raisons cartésiennes de douter

* Relevé par Patočka, philosophe tchèque, élève de Husserl.

font informations pour le méditatif. Le monde peut apparaître rude, redoutable, désagréable, méchant sans cesser d'être monde. Mais la mauvaise nouvelle annonce davantage qu'une réalité cruelle, elle informe d'une possible généralisation de la destruction, elle ouvre une fenêtre sur le non-monde.

L'invite à suspendre son jugement fut longtemps tenue pour un artifice pédagogique, une astuce qui impose silence aux bons entendeurs, tandis que le beau parleur s'écoute pérorant. Dès qu'il s'affiche nanti des évidences impeccables d'un je pense au-dessus de tout soupçon, l'esprit critique s'empêtre dans sa propre assurance. Si large et profonde que se veuille une remise en cause générale et philosophique, elle s'invalide lorsqu'un pilotage automatique la gouverne à distance sans être soumis à sa juridiction. En termes cartésiens, il faut savoir si un « je doute » commence tout, de fait comme en droit, ou s'il se laisse coiffer dès l'origine par un « je pense » porteur de certitudes venues d'ailleurs. En termes logiques, le choix s'impose entre la nécessité postulée de partir d'affirmations strictement positives et, alternativement, la possibilité accordée à une démarche dubitative de s'élever universelle par négation. En termes de méthode, demandons-nous si la suspension s'interrompt à la mise entre parenthèses des existences extérieures, ou si elle pousse jusqu'à la mise entre guillemets de l'intelligibilité intrinsèque de ce qu'elle vise. Primat du je doute ou primauté du je pense? Voie négative ou voie affirmative? Contestation de l'existence seule ou subversion du sens? D'un côté, une suspension minimale et très précisément conservatrice dans la mesure, par exemple, où tous les êtres « dont la validité est mise en suspens *restent* néanmoins *conservés dans la parenthèse* », souligne Husserl. De l'autre, un délestage maximum, non plus conservateur mais négateur, le risque d'un vertigineux flottement entre les convictions démonétisées et celles qui n'ont pas encore cours. Une lecture méditative des *Méditations* déclenche ainsi deux manières européennes, et deux seulement, de philosopher.

Ou bien, idéaliser, voir au grand jour et voir du jour partout; avec en annexe les possibilités d'infliger une aussi absolue clarté sous la férule des espèces sensibles (Gassendi), d'une intuition divine (Spinoza) et de la conscience de soi (Hegel, Husserl).

Ou bien, voir dans la nuit et déchiffrer les ténèbres en tant que ténèbres.

Dans le premier cas, les doutes somnolent dans la clarté qui les enrobe. Dans le second, ils s'allument aux obscurités et veillent. D'abord berger de l'être? Ou avant tout sentinelle du néant? Qui est René Descartes?

4. *Peut-on douter de soi?*

Plongeant dans la nuit du monde, une raison qui recherche la vérité – car il s'agit toujours de vérité, donc de raison et plus que jamais de recherche – élabore un nouveau style. Elle apprend à s'orienter dans le noir, elle trouve appui dans ses faiblesses, elle se soutient des vacillations qu'elle propage, s'éclaire des courts-circuits qu'elle provoque et des incendies qu'elle attise pour, dévorant tout sur son passage, s'inventer une sorte d'universalité par défaut. L'époque est passée où elle s'autorisait d'une surabondance de sens et d'un trop-plein de lumière; apprendre ne consiste plus à simplement retrouver la mémoire – pour accéder à l'intelligence de ce qui est, inutile de se retourner vers le soleil platonicien, qui illuminait jadis de dos et d'en haut. Celui qui veut connaître doit passer sondeur de gouffres et explorateur d'abîmes. Il se réclame de l'audace des grands navigateurs et de la persévérance de la taupe qui « creuse bien » (Hamlet). Une rupture si marquée dans l'approche de la vérité entraîne la raison dans une redéfinition, de fond en comble, du rapport qui la noue à ce qu'elle n'est pas. Elle change de maintien comme l'enfant, résolu à progresser seul, quitte la main qui l'avait célestement guidé, se lâche dans l'inconnu, compose les chutes retenues et les déséquilibres alternés en occasions de tituber, transformant un début de catastrophe en création continuée de la marche sur deux pieds.

La raison antique doute à cause du douteux. Son scepticisme s'enorgueillit de procéder à un pur constat; il prend acte d'un état de choses trouble et fluctuant; il se garde d'ajouter une touche personnelle qui affaiblirait son témoignage. J'interroge, tu réponds librement et si tu te contredis, ne t'en prends qu'à toi-même, répète Socrate. La raison cartésienne *met en doute*, elle feint de tenir pour faux tout ce qu'elle prend pour vrai; plus elle bute sur l'indubitable, moins elle se satisfait. Évidences sensibles, essences, vérités mathématiques, idées innées, règle des idées claires même, fondée sur le cogito, rien n'échappe à la méfiance d'une raison prête à échafauder les hypothèses les moins crédibles, afin de ne point s'avouer convaincue, c'est-à-dire, à ses yeux, vaincue. La raison antique subissait le douteux. La cartésienne le suscite, le provoque, l'amplifie passionnément. La première s'en passe volontiers; pour la seconde, il est épreuve, nuit du destin et jugement dernier.

Selon le décorum antique, la raison et son autre se confrontent, mais ne s'affrontent pas. Entre l'existence philosophique et l'existence non philosophique, Platon trace une frontière analogue à celle qui sépare la veille et le sommeil. Le non-philosophe, fût-il savant et bien pensant, dort debout et rêve les yeux ouverts; face à lui, le philosophe voit autrement autre chose. Le jour n'est pas la nuit, la nuit n'est pas le jour, les deux états demeurent étrangers l'un à l'autre, même si, rêvant, je crois qu'il fait jour en pleine nuit. Car l'inverse n'est pas vrai, le jour habite les songes de la nuit, mais la nuit n'investit pas la pureté du jour, le réveil trace une limite claire; la guerre de l'obscur (skotos) et de la lumière (phos) se termine à l'avantage de la dernière, par une conversion absolue. Nul, pourtant, ne nie l'existence d'une région hantée par les opinions, les songes, les hallucinations fiévreuses, l'erreur et l'errance : « Rôdeurs dans la nuit, les mages, les bacchantes, les lènes, les mystes » rappelle un fragment d'Héraclite. Inspirations barbares, souterraines, et éblouissements divins interfèrent dans la zone conflictuelle circonscrite par Platon comme « doxa ». Tandis qu'Aristote repère en ces troubles parages l'activité inlassable d'une imagination plutôt trompeuse. Les embrouillaminis infra et suprarationnels végètent en bordure de la raison antique, suppléent à son absence, en tiennent illusoirement lieu, mais s'effacent devant et dans la présence claire, royale du savoir. L'esprit dit l'un et l'être, tandis qu'en face, condamné à une attente s'altérant elle-même, le rêve, par essence diasporique, s'autodétruit, s'éparpillant en blocs friables. « On aura beau choisir celui qui semble le plus minime, tel un rêve de nuit, instantanément il se change, de un qu'il semblait être il apparaît multiple et d'extrêmement petit, extrêmement grand en face de son propre émiettement... » (Platon). Tandis que Pascal, une fois de plus cartésien, situe les deux infinis dans la raison qu'ils angoissent, le Grec les laisse s'entredévorer rêveusement dans les marges d'une raison qui jouit du spectacle de leur nocturne déréliction.

Descartes instaure, entre la raison et ses hôtes étrangers, un rapport moins distant et plus intérieur. A travers ce qu'elle n'est pas, la raison va découvrir et démontrer ce qu'elle est. Elle se pose en s'opposant; ses doutes ravageurs valent pour actes de baptême. Tant que l'ancienne conviction s'estimait éclairée par quelque Nature ou Surnature immémoriale et inébranlable, elle cohabitait pacifiquement avec les réalités extrarationnelles, même illusoires et fantastiques. Mi-sincère, mi-ironique, la raison ainsi soutenue procédait joyeusement à l'éloge de la folie, pour sous-entendre moins les louanges d'elle-même que la célébration d'une nature universelle, dont elle accaparait la meilleure part et dont elle retrouvait la ressemblance jusque dans ce qui lui était dissemblable. Pour la très platonicienne Renaissance, les déraisons demeurent « naturelles ». Mais si la raison ne connaît tout à coup d'autres lumières que celles qu'elle fait jaillir d'un affrontement méthodique, dramatisé, son rapport à l'étrange et à l'étranger se mue irrésistiblement en jeu à somme nulle; elle ne gagne que ce que perd l'« autre » – imagination, délire, passion, folie, tout ce qui n'est pas moi cabale contre moi.

L'heure du règlement de compte sonne. La raison ne contemple plus de loin les puissances de l'irrationnel. Elle joue son va-tout. Elle ne prend pas le temps de procéder aux tris minutieux d'antan; elle désapprend à distinguer les bonnes manies qui la tirent vers le haut et les vénéneuses magies qui la fascinent et l'enfoncent. Lorsque l'apparence du Bien suprême peut dissimuler un souverain mal et que le vraisemblable se découvre le pire ennemi du vrai, il n'y a plus de bonne prestidigitation. La raison coalise et coagule en face d'elle toutes les puissances du faux-semblant; il y va de son intégrité et de son existence, car l'ennemi protéiforme la copie, la prend à revers, et, en se jouant, la pousse dans les pièges de l'amour-propre : « Il vit partout et il vit de tout, il vit de rien; il s'accommode des choses et de leur privation; il passe même dans le parti des gens qui lui font la guerre, il entre dans leurs desseins; et, ce qui est admirable, il se hait lui-même avec eux, il conjure sa perte, il travaille même à sa ruine » (La Rochefoucauld).

Face à la raison, l'imagination devient l'ennemi public et privé nº 1, la puissance trompeuse, maîtresse d'erreurs et de faussetés, dénoncée par les moralistes classiques. Mais elle n'aurait pas accédé au statut privilégié de « folle du logis » (Pascal), si Descartes ne l'avait, au préalable, dévoilée folle du logos. Le risque suprême pour l'esprit est de se découvrir par elle truqué de part en part. L'hypothèse d'un malin génie extérieur, qui nous aurait dès l'origine fabriqués de manière à nous tromper toujours, serait sans force, si la pensée ne se considérait en permanence exposée aux contrefaçons d'une malignité intérieure qui nous berne même lorsque nous nageons dans l'évidence. Sous le règne d'Aristote, l'imagination se cantonnait dans les seconds rôles, jouant les doublures de la raison en son absence, elle s'éclipsait dès que celle-là, présente à elle-même, contemplait de haut l'étrange manière qu'a la bête de singer l'homme et l'homme de jouer la bête. L'imagination gardait alors son rang. Faculté intermédiaire, elle troublait, à l'occasion, une raison qu'elle ne pouvait essentiellement subvertir. Le commerce de la première avec les simulacres d'en bas n'empoisonnait pas la parenté de la seconde avec les puissances d'en haut. Le doute se généralise en court-circuitant ces belles garanties cosmiques et place hors jeu les hiérarchies sages et préétablies. Désormais, le champ est clos. La raison mise son honneur et sa vérité; à son alter ego, digne d'elle, elle confie, pour maintenir l'égalité du jeu, la plupart de ses armes, les plus scientifiques comprises. Tel Dom Juan, l'imagination cartésienne sait calculer et croit que deux et deux font quatre.

L'intimité et l'inimitié croissent de conserve, à mesure que la raison découvre dans son adversaire un double antagonique. En même temps qu'elle projette à l'extérieur l'image du grand décepteur, la pensée s'ouvre à l'expérience intérieure de son indéniable et interminable faculté de *se* décevoir. Je me trompe, donc le malin génie peut être ; la vérité négative précède en droit toute affirmation positive du style – « je pense donc Dieu est ». Un doute suffisamment intense pour porter sur le sens, et pas seulement sur l'existence des choses, rebondit derechef sur le porteur du sens; la mise en quarantaine des intelligibles dans leur intégralité met en cause la raison dans son intégrité. Bien après son cogito, l'esprit, qui se sait être, se trouve contraint de questionner : qui suis-je moi qui suis? Même si j'existe sans doute possible, je n'en ai pas fini avec la possibilité d'exister dans la fausseté. Une raison, qui ne veut tenir que d'elle-même, rencontre l'objection des objections, la probabilité de sa propre folie.

Les questions les plus profondes ne sauraient laisser leur questionneur hors de question. Si le monde est une fable, qu'en est-il du fabuliste, qui sans cesse se prend au piège de son affabulation? Ou bien, je sais ce que je dis et par conséquent je ne doute pas du sens de ce que je dis. Ou bien, si j'en doute, je ne sais plus ce que je dis et passe pour insensé. Le moi qui éprouve peut-il éviter de s'éprouver lui-même? « Et comment est-ce que je pourrais nier que ces mains et ce corps ce soit à moi? Si ce n'est peut-être que je me compare à ces insensés de qui le cerveau est tellement troublé et offusqué par les noires vapeurs de la bile (...) qu'ils s'imaginent être des cruches et avoir un corps en verre » (*Méditations*, I). A peine formulée, l'objection est rejetée... « mais quoi ce sont des fous, et je ne serais pas moins extravagant si je me réglais sur leurs exemples ». Un refus aussi abrupt de prendre en considération une folie possible ne laisse pas de paraître définitif. Ainsi l'a compris la tradition. Embarrassante situation : cette certitude, si gonflée d'assurance, surgit au quatrième paragraphe de la première *Méditation.* On se demande pourquoi et comment Descartes s'entête, durant les trois longues *Méditations* suivantes, à faire vaciller ses plus intimes convictions; il lui serait pourtant facile de couper court avec Victor Cousin : « La pensée peut tout mettre en question, tout excepté elle-même. En effet, quand on douterait de toutes choses, on ne pourrait au moins douter qu'on doute : mais douter, c'est penser; d'où il suit qu'on ne peut douter qu'on pense, et que la pensée ne peut se renier elle-même... » (Cousin *).

Si l'exclamation je-ne-suis-pas-fou! vaut pour vérité définitive, tout est dit. Et je pose ma plume. Une pensée qui, sous prétexte de ne pas se renier, se tient dès le départ pour indubitable, émousse son arme et son âme, et ne bouscule très vite que des décors de carton-pâte. Victor Cousin et son école éclectique en portent témoignage. Ainsi Damiron, fidèle élève :

Premièrement, le doute est bon, quand il s'arrête : « Douter des choses douteuses, demander la preuve de ce qui est à prouver, n'est pas faire acte de scepticisme, mais de critique et de bon sens; et le dogmatisme le plus ferme se concilie fort bien avec cette disposition à ne pas d'abord accepter tout ce qui s'offre à sa pensée. Le scepticisme n'est pas là : il est dans le fait de douter de tout, du certain comme de l'incertain, du clair comme de l'obscur etc., de demander la preuve de tout, même de ce qui n'est pas à prouver. C'est contre une telle manière de douter que la philosophie de Descartes fournit plus d'un argument... »

Deuxièmement, le doute est bon, parce qu'il s'arrête et découvre ce sur quoi il ne peut mordre : « Vous doutez, dites-vous, mais vous ne doutez pas que vous ne doutiez, et le doute est au moins une vérité que vous ne pouvez nier. Vous l'admettez donc; mais vous admettez par là même ce qu'elle entraîne après elle. Or, douter, c'est penser; penser, c'est concevoir, entendre, désirer, vouloir; c'est être âme en un mot : vous admettez donc l'âme. Vous admettez de même Dieu : car douter c'est penser... ».

Troisièmement, le doute est bon, parce qu'il s'autocondamne à disparaître et dit adieu avant d'avoir l'occasion de prononcer bonjour : « ... L'affirmation est dans notre nature tout aussi bien que le doute; elle y est même beaucoup mieux, car elle en est l'essence; le doute n'en est que l'accident. De

* « Cousin (Victor), philosophe et homme politique français, né à Paris, mort à Cannes (1792-1847); chef de l'école éclectique, auteur du traité intitulé *Du vrai, du beau et du bien*, d'ouvrages d'histoire de la philosophie, d'études littéraires sur le XVIIe siècle. Cousin s'est efforcé de combiner les idées de Descartes, de l'école écossaise et de Kant, dans un spiritualisme peu cohérent, mais qu'il a brillamment développé » (*Le Larousse pour tous*, 2 volumes, fin XIXe).

l'un à l'autre il y a différence sensible, ou pour mieux dire opposition. (...) Comment encore supposer que le doute est universel, comment ne pas lui faire sa part et beaucoup le limiter? Comment persister à conclure au scepticisme absolu et non à ce dogmatisme sagement tempéré, qui doute de ce qui est douteux, mais croit à ce qui ne l'est pas? Que si en outre nous remarquons, toujours en comparant ces deux états entre eux, que notre penchant naturel, comme notre constant effort, est de passer incessamment du premier au second, de quitter l'un pour l'autre, et de tendre par conséquent sur le plus de points possibles du doute à la croyance, parce qu'en effet celle-ci est comme la vie de l'intelligence, tandis que celui-là n'en est que la maladie... »

S'il apparaît extravagant de me demander si je suis extravagant, force est de conclure, avec Damiron, que le doute est une maladie de la pensée. La logique sommaire des éclectiques a le mérite de mettre en évidence l'extrême brutalité d'une réaction de rejet, d'ordinaire plus dissimulée, mais non moins vigoureuse. « Le rationnel n'a pas de contraire » : Hegel, par ce postulat, décrète qu'en s'attaquant à l'intelligible le sceptique se fourvoie, « il donne la gale à l'infini pour pouvoir le gratter ». Censurant tout soupçon désobligeant, cette accorte repartie paraît un tantinet expéditive.

Que dit précisément Descartes? Non pas que le je qui médite doive se croire par nature, comme Victor Cousin, garanti contre l'extravagance, mais seulement qu'il ne peut conclure des fous à lui-même, en « se réglant sur leurs exemples ». La méditation est un rapport de soi à soi – je me trompe, je me persuade, je me persuade que je me trompe. Il n'appartient à aucune autorité extérieure de me dicter sa loi et de me dire qui je suis, ou quel je suis. Fût-ce la folie. Méditer fait un exercice spirituel qui exclut que je me prenne pour Jeanne d'Arc. Aucune voix étrangère ne peut me signifier : tu es bien, tu es bon, tu es nul ou tu es fou. Non parce que je me connais d'avance, mais parce que je sais que je n'ai pas à prendre des sonneries de source inconnue pour la trompette du jugement dernier.

Descartes enchaîne immédiatement sur le rêve qui transpose l'événement extérieur (il est fou) en expérience intérieure (je dors, je rêve, j'ai rêvé). « Toutefois j'ai ici à considérer que je suis homme, et par conséquent que j'ai coutume de dormir, et de me représenter en mes songes les mêmes choses, ou quelquefois de moins vraisemblables, que ces insensés, lorsqu'ils veillent » (*Méditations*, I). L'objection de l'extravagance ne bloque pas le mouvement du doute. Elle le relance. Cette folie, que je ne pouvais arrimer par un exemple lointain, voilà que je la retrouve domestique et douce, tapie dans le rêve, attendant que je la recrée intérieurement pour l'assumer comme une possibilité très intime. A la fin de la première *Méditation*, au terme d'un lent procès d'introjection, « je me considère moi-même comme n'ayant point de mains, point d'yeux, point de chair, point de sang, comme n'ayant aucun sens, mais croyant faussement avoir toutes ces choses » (*id.*) Suis-je devenu fou? Nenni. Le fou croit faussement que son corps est de verre, mais ne déclare pas son erreur. Donc, simple retour à ma certitude première de ne pas délirer? Nenni encore. Cette fois, j'ajoute qu'il serait extravagant de ne pas me croire susceptible d'extravagance. Je ne m'avoue pas fou, mais capable de folie. Ma petite vérité de départ demeure, il est insensé de s'affirmer insensé. Mais cette contradiction ne prouve rien en ma faveur puisque subsiste l'éventualité d'avoir été contrefait par un Dieu trompeur. Du psychotique, qui ne parvient pas à se trouver délirant, ou du névrotique troublé et mal à l'aise, lequel sombre le plus gravement dans la déraison? A l'ouverture de la première *Méditation*, on peut croire, avec Victor Cousin, qu'une pensée qui se reconnaît folle extravague. A la fin de cette même *Méditation*, on ajoute : une pensée qui s'affirme inapte à la folie est inepte, fût-elle celle de Victor lui-même. De l'entrée à la sortie, le lecteur de la *Méditation* a glissé d'une alternative banale (ou je suis fou, ou je ne suis pas fou) à une alternative subtile (je peux être fou/je ne peux pas être fou). La première est indécidable (si je perds le sens, en aurais-je le sens?). La seconde, qui la relaie, amplifie l'hésitation et tranche contre mes intimes suffisances, en faveur d'une possibilité inquiétante de génie truqueur. Et Pascal reprit en écho : « Les hommes sont si nécessairement fous que ce serait être fou par un autre tour de folie de n'être pas fou. »

5. *Raison loge folie*

Seule l'objection de la folie projette le doute dans une aventure véritablement philosophique. Tant que le sujet qui médite se place présomptueusement hors d'atteinte, son doute ne décolle pas, il est incomplet, il s'interrompt arbitrairement. L'évocation des « insani », qui se prennent pour des rois et des cruches, esquisse la plus radicale des contestations. L'esprit (mens), qui cherche en se fondant sur son bon sens, se trouve un instant mis au défi par l'insensé (amens, demens), lequel « assure constamment » la vérité de ses hallucinations. En butant sur la folie, la suspension du jugement se retourne sur le jugement qui suspend et le discrédite. Plane alors le danger d'une « disqualification du sujet » (Foucault), que l'erreur des sens et la propension à rêver n'entraînent point. Il suffit que je m'éveille ou me ressaisisse pour que songes et bévues cessent d'inquiéter. Le fou rebelle, au contraire, campe dans sa conviction inébranlable : elle singe le terme visé par le sujet qui médite. Le penseur est affronté par la folie à sa propre image, inversée. Comment distinguer la raison victorieuse, qui se possède pleinement, et le possédé qui a tout perdu jusqu'à la conscience de sa perte? L'antagonisme tourne à la lutte à mort. C'est lui ou c'est moi. Entre raison et déraison, il n'est plus de rapport que d'exclusion, croit pouvoir conclure Michel Foucault, qui oppose le dément « terme extérieur auquel je me compare » et le dormant, le rêveur, autrement plus familier. Voire.

Entre la perte de l'esprit et le sommeil de la pensée, entre le huis clos d'une folie inassimilable et la proximité des songes, Descartes multiplie les passerelles. Le rêve est évoqué en tant seulement qu'il représente une folie réduite, familiale, introduisant, à moindre frais, cette disqualification du sujet, que l'évocation ex abrupto du dément laisse imaginer mais ne permet pas de concevoir. Au long cours de la première *Méditation*, à mesure que le doute étend son empire, la folie est reconquise de l'intérieur, pour finalement triompher plausible et dicible à travers le malin génie. Il ouvre la possibilité que *tous* mes jugements soient faux et intrinsèquement controuvés Revoilà l'éventualité d'une totale extravagance. Serais-je fétu de paille entre les doigts impitoyables d'un démiurge sournois et méchant? Une telle question vaut en psychiatrie symptôme de schizophrénie.

L'objection de la folie est centrale dans la première *Méditation*. Pas seulement pour le lecteur du XXe siècle, dûment éveillé par Michel Foucault, mais également pour le premier méditant, Descartes soi-même *. Le temps pris pour lire et la durée nécessaire de la *Méditation* diffèrent, remarque-t-il, la seconde est plus longue que le premier; dans l'intervalle, un sujet, tout à sa certitude de ne pas extravaguer, a pris le temps de se reconnaître possiblement fou. Au départ je ne saurais être dément; à l'arrivée, il se peut que j'incarne la marionnette d'un divin docteur Mabuse.

Aux pages trop brèves et à la longue réflexion, trop vite interrompue par la mort, que Michel Foucault consacra à Descartes, reviennent le mérite d'avoir braqué les phares sur la question centrale : la « folie ». Dans la première *Méditation*. A l'âge classique. Pour quatre siècles de raison moderne. La faille de son analyse tient dans sa hâte à identifier l'issue cartésienne et la solution séculière. Si l'Europe classique exclut ses fous et initie leur grand renfermement, les *Méditations métaphysiques* ne procèdent pas d'une analogue démarche. La démonstration de la première *Méditation* s'accroche à l'objectif implicite qui organise la cascade d'objections – ou raisons de douter – : passer de la folie au rêve et poursuivre, progressivement déstabilisé jusqu'au malin génie.

Le rêve, remarque Foucault, réduit l'ébranlement provoqué par la référence aux insensés; le sujet qui dit je-rêve est moins disqualifié – ou demeure plus présomptueux – que le sujet qui s'expose à proférer je-suis-fou. L'évocation du rêve, conclut-il, fonctionne comme un écran, derrière lequel le fou est discrètement expulsé du discours de la raison, comme il le devient manu militari de la vie sociale. Suffit-il de répondre, avec

* Michel Foucault rabat trop vite Descartes du côté de Husserl et d'une pensée du jour, qui n'entretient avec la nuit de la démence qu'une relation d'exterritorialité.

Jacques Derrida, que, loin de diminuer la force métaphysique du doute, le passage de la folie au rêve l'accroît? Non pas. Ce serait tout confondre trop expéditivement. Certes, le rêve apporte un plus : il paraît davantage acceptable d'objecter « mais je rêve », plutôt que « mais je suis fou ». Il n'empêche, un tel supplément de crédibilité est chèrement payé par la « requalification » du sujet qu'il implique. L'ébranlement n'est pas aussi grand pour le méditant qui songe et pour celui qui philosophiquement s'affole.

Loin de contredire l'analyse de Foucault, la « réponse » de Derrida en a bétonné la conclusion : Descartes expulserait la déraison du champ de la Raison et, ajoute Derrida – là est son originalité –, une telle excommunication s'impose. Éternellement. Pour sauver « le sens du sens ». Parce que la Raison ne doit jamais perdre confiance en la grandeur « indépassable, irremplaçable, impériale » de son ordre. Parce que « on ne peut en appeler contre elle qu'à elle, on ne peut protester contre elle qu'en elle ». Parce que la Raison est Histoire, et plus qu'Histoire. Parce que la Raison nous garantit de la folie comme Dieu, « mais Dieu, c'est l'autre nom de l'Absolu de la Raison elle-même, de la Raison et du sens en général ». L'usage sans retenue de la majuscule et des italiques marque souvent l'instant où la pensée s'agenouille, se verse des cendres sur la tête et s'incline très bas, trop bas devant ce qui lui paraît indubitable. Celui qui pense, comme Victor Cousin, que la pensée (ou raison) ne peut douter d'elle-même sans se renier, devrait, avant d'attribuer cette pseudo-évidence à Descartes, s'interroger et hésiter. Étrange explication du doute qui le rend inutile. Étrange commentaire des *Méditations* qui les fait sans objet, puisque les objections, qu'elles s'acharnent à remuer, sont levées avant même qu'on trouve le temps de les formuler.

L'objection du rêve n'expulse pas (thèse Foucault) et ne remplace pas avantageusement (opinion Derrida) l'objection de la folie. Elle en est la continuation par d'autres moyens. Plus intérieurs et moins disqualifiants. Moins extraordinaires et davantage crédibles. L'évocation du rêve n'est pas le dernier mot de la *Méditation*; elle assure le passage entre deux extrêmes, de l'absolu subjectiviste qui jure – je suis fou –, au parfait objectiviste qui soupçonne – il peut me fabriquer faux. Délire miniature, le rêve branche l'objection initiale, grandiose mais méditativement non prononçable, sur l'inquiétude terminale, dicible et pas moins terrible. Le « repli » sur le songe est un repli tactique, il calme le jeu pour le relancer; au souvenir de ses nocturnes hallucinations, la raison s'infecte plus qu'elle ne se vaccine. Si mirage quelquefois, pourquoi point palais des mirages toujours?

Le rêve est évoqué comme lieu-tenant de la folie, indice de la finitude de la raison, sans souci d'ésotérique clef des songes. Voilà pourquoi faculté onirique et inclination à dormir sont mises sur le même plan. Signe d'éternelle perfection : le divin Premier Moteur d'Aristote ignore le sommeil; intégralement présent à lui-même, son acte purement acte le prémunit contre la fatigue et l'arrêt; cette pensée qui se pense ne dort jamais. En regard de cette existence théologique bien connue du XVIIe, la référence cartésienne au rêve et au sommeil insinue à l'oreille de qui médite : tu n'es peut-être pas fou, soit, mais tu n'es pas non plus une pensée divine; que ton existence nocturne d'ombre mentale te rappelle à ta finitude! Le rêve manifeste « un équivalent non pathologique de la folie » (Frankfurt). Je suis exposé, je le sais, à confondre veille et sommeil parfois, donc peut-être souvent, et pourquoi pas toujours? Je suis conscient de cette folie douce avant, après, et quelquefois même – Descartes le relève avec soin – pendant. De cette extravagance congénitale, je peux parler. Elle n'exclut pas la conscience qu'on en prend et ma conscience ne l'exclut pas davantage. La méditation cartésienne introduit la grande famille psychiatrique des névroses et les consacre, pour la première fois, point de passage obligé vers l'intelligibilité moderne de la folie. Méditer devient assumer l'événement « extérieur » de la folie. Là où *C'*était, le *Je* doit advenir.

La première *Méditation* ouvre l'homme moderne sur sa nuit. Bloc opaque et insurmontable, la folie signale, inauguralement, la possibilité incoercible, mais encore indicible, d'une perte de la raison. Puis, se présente l'introducteur privilégié, le délire conscient de sa propre obscurité, la névrose. Enfin, plane la menaçante présence d'un Autre, qui saurait sur nous ce que nous ne saurions pas de lui : l'angoisse psychotique verrouille une conscience dans son inconscient. Sujet suffisant engoncé dans son inaptitude à se croire fou, sujet capable de névrose, sujet exposé à la psychose, le méditant commence satisfait par Victor Cousin et termine curieux de Sigmund Freud.

De l'extravagance, dont l'hypothèse demeure extérieure, à une sorte d'intravagance, trouble projeté par un mauvais démiurge, la raison cartésienne peu à peu assimile ce qu'elle rejetait au départ. Elle ne se contredit pas. Elle a récusé l'apostrophe « tu es folle » et maintient ce refus de s'en laisser conter, « car que nous importe si peut-être quelqu'un feint que cela même, de la vérité duquel nous sommes si fortement persuadés, paraît faux aux yeux de Dieu ou des anges, et que partant, absolument parlant, il est faux? » (*Deuxièmes Réponses*). Descartes prend soin de préciser : « Nous supposons une croyance ou une persuasion si ferme qu'elle ne puisse être ôtée... », et comme pour éviter, par avance, de tomber dans l'immaculée et infaillible Raison Cousin-Derrida, il ajoute : « ... mais on peut bien douter si l'on a quelque certitude de cette nature ou quelque persuasion ferme et immuable » (*id.*). On a compris : si on *peut* bien, pour le philosophe il *faut* bien; une raison qui refuse légitimement l'accusation tu-es-folle! doit au nom de la même légitimité apprendre à se poser la question suis-je-folle? Dorénavant est reçue pour indubitable, non point l'outrecuidance qui élude le doute, mais une vérité qui plonge en lui et traversant, si possible, l'épreuve, se lave des plus noirs soupçons.

Les dernières lignes de cette première *Méditation* décrivent un éveil et l'inquiétude qui le baigne. La pénible et laborieuse résolution de douter est combattue par une « certaine paresse », qui incline à retourner aux idées reçues. « Ainsi je retombe insensiblement de moi-même dans mes anciennes opinions, et j'appréhende de me réveiller de cet assoupissement; de peur que les veilles laborieuses qui succèdent à la tranquillité de ce repos, au lieu de m'apporter quelque jour et quelque lumière dans la connaissance de la vérité, ne fussent pas suffisantes pour éclaircir toutes les ténèbres des difficultés qui viennent d'être agitées. » Cette petite scène a lieu, comme la *Méditation*, en pleine nuit. Le duc de Luynes, le traducteur, saisi par la tension que le texte latin aiguise entre la lumière future promise (in aliqua luce) et l'actualité nocturne (tenebras) a souligné l'opposition, « quelque jour » est une addition. Le méditant s'éveille non au jour mais à sa propre vigilance; l'obscurité l'entoure encore, il peut lui abandonner la victoire en retrouvant le sommeil, ou bien il tente d'atteindre ou d'attendre la lumière, sans garantie. Rien n'est donné, ni gagné d'avance, n'en déplaise à saint Cousin ou saint Husserl. La nuit existe, nous l'avons rencontrée; elle peut être insondable, nous pouvons désormais formuler l'hypothèse d'un crépuscule absolu.

De cette *Méditation* première, le *Discours* offre une version abrégée, mais fidèle, qui de trois phrases en manifeste la dynamique discrète : « Ainsi à cause de nos sens qui nous trompent quelquefois, je voulus supposer qu'il n'y avait aucune chose qui fût telle qu'ils nous la font imaginer. Et, parce qu'il y a des hommes qui se méprennent en raisonnant, même touchant les plus simples matières de géométrie, et y font des paralogismes, jugeant que j'étais sujet à faillir autant qu'aucun autre, je rejetai comme fausses toutes les raisons que j'avais prises auparavant pour démonstrations. Et enfin, considérant que toutes les mêmes pensées que nous avons étant éveillés nous peuvent ainsi venir quand nous dormons, sans qu'il y en ait aucune pour lors qui soit vraie, je me résolus de feindre que toutes les choses qui m'étaient jamais entrées en l'esprit n'étaient non plus vraies que les illusions de mes songes. »

D'abord, doute sur les réalités sensibles. Ensuite, sur les évidences intelligibles. Enfin, sur moi, disqualification du sujet – « esprit ». Dans cet abrégé sans bavures, qui ne retient que l'essentiel, sommeil et rêve ne sont mentionnés qu'à l'étage du doute suprême, à l'instant métaphysique où mes idées (« toutes les choses qui m'étaient entrées en l'esprit ») sont suspectes de fausseté. Ni l'hypothèse de la folie, ni celle du malin génie ne sont ici convoquées. Rêve et sommeil en tiennent lieu, puisque leur évocation introduit une conséquence aussi forte : « Je voulais ainsi penser que tout était faux. » Le *Discours* manifeste l'équivalence fonctionnelle des références à la folie, au rêve et au malin génie. Toutes ces puissances nocturnes attaquent la connaissance de l'intérieur, en prenant d'assaut le fondement des fondements, l'esprit qui connaît. La *Méditation* première profite de leur équivalence fonctionnelle, pour substituer les extravagantes suppositions les unes aux autres. Si en elles-mêmes elles sont également extrêmes, pour nous elles ne paraissent pas pareillement crédibles. Celle qui parle davantage à notre intime conviction, l'expérience du rêve, devient le pivot médiateur, qui fait glisser de l'inconcevable « je suis tout fou » au difficile mais admissible « je pense tout faux ». Clairement indiqué dans le *Discours*, le mouvement d'intériorisation de l'extrême folie est délicatement accompli dans la première *Méditation.*

Il est rafraîchissant parfois de lire le plus naïvement possible un texte philosophique. En oubliant les références qui sautent aux yeux. Sans s'encombrer de rechercher celles qu'on soupçonne. Ainsi procède, en huron anglo-saxon, H.G. Frankfurt. Parmi les multiples impotences, qui affligent une humanité curieuse de ne pas se tromper – la surdité, la vue basse, les chutes de Q.I. – seule, remarque-t-il, est retenue la folie. Elle, uniquement elle, saborde en son principe l'entreprise de recherche de la vérité. Pas de béquille, d'emplâtre, de canne ou de prothèse qui puisse pallier la perte de la raison. Faudrait-il pour autant feindre ne pouvoir jamais perdre la tête? Nullement, commente notre huron. Une aussi abrupte conviction ne serait guère raisonnable; la recherche de la vérité peut échouer, Descartes « laisse la question de son propre bon sens ouverte ».

Les clartés d'hier ne sont plus. Le Je et le Dieu vérace de demain, pas encore. La nuit de la première *Méditation* est celle de toutes les certitudes et sa vigilance une leçon des ténèbres. Foucault est à son insu cartésien dans sa volonté de confronter la vérité à l'ultime interrogation « suis-je fou? ». Et le psychanalyste, pas moins inspiré par Descartes que par Freud, laisse deviner qu'au fond d'une psychose s'agite encore l'angoisse de savoir s'il y a de la vérité. Depuis la première *Méditation*, la question – jusqu'où va la folie – recoupe la demande – d'où me vient la vérité.

6. *La déclaration du bon sens*

Le douteux doit glisser scabreux et le méditant se prendre au piège de sa question, s'il la désire universelle. La raison cartésienne n'affronte pas seulement ses folies, elle s'en infecte. Elle cristallise la déraison comme une maladie mortelle et intime. La première *Méditation*, transie de bout en bout par l'injonction socratique du connais-toi toi-même, ressuscite l'inscience, ou science de sa propre ignorance. Signe des temps, l'oracle de Delphes, foyer de la plus antique sagesse, avait, dans un ultime adieu, couronné Socrate héritier présomptif : toi, qui connais que tu ne connais rien, tu en sais désormais bien plus long que moi. L'oracle noir d'une folie qu'on enferme inspire, inversement, Descartes. Au souvenir lumineux de la clarté sibylline succède la prémonition fugitive d'une toute-puissance démoniaque. L'ancien part d'une confiance originelle, mais il en part. Le moderne s'autorise d'une méfiance non moins originelle, dans laquelle il persévère comme s'il pressentait que la nuée du malin génie porte en elle les orages de la civilisation à venir.

On m'objectera, sans doute, qu'il existe un autre départ cartésien, de but en blanc positif et conquérant, qui chante la victoire avant de livrer la bataille. Combien de commentateurs n'ont-ils pas entendu la Marseillaise philosophique de la bourgeoisie montante ou la marche triomphale de la volonté de puissance européenne et la promesse de l'empire du monde, en lisant la première phrase du *Discours de la méthode*, « le bon sens est la chose du monde la mieux partagée ». Question d'oreille. Si on reprend la formule en la claironnant, elle acquiert une grandeur mêlée de grandiloquence. Si on la sifflote, l'effet en semble moins mobilisateur, mais gagne en finesse. On peut alors ne pas négliger la perle qui suit : « car chacun pense en être si bien pourvu, que ceux même qui sont les plus difficiles à contenter en toute autre chose n'ont point coutume d'en désirer plus qu'ils n'en ont ». Ce « car »-là vaut son pesant de cachous. La sentence la plus célèbre de la philosophie moderne est une démonstration par l'absurde. Où l'absurde semble de loin l'emporter sur le démonstratif. La raison est égale pour tous « car chacun pense en être si bien pourvu... »; ceux qui en ont le moins croient en avoir le plus et même les fous suprêmes ne se plaignent jamais du partage. La belle preuve! Le beau compliment! On ne manque nulle part de raison, car jamais son manque n'apparaît; la vouloir c'est l'avoir et celui qui en semble presque totalement dépourvu croit la posséder entière!

De grâce, n'attribuons pas au philosophe la démagogique proclamation d'une raison d'emblée égale en tous et pour tous. Sauf à multiplier les restrictions « car ce n'est pas assez d'avoir l'esprit bon... », jusqu'à prolonger l'inaugural coup de clairon en solo de trompette bouchée. Si « chacun » pense « être si bien pourvu » en bon sens que nul ne saurait se plaindre, une telle prétention n'a rien pour rassurer. D'aussi compactes suffisances inclinent plutôt à l'erreur : « Car encore qu'il n'y ait personne qui veuille expressément se méprendre, il ne s'en trouve presque pas un qui ne veuille donner son consentement à des choses qu'il ne connaît pas distinctement : et même il arrive souvent que c'est le désir de connaître la vérité qui fait que ceux qui ne savent pas l'ordre qu'il faut tenir pour la rechercher manquent de la trouver et se trompent, à cause qu'il les incite à précipiter leurs jugements et à prendre des choses pour vraies, desquelles ils n'ont pas assez de connaissances » (*Principes*, I, 42).

Comparons ces deux « car », celui du *Discours* et celui des *Principes*, ils sont de la même eau. « Car chacun pense... » et « Car encore qu'il n'y ait personne... ». La conjonction introduit, à partir du même thème, deux conséquences parfaitement divergentes, expliquant soit que je me trompe continûment, soit que je réside dans le vrai une fois pour toutes. La prémisse est identique : il n'y a personne qui « expressément veuille se méprendre »; elle ressortit à une impossibilité logique et au refrain connu, qui interdit de se plaindre rationnellement de manquer de raison. Expressément, je ne peux avec bon sens disqualifier mon bon sens. Implicitement, une telle impossibilité suscite une saine méfiance. « Tout le monde se plaint de sa mémoire et personne ne se plaint de son jugement », reprend, plutôt amèrement, La Rochefoucauld.

« Il entre une nuance d'ironie dans ce début », souligne Gilson, rare parmi les doctes à pointer le sourire en coin qui ouvre le *Discours*. Descartes marquait pour sa part le ton goguenard de son entrée en campagne; à Burman, qui lui objectait l'inégale répartition du bon sens entre les humains, il répondit caustique : « Nombreux, je l'avoue, ceux qui se reconnaissent inférieurs à d'autres pour l'esprit, la mémoire, etc. : mais pour l'aptitude à prendre parti en portant un jugement, chacun pense en être assez excellemment pourvu pour être sur ce point l'égal de tous les autres. Car chacun se plaît au parti qu'il prend, et *autant de têtes, autant d'avis*. Or c'est là justement ce que l'auteur entend ici par bon sens » (à Burman). L'ironie n'est pas mince : autant de têtes, autant d'avis, quot capita, tot sensus. Pour ainsi dire : le bavardage est la chose du monde la mieux partagée! Voilà de quoi arrimer solidement la raison ou le sens – « la puissance de bien juger, et distinguer le vrai d'avec le faux, qui est proprement ce qu'on nomme le bon sens ou la raison... »

Descartes parodie Descartes! La double entente qui leste la célèbre formule suscite plus de réticences que de commentaires. Étienne Gilson propose d'expliquer l'équivoque par la pluralité des significations, qui grouillent sous le « bon sens »; tantôt il désigne une faculté naturelle de distinguer le vrai du faux; tantôt il traduit la « bona mens », la sagesse des sages (stoïciens) accomplis, qui ne saurait être parfaite et égale chez tous les mortels. La première acception, donc, sera reçue de préférence, chaque humain aurait également accès à la raison-instrument. « Ces deux sens ne sont d'ailleurs pas sans communiquer entre eux, car le bon sens est l'instrument qui, si nous en usons bien, nous permet d'atteindre la bona mens ou sagesse. » Abondance de distinctions ne nuit pas. Gilson en ajoute une encore, fonctionnelle : « Il ne faut pas confondre : 1° la faculté de discerner le vrai du faux lorsque, la vérité et l'erreur se trouvant déjà mises sous le regard de la pensée, elle n'a qu'à distinguer ce qui est vérité de ce qui est erreur; 2° la faculté de découvrir le vrai lorsqu'on ne le connaît pas encore et de le substituer à l'erreur. » La première faculté est égale pour tous, pas la seconde, car beaucoup, capables de reconnaître le vrai quand on le leur montre, ne sont pas aptes à le découvrir par eux-mêmes. Malheur! A durcir cette dichotomie, on renvoie la belle formule cartésienne à une plate tautologie : lorsque nous voyons le vrai, nous sommes tous également dans le vrai, mais dès qu'il s'agit d'ouvrir l'œil pour le découvrir, l'inégalité gronde et fait rage. Sous un bon sens si également partagé régnerait un pré-partage parfaitement inégal. En fait les deux divisions se contredisent dangereusement. La première pose au départ une égalité : la raison-instrument est la même pour tous et, à l'arrivée, un résultat inégal qui réserve la sagesse aux élus, heureux en raison. La seconde postule l'inégalité au départ (capacités diverses de prêter attention à la vérité) et l'égalité du résultat (tous sont sidérés semblablement par la présence du vrai en personne).

Le raisonnement emberlificoté ne satisfit pas son auteur. Dans les corrections des éditions successives de son livre, Étienne Gilson marque d'un conditionnel son hésitation prolongée : « La nuance d'ironie ne porterait pas sur l'idée que le bon sens est égal chez tous, mais sur l'argument " car chacun pense en être si bien pourvu... " » Ce serait, selon l'heureuse expression de M.A. Lalande, « un argument ironique au service d'une idée sérieuse ». Voilà qui revient à faire passer l'énoncé du problème pour sa solution. Si l'idée, certes, ne paraissait pas sérieuse, l'argument ne saurait exercer d'ironie à son encontre. Il n'est pas moins évident que cette ironie tient toute dans le rapport entre l'idée et l'argument. A les séparer comme l'eau et le feu, ou le bon grain et l'ivraie, d'un côté le sérieux, de l'autre la plaisanterie, on évacue l'équivoque, on efface le sourire. L'ironie est l'opération indivisible, où l'argument (tous les hommes paraissent fous) déstabilise l'idée (tous les hommes sont sages) qu'il est censé appuyer. Gilson nous plante là. Retour à l'origine. Retour à Montaigne, source directe du prélude cartésien.

Égalité, Liberté, Fraternité du bon sens! la célèbre déclaration « est une simple citation des *Essais* » (Brunschvicg). On y retrouve le sérieux : « On dit communément que le plus juste partage que nature nous ait fait de ses grâces est celui du sens... » et, à la suite, le plaisant contrepoint : « ... car il n'est aucun qui ne se contente de ce qu'elle lui en a distribué ». Ces mots n'ont pas été jetés, à la va-vite, par quelque bel esprit soucieux de son ramage. Ils trônent au centre des *Essais*, vers le milieu du livre II, en plein autoportrait, « concernant particulièrement Montaigne en tant qu'auteur d'un livre d'essais » (Butor). Préambule chez Descartes, installée au cœur du dispositif par Montaigne, la proclamation ambiguë de l'universel bon sens répond à un identique et crucial souci stratégique. Elle énonce, dans l'œuvre, la condition de possibilité de l'œuvre. Ou encore, elle donne les termes du contrat, qui recommande l'auteur à son lecteur et garantit une égalité de principe entre celui qui écrit et celui qui déchiffre. Deux paragraphes auparavant, Montaigne signe ce pacte d'alliance, fondé sur l'impuissance partagée de s'extravaguer extravagant :

> ... pour revenir à moy, ce seul par où je m'estime quelque chose, c'est ce en quoy jamais homme ne s'estima deffaillant : ma recommendation est vulgaire, commune et populaire, car qui a jamais cru avoir faute de sens? Ce seroit une proposition qui impliqueroit en soy de la contradiction (...) s'accuser seroit s'excuser en ce subject là; et se condamner, ce seroit s'absoudre.

A relire Montaigne – source cartésienne par excellence – on repère mieux l'erreur des commentateurs, qui crurent, dans l'éloge canonique du bon sens, devoir et pouvoir séparer le sérieux de l'ironie. « Chacun pense en être si bien pourvu... », l'argument ne doit pas être évoqué à la légère. Le sourire de l'auteur semble s'abaisser certes au niveau des lecteurs, mais il leur accorde auparavant le statut d'auteurs de leurs discours intérieurs; il les élève philosophes implicites :

> Il ne fut jamais crocheteur ny femmelette qui ne pensast avoir assez de sens pour sa provision. Nous reconnoissons ayséement ès autres l'advantage du courage, de la force corporelle, de l'experience, de la disposition, de la beauté; mais l'advantage du jugement, nous ne le cedons à personne; et les raisons qui partent du simple discours naturel en autruy, il nous semble qu'il n'a tenu qu'à regarder de ce costé là, que nous les ayons trouvées.

L'éloge du bon sens est grave dans son intégralité : idée + argument. Mais sur le corps entier du délit, dans le même souffle, passent les éclats d'un rire, que ne monopolise pas la seule queue de poisson : « car tous sont assez fous pour se croire également raisonnables ». La plaisanterie ne date ni de Montaigne, ni de Descartes. Et si de savantes introductions au *Discours* la manquent trop souvent, elle ne pouvait échapper au lecteur de l'époque qui connaît son Érasme : « Grâce à elle *, personne n'est plus mécontent de son visage ni de son esprit, de sa naissance, de son rang, de son éducation, ni de sa patrie. Si bien que l'Irlandais ne voudrait pas changer avec l'Italien, le Thrace avec l'Athénien, le Scythe avec l'habitant des Îles Fortunées. Ainsi, par une admirable ruse, la Nature établit d'un seul coup, entre des sorts si différents, une parfaite égalité : là où elle s'est montrée un peu avare de ses dons, il lui suffit de renforcer aussitôt l'amour-propre. Mais je viens de parler comme une sotte, puisque ce don-là l'emporte sur tous les autres » (*L'Éloge de la folie*). Le ton moqueur de nos philosophes, tressant des couronnes au bon sens, rappelle une parenté essentielle : « le sens commun c'est-à-dire la folie » (*id.*). Il serait inutile de supposer à des auteurs si différemment orientés une même idée de la déraison, le fil unificateur noue une communauté de polémique plutôt que de positive conception. Tour à tour Philautie, Présomption, Prévention et Précipitation doublent l'universalité de la raison. Elles projettent leurs ombres ineffaçables sur tous les optimismes à venir. Cette bataille prémonitoire, où Érasme, Montaigne et Descartes, par Voltaire interposé, moquent déjà Leibniz et Pangloss, est menée comme un combat d'arrière-garde. Toute la tradition est visée, qui, aristotélisme et platonisme mêlés, établit qu'on ne peut vouloir que le bien : « la volonté désire le bien en général ». L'argumentation scolastique frôle sans cesse la tautologie : on ne peut vouloir sans que ce que l'on désire paraisse bon; on aspire nécessairement à son bien donc on veut le bien. Ou encore : on ne peut vouloir à vide, toute volonté veut quelque chose, un être, lequel en tant qu'être est bel et bien, et participe de la vérité. Ou encore : vouloir c'est élire une fin, qu'on ne peut pas ne pas souhaiter claire et bonne. Donc bien vouloir c'est vouloir le bien et vouloir vraiment revient à vouloir le vrai. L'ironie d'Érasme et de Descartes tire à vue sur ces quasi-paralogismes : le fou à sa guise trouve bon, est-ce dire qu'il trouve le bien?

* Philautie, l'amour-propre, selon Érasme une figure de Folie.

La confrontation vire au dialogue de sourds, à négliger le principe qui orientait la position ancienne : en nous, la volonté (dont l'objet est le Bien) et l'entendement (dont l'objet est le Vrai) sympathisent, parce que hors de nous Vrai, Bien et Beau symphonisent. « On peut encore voir par ce qui précède comment le bien est renfermé dans le vrai, en tant que le bien est un vrai compris, et comment le vrai est renfermé dans le bien, en tant que le vrai est l'objet d'un désir légitime », écrivait saint Thomas. Il revient au même de dire que tout être agit en vue d'un objectif déterminé qui est sa fin et de dire qu'il agit en vue du bien, dans la mesure où un ordre du monde rend compossibles des buts contradictoires et harmonise des desseins disparates. Ce cosmos régulateur supposé, le bon sens devient sens du bon, la volonté et l'entendement coopèrent pour la plus grande gloire de la création et de son créateur. Qu'annonce, au contraire, la jeune et souvent rabelaisienne ironie qui enterre, vers la fin de la Renaissance, la millénaire assurance que « la volonté tend vers le bien »? Au « Tous bons! » substitue-t-on un « Tous méchants! » qui, par une révélation à l'envers, célébrerait une philosophie de messe noire? Rien du statut classique de la sagesse ne serait modifié, en la retournant cul par-dessus tête. Ce dessein, naïvement prêté à Machiavel, et suivi par Hobbes ou Georges Bataille, tourne court. L'instauration ironique du bon sens suit une voie très différente, en maintenant deux fers au feu : ni essentiellement bon, ni essentiellement méchant, ni ange, ni bête, mais inséparablement tout fou parce que tout sage, et tout sage parce que tout fou, le bipède sans plumes découvre que « le rire est le propre de l'homme ». La raison demeure une détermination essentielle de l'humanité de l'homme, mais au même titre désormais que la déraison et que la faculté d'en rire ou d'en sourire, qui noue nos sagesses et nos folies.

La tradition se donnait d'emblée un cosmos (ou une nature, ou une création) rationnel et un homme sérieusement orienté par et sur ce Bien, qui le précède. La philosophie du bon sens pratique l'art du combat indirect. A ce qui lui semble un dogmatisme ancien, elle n'oppose pas un dogmatisme nouveau; à la thèse carrée « la volonté tend vers le bien », elle ne réplique pas carrément « la volonté peut tendre vers le mal ». Elle fait mine d'approuver, puis, discrètement, elle tire le tapis sous les pieds des doctes. Devant la règle thomiste d'un horizon du bien, du désir sub specie boni, Descartes ne trouve guère à redire, mais il ajoute : « Il nous est toujours possible de nous retenir de poursuivre un bien clairement connu ou d'admettre une vérité évidente, pourvu que nous pensions que c'est un bien d'affirmer par là notre libre arbitre » (au Père Mesland). En douceur, le traditionnel hommage que le vice devait rendre à la vertu (l'homme peut faire le mal, mais jamais sans se persuader que c'est un bien), se transforme en hommage rendu par la raison à sa propre liberté. Elle peut refuser le bien, le vrai et les raisons quelle qu'en soit l'évidence. Au nom de quoi? Au nom du bien, suggère le thomiste, ravi d'enfermer son contradicteur dans un cercle vicieux. Au nom d'un mal, glisse un symétrique libertin. Au nom d'elle-même, répond le cartésien, car elle dépasse toute valeur établie et toutes les vérités « que vous nommez éternelles »; elle constitue la condition préalable nécessaire pour que vos choses, vos valeurs, vos idées soient reconnues telles.

La déclaration du bon sens doit être entendue dans son insécable intégralité, sans dissimuler l'irrésistible ironie qu'elle diffuse, sans occulter l'impalpable sérieux qui l'habite. C'est la Joconde des philosophes modernes, qui longtemps encore interrogera ses fidèles : suis-je homme? suis-je femme? suis-je le portrait de l'artiste ou la sublimation de son désir fou? ou la mère de Dieu ou la chair du diable? Déclarer que le bon sens est la chose du monde *la mieux partagée* implique que ce partage ne saurait à son tour être partagé, dussent ses composantes inaliénables d'humour et de gravité promettre des mélanges instables et quelque peu détonants.

7. *Sans doute le malin génie*

Élevant le bon sens à la hauteur d'un principe, voire du principe des principes, Descartes l'institue commencement (avant lui, rien), commandement (sur la suite) et indémontrable (ce qui gouverne la démonstration ne saurait en dépendre). Appréciée à telle altitude, l'ironie, qui pimente chaque proclamation de bon sens, doit à son tour être prise au sérieux; elle clôt le jeu; en elle, le bon sens dit : je suis votre destin, rien ne m'échappe, pas même votre folie, car je la suis peut-être. Devenue principe, la raison condamne les autres à elle, mais n'esquive pas sa propre fatalité : si chacun doit rechercher le bon sens, le bon sens doit à son tour se rechercher, Descartes nomme « maladie » cette inévitable quête. Le travail de recherche s'avère unique accès à la vérité, la raison ne l'élude pas. Origine pleine et entière, elle devra distinguer sa vérité en elle-même, sans se recommander de quelque antécédent glorieux, ni brandir de vétustes titres de noblesse. Définir le bon sens comme pouvoir sans appel de discerner le vrai du faux, c'est le contraindre à revenir sur son incognito, en interrogeant : quelle est la vérité du principe de discernement, est-elle folle? est-elle sage? se discerne-t-elle, ou bien s'accepte-t-elle les yeux fermés avec la foi prêtée au charbonnier?

Les *Méditations* de Descartes sont philosophiques : elles questionnent la vérité préalable du pouvoir de distinguer vrai et faux, la vérité de la vérité. Indiscernablement fol et sage, ironique et sérieux, le bon sens se demande qui il est. Parce que baptismale, cette question ne peut être préalablement fixée comme vraie, d'où l'humour : est-ce une vraie question? ou comme fausse, d'où la gravité : on n'en peut faire l'économie. Sauf à préjuger outrageusement du mot de la fin, nous ne saurions, cherchant, nous croire dans le vrai, ou dans le faux. Où sommes-nous alors? Dans un lieu insituable (atopie), en proie à une question indécidable (aporie), sans savoir comment conclure, mais sans ignorer que nous ne le savons pas. Descartes nous déporte en une pensée, qui n'a de garantie qu'ironique, de lieu qu'atopique et de savoir qu'inscient. Tel était, selon Socrate, le suspens du philosophe, « tous ceux qui sont mauvais ne philosophent pas, et les bons non plus ».

Principe suprême, le bon sens ne peut en appeler à une justification supérieure. D'où un entêtement qui l'apparente à la folie : comme lui elle ne veut rien entendre. Dans la déraison, notre raison mire un semblable en autosuffisance; nous ignorons si le combat inévitablement fratricide ne finira pas en suicide, à moins de se clore par une partie nulle entre deux chauves se disputant un peigne. Nous entrons en inscience socratique : « L'ironiste arrache l'individu à l'existence immédiate et le libère ainsi; mais ensuite il le laisse en suspens, comme, suivant la légende, le cercueil de Mahomet entre deux aimants, deux pôles – l'un attire, l'autre repousse » (Kierkegaard). Descartes révoque la tradition de l'École, avec d'autant plus d'assurance qu'il opère au nom d'une tradition plus originelle, connue de la pensée médiévale puis renaissante, mais maintenue en lisière, refoulée par des révélations positives et carrées.

Tous les manuels alignaient des réfutations du scepticisme, leurs B.A.BA invitaient à repérer la contradiction d'un je ne sais rien qui ne s'écoute pas parler. Certes, Campanella indiquait que le nerf de l'argumentation antisceptique était l'inscience socratique, mais il la réduisait à la portion congrue : « Ceux qui refusent même d'affirmer s'ils savent quelque chose ou s'ils l'ignorent ne parlent pas selon la vérité. En effet ils savent au moins nécessairement ceci : à savoir qu'ils ignorent cela, et bien que cela ne puisse s'appeler du savoir, parce que c'est un savoir par négation, de même que la vision des ténèbres n'est pas une vision mais la privation de la vision, néanmoins l'esprit humain a cette faculté de savoir qu'alors il ne sait rien, dans la mesure où il se rend compte que dans les ténèbres il ne voit pas et que dans le silence il n'entend pas. » La première *Méditation* fait resurgir cette si longtemps négligée faculté de voir dans la nuit et d'entendre ce que l'on n'entend pas. L'inscience philosophique installe une vérité préalable à la distinction du vrai et du faux, la « faculté de savoir qu'on ne sait rien ». Excavateur mental, Descartes découvre là un fondement plus solide que toutes les terres fermes léguées par la tradition.

Qu'est-ce que l'ironie? En apparence une simple façon de parler, qui joue de la différence entre ce qu'elle énonce littéralement et ce qu'elle veut vraiment dire. Pas un mensonge néanmoins, car elle prend soin de laisser percer sa propre duplicité et fait entendre qu'elle sous-entend. Illustrant cette figure de style, Antoine, dans *Jules César* de Shakespeare, reprend d'une main ce qu'il offre de l'autre et déclare le contraire de ce qu'il donne à penser, au cours de son célèbre discours : « And Brutus is an honorable man. » L'ironie tient-elle à la forme d'expression? La répétition dans le discours d'Antoine signale, en effet, l'intention oblique du compliment *; cependant la répétition de la répétition tourne l'ironie en dédain et celui-ci en haine. Un signal trop signalé devient univoque, privé d'équivoque le bon mot dessèche sur pied. Une pure contradiction logique, le cercle carré, ne passe pas pour exemple caractéristique d'ironie. Aucune procédure formelle, artifice rhétorique ou mécanique logique, ne produit automatiquement l'effet recherché. « Le texte ironique idéal sera celui dont l'ironie peut être présupposée en l'absence complète de tout signal. Rien n'est plus nuisible au style ironique que cette indication (si chiffrée qu'elle puisse être) : attention, je vais devenir ironique » (B. Allemann). Jugé à l'effet produit sur ses paraphraseurs, Descartes n'est pas coupable de ce péché-là.

Doute, bon sens et bon mot sont des grandeurs volatiles; qui les fixe les pétrifie; qui les délimite les achève; qui les couvre de fleurs les transforme en corbillards. Un trait d'esprit se vérifie à l'embarras de qui ne le perçoit pas comme tel et l'ironie se manifeste par les quiproquos qu'elle suscite. Descartes a trop douté. Descartes n'a pas assez douté. L'histoire de la philosophie moderne patauge dans cette alternative; et le doute cartésien rate, immanquablement, son examen de passage devant une austérité qui refuse, imperturbable, de douter de soi.

L'hommage tapageur rendu par Hegel est partout cité et célébré, comme s'il s'agissait d'un péan en l'honneur de l'Apollon de la Philosophie : « René Descartes est de fait le véritable initiateur [Anfänger] de la philosophie moderne, en tant qu'il a pris le penser pour principe. Le penser pour lui-même est ici distinct de la théologie philosophante qu'il met de côté; c'est un nouveau sol. On ne saurait se représenter dans toute son ampleur l'influence que cet homme a exercée sur son époque et sur les Temps modernes. Il est ainsi un héros qui a

* C'est le grand art de l'antiphrasse :

When the poor have cried, Caesar hath wept
Ambition should be made of sterner stuff
Yet Brutus says he was ambitious
And Brutus is an honorable man.

repris les choses entièrement par le commencement, et a constitué à nouveau le sol de la philosophie, sur lequel elle est enfin retournée après que mille années se furent écoulées. » On prête moins attention à la suite des leçons hégéliennes, où la brièveté le dispute à la négligence. En décidant « qu'il faut douter de tout », Descartes lance « la nouvelle époque », mais le commencement n'est rien qu'un commencement. Il est accompli avec « une simplicité puérile », voire une « gaucherie », qui pousse à en finir au plus vite avec un tel débutant, « pour l'essentiel, il n'y a pas grand-chose à dire de sa philosophie » (Hegel). Un mot justifie une aussi cavalière expédition : le philosophe français est un « héros ». Pour Hegel, les héros font de grandes choses, mais ne savent pas qu'ils les font. Ils accouchent l'histoire en croyant suivre leur étoile personnelle et filante. Ils s'imaginent avoir le dernier mot, quand ils balbutient les premiers vocables d'un discours qui leur échappe. Le doute cartésien, comme la grande épopée napoléonienne, mène à tout, à condition d'en sortir. L'héroïsme à chaud doit céder devant la rigueur froide du concept.

Mi-figue, mi-raisin, l'éloge hégélien du « héros de la pensée » coiffe aussi bien Socrate que Descartes. L'un, censé mettre fin à la joyeuse et (supposée) harmonieuse aurore grecque. L'autre, annonçant le glorieux midi hégélien de la pensée moderne. Le mérite du vrai héros est de balayer devant les portes et les arcs de triomphe, puis, la place rendue nette, de la céder en déguerpissant au plus vite. Descartes couronné héros par Hegel, c'est une goutte de miel dans un grand verre de ciguë. Le ressort secret de cette brutale mise en quarantaine tient dans la guerre que mène le très sérieux penseur de la Science de la Logique contre les ironistes romantiques qui l'entourent. Le doute, selon lui, conduit à la négativité infinie et absolue. Socrate et Descartes amorcent le nihilisme contemporain. Négativité, puisque le doute ronge et dissout, sans repriser, ni remplacer. Infinie, parce qu'il met sens dessus dessous et, évitant de se laisser absorber par tel ou tel cas douteux, il généralise son ravage sans admettre frein ou cran d'arrêt. Absolue, car jettant les idoles à bas, il ne laisse finalement ni haut, ni bas et, s'attaquant à ce qui subsiste, il souffle sur son passage toutes les substances. Lutteur sur deux fronts, le doute subvertit l'intelligible comme le sensible, l'idéal comme le réel; pour finir, lui promet Hegel, s'il se veut cohérent et logique, par se subvertir à son tour et se dissiper comme un songe ou un jeu d'enfant, devenu conscient de lui-même, c'est-à-dire ennuyeux. Il n'y aurait donc ni à suivre, ni à réfuter un doute philosophique, il suffit de l'abandonner au mouvement, apparemment tumultueux mais finalement paisible, qui le porte au suicide.

Étrange, un analogue compliment introduit selon Schelling le reproche inverse : le doute cartésien pense trop, il aurait dû s'oublier en chemin. Il avait fort bien débuté, il commençait par le commencement : « L'histoire de la philosophie européenne moderne commence avec l'effondrement de la scolastique et va jusqu'à l'époque actuelle. Elle fut inaugurée par René Descartes (Renatus Cartesius), né en 1596, qui agit d'une manière révolutionnaire tout à fait conforme à l'esprit de sa nation : il commença, en effet, à briser toute continuité avec la philosophie antérieure, passa l'éponge sur tout ce qu'on avait fait avant lui dans cette science, et entreprit de la réédifier tout entière depuis le début, comme si on n'avait jamais philosophé avant lui. » Un tel départ en fanfare explique certes que le philosophe français exerça « l'influence la plus universelle ». Reste à comprendre pourquoi elle s'avéra « en même temps la plus funeste ». Le doute cartésien demeure sectoriel; il agite la connaissance sans atteindre l'être; il vit dans la pensée sans en sortir pour se retrouver Nature ou Être, en sautant au-delà de soi-même, du « premier pour moi » à l'abyssal « premier en soi ». Schelling, dans la foulée, reprocha à son ancien ami Hegel de s'être, comme Descartes, arrêté au sujet pensant : l'hégélianisme ne serait au fond qu'un cartésianisme déguisé et généralisé.

Les débats, qui partagent la grande philosophie allemande du XIXe siècle, se nourrissent d'une lecture très particulière de la première *Méditation.* Chacun prend à sa charge l'application sans ménagement du slogan « Doute de tout », escompte dépasser Descartes sur sa lancée, touche à la science définitive et déduit d'une aussi envahissante prémisse que la vérité sort de la bouche du malin génie. A une différence près : Schelling interprète objectivement le résultat final et promeut le fond sans fond d'un malin génie révélé Nature; Hegel interprète subjectivement et fait sortir du chapeau du doute la conscience de soi d'une négativité infinie, soit un malin génie devenu pensée qui se pense. Sous-entendu commun : la vérité d'un doute cartésien poursuivi jusque dans ses plus extrêmes conséquences entraîne bon gré, mal gré, côté esprit ou côté nature, la fin de la philosophie, l'accession à un savoir plus absolu qu'elle, dont quelque trompeur puissant se porte garant. Diabolus ex machina? Ou Méphisto que moquait Goethe, et qui, voulant toujours le faux, sans cesse produirait le vrai.

Soit l'ironie, soit le malin génie, signifient les grands idéalistes allemands, qui optent, chacun selon sa perspective, pour la seconde issue. Le pari de Descartes est différent. Il ne cite pas les difficultés du discours devant quelque ordre du monde qui, plus malin, délivrerait des panacées. Il prévoit que la volonté de sortir, à tout prix, de l'ironie doutante nous peut changer en dociles affidés d'une autorité, que notre paresse à douter fantasme indubitable. L'idéalisme du XIXe siècle postule, avec outrecuidance, qu'on entre et qu'on sort du doute, comme s'il s'agissait d'un vestibule de la réflexion. On ne penserait vraiment qu'en deçà ou au-delà d'une ironie suspendue, qui ne constituerait qu'une étape éphémère et dépassable de l'ascension philosophique. Descartes, lui, ne doute pas en « passant »; même au sujet de Dieu, il prend soin d'interroger s'il n'est pas trompeur puisque je me trompe; il teste les hautes réalités et éprouve les preuves sur la délicate balance d'une pensée qui fait du doute son élément. Non pas l'instrument d'un moment de crise, mais sa possibilité permanente et essentielle. « *Je doute donc je suis* ou bien ce qui est la même chose *je pense donc je suis* » (*La Recherche de la vérité*).

Il ne convient pas de protéger le langage contre l'ironie qu'il allume; il est préférable de combattre le malin génie dans le discours, plutôt que de le projeter (à la guise du XIXe siècle) dans les choses, où sa prospérité ravageuse se couvre de nos paix verbales. Si la raison cartésienne peut devenir à ses propres yeux un trésor qui éclipse les richesses terrestres et résiste à leur évidence, c'est parce que le meilleur partage – qu'elle est – l'instaure partage premier, qui précède tous les autres. Mon aptitude à distinguer le vrai et le faux – que le bon sens m'offre en cadeau de baptême – ne saurait se subordonner à quelque bien cosmique (ou vérité révélée), sans auparavant l'accueillir, homologuer ses droits, bref le juger. Donc le bon sens est sans appel; la réflexion qui le prend pour thème ne saurait remonter plus haut ou plus arrière. La méditation du bon sens s'avère méditation de « philosophie première » : « Donnez-moi seulement votre attention; je vous conduirai plus loin que vous ne pensez. Car à partir de ce doute universel, comme à partir d'un point fixe et immobile, je me suis proposé de faire dériver la connaissance de Dieu, de vous-même et de toutes les choses qui existent dans le monde » (*La Recherche de la vérité*).

Le doute porte la pensée et l'érige philosophie première. Non parce que douteuse, mais parce que doutante. L'ancien élève de La Flèche connaissait assez ses classiques pour ne pas oublier qu'une philosophie première saisit à bras-le-corps les principes, gouverne de part en part les possibilités du savoir et s'avère, en fin de partie, philosophie dernière. Un doute philosophique ne se jette pas après usage. Haussant la déraison qui l'habite à la dignité d'un Dieu trompeur, la raison se défie, au lieu de se défiler et de se déifier, elle suspend la confiance qui la soutient et critique la toute-puissance qu'incline à s'attribuer tout bon sens. Duplice, puis triplice, le bon sens est affirmation de soi comme la chose la mieux partagée, affirmation de la folie comme partie prenante du partage, enfin affirmation ironique de sa capacité de contrôler l'une par l'autre, sa raison et sa folie. Cette troisième merveille le rend apte à plaider le pour et le contre devant son propre tribunal : le bon sens est autocritique. Entre je doute et je pense, nulle succession, mais un entrelacement. Il n'y a pas d'avant-pensée, ni d'après-ironie; quand je doute, je pense déjà, quand je pense, j'ironise encore.

8. *L'ironie française de l'histoire*

Ou bien je doute pour de « bonnes » raisons, parce que les choses me paraissent douteuses, ou bien je doute par « mauvaise » volonté, ayant décidé de faire table rase. Dans le premier cas, mon soupçon demeure local et ne s'élève pas à une généralité philosophique, non-lieu. Dans le second, il s'emballe et n'atteint que l'universalité d'un délire, hors-jeu. Une telle alternative, trop simplette et courte, on l'a vu, pour cerner l'opération méditative n'en a pas moins gouverné l'interprétation de l'histoire de France comme assomption de la « révolution cartésienne ».

La terreur jacobine de 1793 passe ainsi pour appliquer sur la scène publique une méthode volontariste, que Descartes avait prévue à usage individuel seulement. Après cent cinquante ans d'incubation et de collectivisation des Règles, l'homo cartesianus, réveillé sans-culotte, promène au bout d'une pique la tête d'un ci-devant avec le sans-gêne d'un penseur solitaire ridiculisant les préjugés et les dogmes. Le fameux poêle, où un jeune mathématicien remettait in vitro tout en cause « dès le fondement », trouverait son accomplissement et sa vérification in vivo, dans les liesses populaires célébrant le tranchoir du docteur Guillotin. Du *Discours de la méthode* aux déclamations enflammées des « sections » parisiennes, on passerait de la théorie à la pratique dans le sillage d'une volonté absolue de liquider le passé.

Une identique raison sépare, analyse, distingue, met en pièces. Au XVIIe siècle, elle casse l'unité harmonieuse du cosmos, oppose la pensée et l'étendue, dissèque le vivant pour le réduire à la matérialité de l' « animal-machine », désincarne l'âme et plonge chaque être dans l'acide mental d'un calcul désenchanté. A la fin du XVIIIe, elle s'empare de la chose publique et étend à la vie collective les procédures de décomposition et d'expérimentation, qui font le succès de la physique mécaniste et géométrique. L'homme cartésien, qui a dépouillé la nature de la magie et de son animisme, se met à faire tomber le couperet « comme on tranche les têtes de choux » (Hegel). Même regard froid, même couteau de la raison « analytique ». Descartes cause, principe, moteur et irrémédiable malédiction de la Révolution française! L'hypothèse forgée par Hegel, témoin passionné, fit florès au point d'emporter la conviction de nombreux historiens à la fin du XXe siècle. Entre un doute qui remet tout en cause et une révolution qui ne respecte rien, comment ne pas reconnaître quelque parenté intellectuelle? Le doute n'en finit pas de nier et pousse au jamais vu son travail de destruction, la Révolution semble emportée par une dynamique sanguinaire et dévore les fidèles de l'ordre ancien puis ses propres enfants. Une semblable et systématique folie de la négation paraît marquer une évidente filiation : le ver cartésien serait dans le fruit de la douce France...

Désolé. Je tiens ce tableau apocalyptique pour une double caricature. La réduction de la pensée de Descartes à un volontarisme arbitraire qui nie pour nier relève d'une méconnaissance du doute. Le portrait du Conventionnel dans la peau du meurtrier glacé et sans scrupule est également mensonger. Je préfère prendre à témoin les reproches qu'adressent aux Jacobins leurs pseudo-héritiers et piètres imitateurs du XXe siècle. Robespierre a tremblé, les Montagnards n'ont pas suivi jusqu'au bout la « logique » révolutionnaire, ils ont hésité, ce sont des « petits bourgeois » qui sans cesse balancent « d'un côté, de l'autre », ils pratiquent la terreur malgré eux, ils interrompent l'arbitraire d'une justice « extraordinaire » avant d'avoir exterminé le dernier ennemi. Le révolutionnaire de 93 ne sera jamais, pour l'élève de Marx et de Lénine, qu'un demi homme d'action, il n'a pas « l'étoffe spéciale » du bolchevique pur et dur.

Car à la différence de ses successeurs communistes et intégristes, qui lui en tiennent rigueur, le révolutionnaire français doute. La parenté Descartes-Révolution existe, mais elle joue contre l'emportement et le fanatisme de l'action militante. Loin de pousser au crime, elle explique la retenue dont témoignent les hommes de 93 comparés à leurs émules d'aujourd'hui. Saint-Just, Danton, Robespierre doutent, les uns des autres bien sûr, mais aussi du cours des choses, du pouvoir qu'ils détiennent, de l'arbitraire angoissant qui les entoure. Ils combattent un ennemi extérieur, ou plusieurs : le passé, la « réaction », les armées étrangères. Mais ils n'ont jamais cessé d'appréhender que le processus révolutionnaire lui-même s'avère un ennemi encore plus intime et tourne à la catastrophe; ils craignent les bains de sang, les délires lyncheurs de la populace et l'usurpation d'un général vainqueur. Leurs inquiétudes se nourrissent de souvenirs, ils évoquent le Paris de la

Ligue, la Saint-Barthélemy et la dictature anglaise de Cromwell. Lénine se félicitera de mener « la révolution jusqu'au bout », sans hésitation ni pitié, pas eux. Pourquoi? La différence ne concerne pas la bonté des sentiments, Lénine portait peut-être en écharpe un cœur plus sensible que l'Incorruptible, mais il ne doutait pas que le bout soit le but : plus il y a de révolution mieux c'est, il faut écarter obstacles et freins, libérer la lutte des classes, émanciper et déchaîner le mouvement que l'on dirige et que l'on a imaginé sous la forme d' « un processus d'histoire naturelle ».

Le révolutionnaire de 89, au contraire, n'a pas vécu l'histoire comme une dynamique objective et irrépressible, mais comme une tragédie. Plus elle est abandonnée à son impétuosité naturelle, plus elle risque de tourner mal. La politique française, révolutions comprises, se joue depuis les guerres de religion au bord de l'abîme : rien n'est garanti, ni la bienveillance des chefs, ni l'humanitarisme des masses, ni la quiétude des voisins, ni la faveur des circonstances. Jetés dans un drame collectif, qui pouvait, pensaient-ils, les déborder, les révolutionnaires français furent cartésiens comme ils étaient socratiques : par leurs incertitudes, non par leurs catéchismes. Dans le texte de son dernier discours, qu'il ne put prononcer, Robespierre se réclame des vérités, pas de la puissance : « S'il faut que je dissimule des vérités, qu'on m'apporte la ciguë. » Lénine n'eût pas tant fait la fine bouche – qui n'est pas avec moi est contre moi, à la guerre comme à la guerre. Et sous ses ordres les marins ont rapidement dispersé manu militari les députés démocratiquement élus (la seule fois de l'histoire russe!), mais majoritairement antiléninistes. Robespierre et ses compagnons ont refusé un coup d'État facile et se laissèrent décapiter.

Pour le marxiste, hésiter c'est déjà passer à la contre-révolution, car la révolution est pavée de certitudes. « Dans la première Révolution française, la domination des Constitutionnels fait place à la domination des Girondins, et celle-ci à celle des Jacobins. Chacun de ces partis s'appuie sur le plus avancé. Dès que chacun d'eux a poussé la révolution suffisamment loin pour ne plus pouvoir la suivre et à plus forte raison la précéder, il est mis à l'écart par l'allié le plus hardi qui le suit, et envoyé à la guillotine. La révolution se développe ainsi sur une ligne ascendante » (Marx). Loin de partager ces convictions de plomb, le révolutionnaire français a goûté l'événement dans son indépassable ambiguïté; la révolution est le chemin du doute, elle n'a pas toujours raison et le peuple doit être protégé contre le pouvoir républicain, qui pourtant émane de lui. « La liberté du peuple est dans sa vie privée, ne la troublez pas. Que le gouvernement ne soit une force seulement que pour la protection de cet état de simplicité contre la force même » (Saint-Just). Lorsque les partisans de Robespierre cèdent devant la majorité hostile de la Convention, ils sacrifient leur vie, leur parti, leurs idées à un principe : il faut qu'une règle ultime limite la puissance de l'exécutif, car nul ne doit détenir envers et contre tous le pouvoir absolu d'imposer l'indubitabilité de ses convictions. Puisque l'assemblée parlementaire est le lieu où l'on doute ensemble du bien-fondé des opinions de chacun, il ne faut pas la bafouer. Cette limite est flottante, les révolutionnaires d'alors discutaient de son tracé et non de son existence. Le « Despotisme », l'autorité absolue, jouait, pour eux, le rôle du malin génie chez Descartes : celui qui s'élève d'emblée au-dessus de tout doute incarne l'abomination de l'abomination. Toute dictature se devait « extraordinaire », c'est-à-dire imposée par les circonstances mais évacuée avec elles. Ils étaient, grâce à Montaigne et Descartes, incapables de concevoir un terrorisme nécessaire et nécessairement bon jusqu'à la fin de l'histoire. Les Français ont toujours fait leurs révolutions à demi, ils réservent la part du malin génie, sinon le diable politique emporte totalitairement la totalité. Exister démocratiquement c'est douter les uns des autres. Avec le droit et les moyens permanents que requiert une telle opération.

L'expérience des révolutions totalitaires du XXe siècle introduit des conclusions analogues : « Personne ne désire vraiment douter et pourtant détruire le doute revient à démolir la raison (...) Notre imperfection est manifestée – entre autres – par notre faculté de douter, mais cette faculté-là maintient l'équilibre précaire de notre vie sociale et individuelle (...) nous devons défendre notre droit et notre capacité de douter si nous voulons préserver notre être moral et intellectuel (...) Le doute est l'unique article qui nous protège contre l'intolérance et un fanatisme qui se croit tout permis. Nous devons nous rappeler que la parfaite unité de l'humanité est impossible, sans quoi nous tenterons d'imposer une telle unité par tous les moyens et nos folles visions de la perfection enclencheraient les violences et finiraient dans une caricature totalitaire ou théocratique de l'unité promise (...) Le doute témoigne de notre imperfection plutôt qu'il ne la suscite et, du coup, retient le démon qui nous habite en lui interdisant d'aller jusqu'au bout de ses possibilités » (Kolakowski).

Parfois l'actualité fixe rendez-vous à la pensée de René Descartes. Elle n'accole point, à la Hegel, deux dogmatismes et la furia française ne se gonfle pas de l'intarissable assurance que lui soufflerait l'esprit de géométrie. L'optique cartésienne au contraire fait le point sur le douteux et en impose la prise en compte, sans autoriser une naïveté antédubitative ou une sérénité planant indifférente à toute question. Lorsque Proust brosse le portrait du colonel Picquart, il dote l'officier qui fit éclater l'innocence de Dreyfus d'une « sincérité intérieure », sa faculté d'examiner librement le pour et le contre révèle « un philosophe, un homme dont toute la vie, bien qu'il portât un uniforme bleu ciel, s'était passée à chercher, tandis qu'en fait il tournait la bride de son cheval au tournant d'une route ou allait au quartier pour une inspection, à chercher à extraire la vérité, à l'aide de raisonnements, de toutes les choses qui se présentaient un peu vivement à l'examen de sa conscience ». Cette aptitude à juger sans souci du qu'en-dira-t-on, quitte à prendre le contre-pied de préjugés personnels, Proust la désigne comme *méthode*, elle est retrouvée spontanément « aux heures où devant un juge d'instruction, devant un homme qui nous menace, il nous semble tout d'un coup que nous sommes seuls, que l'univers nous a abandonnés... ». L'expérience du « poêle » devient une sorte de recours ultime face aux équivoques de l'histoire et à la tromperie des congénères.

Loin que la Révolution soit cartésienne, c'est la retenue gardée en elle qui l'est; loin que l'esprit de conquête s'inspire du *Discours de la méthode*, c'est le militaire dressé solitairement contre l'état-major qui peut s'en réclamer. S'il arrive que la France démystifie des idéologies en vogue et diffuse quelques doutes salutaires touchant les grandes puissances providentielles, alors elle remémore Descartes.

III

JE PENSE, OU LES MÉSAVENTURES DU COGITO

1. *A. B. C., histoire de la pensée occidentale légèrement abrégée*

S'agissant des philosophes, Descartes compte jusqu'à trois. Il y a Platon, Aristote et moi, confie-t-il dans la lettre-préface qui coiffe l'édition française de ses *Principes de la philosophie.* Entre lui et les deux penseurs grecs, l'intervalle de deux millénaires vaut pour intermède inutile : « Ceux qui vinrent après eux s'arrêtèrent plus à suivre leurs opinions [celles d'Aristote et Platon] qu'à chercher quelque chose de meilleur... » Et lorsqu'ils cherchent, ils ne peuvent être, à leur insu, que précartésiens : « La principale dispute que leurs disciples eurent entre eux fut pour savoir si on devait mettre toutes choses en doute, ou bien s'il y en avait quelques-unes qui fussent certaines... »

Tant de mégalomanie mérite-t-elle qu'on s'y arrête? Faut-il l'attribuer à une réaction ingénue contre l'abus de commentaires des commentaires, grand plaisir des Écoles? Un ton si tranchant ne relève pas de l'ignorance; Descartes savait astucieusement manier les concepts traditionnels. Il travailla longtemps sur un *Traité d'érudition,* opposant terme à terme l'ancienne et scolastique philosophie à la sienne, « nouvelle ». Il abandonna ce projet de réfutation et de destruction pour la même probable raison qui lui fit délaisser rapidement, dans ses lettres à Élisabeth, le commentaire de Sénèque : il s'ennuie. Puisque la pensée des autres ne saurait servir à la sienne que de repoussoir, il coupe court et livre directement son opinion. C'est donc en connaissance de cause qu'entre Platon, Aristote et lui, il n'y a rien.

Trois penseurs comptent, trois seulement, dans l'histoire de l'Occident. Péremptoire, l'affirmation n'est pas lancée sans preuve. Descartes énonce, avec soin, la règle qui préside à une sélection si rigoureuse. Il distingue quatre degrés de sagesse qui appartiennent à tous et le cinquième, dont il partage l'exclusive jouissance avec les deux Grecs. Le commun des mortels use d'une connaissance immédiate, qui vaut pour premier degré de sagesse (et « ne contient que des notions qui sont si claires d'elles-mêmes qu'on peut les acquérir sans méditation »); le reste du commun savoir, chacun l'acquiert de l'extérieur (degré deux : l'expérience des sens), ou d'autrui (degré trois et quatre : la conversation et la lecture). La révélation religieuse est classée hors concours, « parce qu'elle ne nous conduit pas par degrés, mais nous élève tout d'un coup à une croyance infaillible ». Les quatre degrés bouclent le champ ouvert à la sagesse ordinaire. Le cinquième oriente, à titre d'aspiration et d'idéal, la recherche de ceux qu'on nomme philosophes :

> Il y eut de tout temps de grands hommes qui ont tâché de trouver un cinquième degré pour parvenir à la sagesse, incomparablement plus haut et plus assuré que les quatre autres; c'est de chercher les premières causes et les vrais principes dont on puisse déduire les raisons de tout ce qu'on est capable de savoir; et ce sont particulièrement ceux qui ont travaillé à cela qu'on a nommés philosophes. Toutefois je ne sache point qu'il y en ait eu jusqu'à présent à qui ce dessein ait réussi. Les premiers et les principaux dont nous ayons les écrits sont Platon et Aristote... (Lettre-préface des *Principes...*)

La parenté stellaire, qui noue Descartes aux grands Grecs, affleure dans l'exigence de gravir le « cinquième degré ». Les premières causes et les premiers principes ne sauraient fuser d'une Révélation cultivée *ailleurs,* dans une Bible, dans un traité de mathématique ou dans le grand Livre de la Nature diversement crypté. L'ambition rigoureusement attique de Descartes interdit le double langage et la double vérité : ni la religion, ni la science ne fonctionnent comme sources indépendantes de la révélation philosophique. Il n'existe aucun « fait de la raison », qui précède la raison et échappe à ses doutes. Ni la théologie rationnelle de la scolastique. Ni la physique mathématique (naturalisée par Newton pour Kant). Ni l'histoire et ses ruses (rationalisée par Hegel). Ni diverses évidences existentielles, qu'elles valent pour morales, ou non. Tous les prétendus fondements doivent être fouillés, et à leur tour interrogés depuis ce « cinquième degré ».

Le serf n'est pas un esclave et parfois le valet se rend maître de son maître. Lorsque la philosophie paraît servante de la théologie ou de la science, elle s'avère suffisamment subtile et retorse pour, à l'occasion, renverser l'ordre des puissances. Récusant néanmoins d'entrée de jeu un rapport qui semble duplice, Descartes s'oblige à « travailler » sans filets et à définir directement la vérité qui guide ses pas. Recherche scientifique, expérience morale, éblouissement religieux, aucune lumière allumée dans quelque région du monde et des savoirs ne saurait tenir lieu de « cinquième degré ». Lequel juge les certitudes mondaines, sans recours, ni secours, d'un point de vue que Platon qualifia de suprême ou « anhypothétique ». En énonçant qu'il n'y a rien entre lui et ses deux alter ego, Descartes ne saute pas seulement par-dessus deux millénaires de pensée romaine ou chrétienne, il annonce qu'il reprend à son compte le projet d'une philosophie première, qui soit à elle-même sa propre cause.

Plus ambitieux encore, il déclare qu'il réussira où ont échoué ses illustres ancêtres :

> ... entre lesquels, il n'y a eu autre différence sinon que le premier, suivant les traces de son maître Socrate, a ingénument confessé qu'il n'avait encore rien pu trouver de certain, et s'est contenté d'écrire les choses qui lui ont semblé vraisemblables, imaginant à cet effet quelques principes par lesquels il tâchait de rendre raison des autres choses : au lieu qu'Aristote a eu moins de franchise; et bien qu'il eût été vingt ans son disciple, et qu'il n'eût point d'autres principes que les siens, il a entièrement changé la façon de les débiter, et les a proposés comme vrais et assurés, quoiqu'il n'y ait

aucune apparence qu'il les ait jamais estimés tels (Lettre-préface).

Le scénario adopté ici tranche par son originalité. A l'époque, les érudits s'obligent à choisir entre Aristote et Platon, et mettent en scène, à grand renfort de polémiques et d'excommunications, la guerre des deux dieux censée rageusement déchirer l'Olympe philosophique. L'auteur des *Méditations* aurait pu sacrifier aux usages. Il eût aisément expliqué comment le doute sur le sensible visait les aristotéliciens (pour qui rien n'était dans l'esprit qui n'eût été auparavant introduit par les sens), tandis que le doute sur les essences intelligibles atteignait l'infaillibilité platonicienne des Idées. Visant l'essentiel, Descartes fait ressortir l'unité secrète de la pensée antique et la continuité de son échec, dissimulé par Aristote, mais confessé par Platon.

Loin du chassé-croisé entre les deux ancêtres, le « troisième » philosophe contraint ses lecteurs à choisir entre lui et eux. L'alternative manifeste derrière la concurrence des stratégies la permanence de l'objectif : qui accède au cinquième degré de la sagesse? La référence socratique vaut pour le moderne, comme pour les anciens; elle désigne une communauté de recherche gouvernée par le projet de philosophie première. Au-delà des clichés de l'humanisme italien, rejetant comme nulle et non avenue la lutte à mort théâtralisée entre aristotélisme et platonisme, Descartes fait œuvre de salubre démystification publique. Dans l'optique du thomisme médiéval, Aristote était le maître incontesté de ceux qui savent, le héraut d'une science apodictique et achevée, qu'un lecteur non prévenu aurait grand-peine à retrouver dans les écrits du Stagirite. L'euphorie de l'Italie renaissante venue, la célèbre fresque de Raphaël sur les murs du Vatican témoigne : index dirigé vers le ciel, le divin Platon incarne un savoir absolu et éthéré, qu'un Aristote davantage prosaïque doit ramener sur terre. Descartes ne reconnaît à ces différences aucune pertinence; elles n'indiquent que les degrés de franchise, par quoi les penseurs camouflent ou exhibent leur défaite. Platon prend, étrangement, l'avantage, pour d'antiplatoniques motifs. Non parce qu'il communique avec les célestes, mais parce que « suivant la trace de son maître

Socrate, [il] a ingénument confessé qu'il n'avait encore rien pu trouver de certain... » L'accès au cinquième degré de la sagesse est entrouvert par la « confession ingénue » d'un je doute. Ainsi le but, mais aussi bien le départ – la suspension interrogative – et la voie – la confession méditante – ne varient pas. La philosophie première ne connaît qu'une seule épreuve olympique, celle de Socrate, qui reste, comme il l'était pour Montaigne déjà, le « maistre des maistres ».

En rupture avec des idées encore aujourd'hui courantes, l'histoire de la philosophie ébauchée par Descartes ne manque pas de panache et d'à-propos. Un Platon se laisse concevoir, qui n'aurait pas entrepris d'étouffer les questions de Socrate sous le poids de réponses massives et définitives; il convient de le suivre au fil d'une ironie, trop souvent négligée par les historiens victimes de leur esprit de sérieux : « Ceux qui ont déjà le savoir (sophia), que ce soient des Dieux, que ce soient des hommes, ne sont pas amis du savoir, ne philosophent pas » (*Lysis*, 218 a). Partant en quête des premiers principes et des causes, la philosophie première n'en demeure pas moins philosophie, chercheuse et doutante. Si Socrate perce encore en Platon, il est à présumer que le je doute, loin d'être évacué et comblé par les certitudes du je pense, continue de les hanter : « Cette petite chose que la tradition a effacée, c'est l'ironie. L'effacement de l'ironie est ce qui permet à la philosophie de se penser comme acheminement vers une contemplation. La tradition n'a pas tout recouvert du sens platonicien, elle en a seulement supprimé une dimension, la dimension ironique (avec son corollaire l'impiété)... » (Dixsaut).

On amalgame trop souvent aux dévotions platoniques le cogito et les méditations. Comme si Descartes se fut contenté d'appliquer le précepte de saint Augustin : « Rentre en toi-même, c'est au-dedans de toi que réside la vérité. » Descartes récuse les exemples et les citations pêchées çà et là : le prétendu cogito augustinien n'est pas fondement, ni premier passage, il n'ouvre qu'une porte dérobée sur l'au-delà, une entrée dans les mystères de la Trinité. Par contre, dès la première formulation cartésienne, la référence à Socrate est revendiquée : « Si Socrate dit qu'il doute de tout, il suit nécessairement de là : donc qu'il entend bien au moins qu'il doute; et pareillement qu'il connaît donc que quelque chose peut être vrai ou faux etc. Ces propositions sont nécessairement conjointes à la nature du doute » (*Regulae,* XII). Deux lignes plus loin, surgit le célèbre « je suis, donc Dieu est », résumé téméraire des *Méditations* lancé treize ans à l'avance. Pour que la réflexion ne se satisfasse pas de constater, chemin faisant, « je pense », pour qu'elle s'arrête sur ce constat et l'érige en principe premier, il lui faut s'être plongée dans le doute le plus vertigineux : aucune théologie, aucune physique ne peuvent se substituer à l'inscience socratique irriguant le cogito.

Au tour d'Aristote. La dette qu'il contracte en matière d'inscience saute aux yeux, si l'on tient sa pensée pour une recherche sans la pétrifier en science « métaphysique » achevée, rêve de la tradition. Aristote baptise dialectique la reprise de l'interrogation socratique. « La dialectique (...) est une discipline qu'on peut posséder, même sans avoir la science. Il est en effet possible, même pour celui qui n'a pas la science, de procéder à l'examen de celui qui n'a pas la science de la chose (...) De là vient que tous les hommes, même les plus ignorants, font en quelque façon usage de la dialectique et de la critique; car tous, jusqu'à un certain point, s'efforcent de mettre à l'épreuve ceux qui prétendent savoir. » L'exercice cartésien est, au sens aristotélicien, une critique dialectique : on peut parfaitement douter sans savoir et pour savoir, de même que Socrate n'est pas ignorant ou savant mais « inscient », en quête. Une telle absence de science atteint, comme le doute suprême des *Méditations,* une universalité plus vraie que celle dévolue aux connaissances scientifiques. « On voit que la critique n'est la science d'aucun objet déterminé. C'est pourquoi aussi elle se rapporte à toutes choses... » La méthode selon Descartes est fille de la dialectique selon Aristote. L'une n'accepte pour indubitables que les vérités qui ont traversé l'épreuve dubitative; l'autre s'élève aux principes communs par la voie négative des contestations et des réfutations. Reste qu'Aristote sépare la propédeutique « dialectique » et la science démonstrative; Descartes, plus proche du socratisme, n'opère jamais de coupure si tranchée entre la recherche inventive et le savoir accompli. La distance historique, extérieure et lointaine, qui relie, via deux mille années, Descartes à ses maîtres grecs, devient un lien intérieur et quasi familial : il renvoie Aristote ou Platon au Socrate qu'ils perpétuent et trahissent dans la même foulée. Le « bon sens » n'oppose pas, aux platonismes et aux aristotélismes ambiants, une doctrine nouvelle, venue d'on ne sait où, il restitue à la pensée sa saveur d'origine et rappelle les « anciens » à leur jeunesse. Il suffit de poser l'équation bon sens = inscience, et par quelque côté Descartes = Socrate, pour omprendre l'apparente mégalomanie qui pousse le jeunot à se mesurer aux pères fondateurs, et à eux seulement. Le lecteur du *Discours de la méthode* possède son Montaigne; quand on lui dit : le bon sens est bien partagé parce que nul ne s'en trouve dépourvu, il sait de quoi il retourne. Tandis que l'ironie et le sérieux occupent, couple mi-grotesque, mi-comique, les devants de la scène, la formule à rebondissements intronise le projet inaugural de fonder toute connaissance scientifique, théologique ou morale sur la connaissance de soi.

> L'advertissement à chacun de se cognoistre doibt estre d'un important effect, puisque ce Dieu de science et de lumière le fit planter au front de son temple, comme comprenant tout ce qu'il avait à nous conseiller. Platon dict aussi que prudence n'est autre chose que l'exécution de cette ordonnance, et Socrates le vérifie par le menu en Xenophon. Les difficultez et l'obscurité ne s'aperçoivent en chaque science que par ceux qui y ont entrée. Car encore faut-il quelque degré d'intelligence à pouvoir remarquer qu'on ignore, et faut pousser à une porte pour sçavoir qu'elle nous est close. D'où naît cette platonique subtilité que, ny ceux qui sçavent n'ont à s'enquerir d'autant qu'ils sçavent, ny ceux qui ne sçavent, d'autant que pour s'enquerir il faut sçavoir de quoi on s'enquiert. Ainsin en cette-cy de se cognoistre soy mesme, ce que chacun se voit si résolu et satisfaict, ce que chacun y pense estre suffisamment entendu, signifie que chacun n'y entend rien du tout (*Essais*, III, XIII).

Le sage qui sait ne cherche pas, l'ignorant ignore trop pour savoir ce qu'il y a à chercher, explique Platon (*Ménon, Théétète*). L'inscience, ou ignorance qui se sait, surmontant le dilemme, s'instaure condition de toute recherche et vérité de la vérité; sous la nouvelle dénomination de « bon sens », elle conquiert le cinquième degré de sagesse.

La contestation extérieure de Platon et Aristote par la nouvelle philosophie devenue contestation intérieure du savoir grec par la scène primitive socratique, il reste à fonder la connaissance des choses sur la connaissance de soi. Ici, le Platon de la tradition a échoué. Il fut trop pressé de freiner les inquiétudes socratiques par des solutions extraites d'un autre monde. Socrate interrogeait du fond de la caverne, Platon répondait par les lumières du dehors, importées des îles bienheureuses où les idées s'enchaînaient aux idées au-delà des humaines contestations. La vérité a-socratique du platonisme officiel s'imposa comme adéquation de la pensée à elle-même, en construisant, au nom de la concaténation logique, des palais d'Idées. Le partage de la tradition aristotélicienne est différent; elle se réclamait de la vérité conçue comme adéquation de l'intellect aux choses; elle régionalisait l'interrogation socratique qui n'aurait remué que la presqu'île des affaires « morales », celle où l'on dialogue, où l'on dispute « dialectiquement », tandis que les terres fermes du savoir, la « Nature » où l'on démontre, échappaient aux entortillements de la connaissance (ou souci) de soi.

Lever ce double refoulement du socratisme par les philosophies officielles revient à ne plus définir la vérité en termes d'adéquation aux choses – le doute s'attache aux réalités sensibles et au monde extérieur –, ni en termes de cohérence interne – les charmes de la raison ne baignent plus dans leur propre évidence, le doute s'étend aux essences intelligibles. Si la vérité n'est plus l'accord incontestable avec les choses ou avec les enchaînements mathématiques, où la trouver? Dans une connaissance de soi rendue capable de mesurer à l'intérieur d'elle-même son rapport aux « choses » et aux convictions intellectuelles. Telle est la tâche que s'assigne Descartes, transformant le je doute en je pense.

En apparence l'entreprise de démolition réussit. Les idéologies, jadis dominantes, s'évaporent; les historiens peinent à définir ce que fut l'aristotélisme de l'École; les enthousiastes du jour s'avouent fous de Dieu ou mordus de la dialectique matérialiste sans brûler de cierge au « divin Platon ». Le cartésianisme pourrait ainsi dormir sous les lauriers d'une victoire définitive. En réalité, si les doctrines précartésiennes ont quitté la scène, en tant que telles, de nouveaux acteurs prennent le relais et les emplois demeurent. A la Renaissance, les figures mythiques d'Aristote et de Platon furent investies des pleins pouvoirs de Médiateurs et Intercesseurs entre moi et les choses, entre moi et Dieu, entre moi et moi-même. La fonction crée le caractère et fixe, sous l'anecdotique variété des défroques historiques, le quasi éternel personnage du maître de vérité : ce héros avalise la réponse qui avale les questions, il dit où nous en sommes de la vie et de la mort, du supérieur et de l'inférieur, de l'intérieur et de l'extérieur, de l'essentiel et de l'accidentel. C'est la boussole de tous les déboussolés. Descartes tirerait-il son éternelle inactualité d'assumer le refus d'une si forte prétention?

Rien n'a changé. Les postcartésiens raisonnent comme des précartésiens qui s'ignorent. Les généalogies, dont ils se targuent parfois, l'avouent explicitement; Marx renvoie à Hegel, qui se réclame d'un Platon relu et corrigé par les platoniciens, auxquels Descartes s'opposa : théurgie de Proclus, animisme de Ficin et dialectique de la Nature sont de la même eau. Le shihisme, dont se couvre un autre intégrisme, remonte en ligne directe, via les néo-platoniciens de l'Iran mystique, à la « Cosmologie d'Aristote », c'est-à-dire aux textes initiatiques plotiniens. De telles filiations, les unes déclarées, les autres silencieuses, doivent être maniées avec d'extrêmes précautions; elles tissent moins des causalités qu'elles n'alimentent des prétextes. Ce n'est pas la faute à Platon, ni la faute à Plotin, si des terroristes existent, qui sans vergogne accommodent la tradition à leur usage. Les idées d'antan traînent dans l'actualité la plus brûlante, lui fournissant à l'occasion slogans et banderoles; leur présence manifeste que le combat cartésien contre la confusion dans la pensée semble perdu d'avance, tant l'esprit faux s'avance protéiforme et fait feu de tout concept : « Les doctes sont habituellement assez subtils pour trouver le moyen de s'aveugler même dans ce qui est évident par soi » (*Regulae,* XII).

Derrière les méandres, les virevoltes et autres imprévus retours de l'histoire des idées, il n'est pas interdit de déceler la permanence d'une demande du grand public, à laquelle pré- et postcartésiens obtempèrent avec une égale imprudence. Nous voulons nous situer, nous repérer, nous orienter, déterminer les points cardinaux de notre espace, baliser l'origine et la fin du ou des temps. Dites-nous dans quel monde nous vivons! Et les penseurs de laisser monter en eux semblable exigence; plus pressés de satisfaire que de questionner l'injonction, ils brandissent un trousseau de clefs et, modernes réincarnations de l'Aristote mythique et du Platon de la fable, ils campent sur les positions récupérées du maître de vérité.

Les anciens porteurs de solutions se réclamaient d'une révélation extérieure; une Nature parée de gloire hellénique ou une Bible judéo-chrétienne exhibait les secrets d'un cosmos antérieur et supérieur à son humain porte-parole. Désormais le maître de vérité exécute solitairement les devoirs de sa charge, il se revendique véhicule d'une lumière purement intérieure; la vérité fait ses preuves en lui et par lui; à travers son discours c'est à elle-même qu'elle présente ses lettres de créance : l'univers n'est plus éclairé par une instance lointaine, il se donne en personne comme au premier jour; il s'autojustifie ici et maintenant, ou jamais. Il y a le maître de vérité à l'ancienne, qui découvre et dévoile une lumière qui le précède et ne lui appartient pas. Il y a le maître de vérité moderne, qui dévoile et découvre, à condition seulement d'assumer la production du cours des choses et l'électrification des êtres. Cette mutation s'accomplit dans la figure ultime des Maîtres Penseurs, qui, au XIXe siècle, élucident le mystère de l'Histoire et formulent le mot de la fin. Marx, vulgarisant Hegel, affiche haut et clair une prétention de tout connaître en vertu de laquelle les idéologies du XXe siècle massacrent pour le bien de la cause.

Entre les mages de jadis et les messies d'aujourd'hui, l'intermède cartésien passe aux oubliettes. Lui seul pourtant rendit la mutation obligatoire, en citant toute autorité venue d'ailleurs devant le tribunal autonome de la raison qui doute. A la différence de ses prédécesseurs antiques, le maître de vérité moderne doit traverser l'épreuve initiatique de l'apesanteur dubitative. Il s'affirme comme « le scepticisme s'accomplissant » (Hegel), il s'empresse de faire subir à son entourage l'ébranlement de la négativité, d'où il prétend tirer sa force et son prestige. S'étant révolutionné lui-même, il ne prendra pas de gants pour révolutionner les autres. Les statuts ancien et récent du maître de vérité sont tranchés par le scalpel cartésien. Mais une telle coupure n'est qu'un effet imprévu, involontaire, en quelque sorte extérieur, de la pensée de Descartes. Sciemment il exerce une pression déflationniste sur le marché des révélations. Après lui, ce « moins » délibéré est retourné en « plus »; les postcartésiens réinvestissent le maître de vérité d'un surcroît de gloire, puisque désormais source et pas seulement réceptacle, il s'autorise d'une vérité dont il planifie le surgissement. Le maître de vérité ancien ordonnait au nom d'un sens annoncé révélation. Le maître de vérité moderne annihile pour recommencer à zéro, au nom d'un sens espéré révolution.

Ne pas se laisser prendre aux apparences. Descartes n'évacue pas l'ancien, qui à son époque était déjà tombé. Il n'introduit pas davantage l'avenir, sinon malgré lui, car il n'entend pas opposer persuasion à persuasion. Il opère dissuasivement, en tentant de maîtriser l'erreur. En cela il est unique. Un an avant sa mort, il confie au jeune platonicien d'Oxford, Henri More : « Bien que notre esprit ne soit la mesure ni des choses, ni de la vérité, il doit assurément être la mesure de ce que nous affirmons ou nions. » La formule vaut testament; elle renvoie prophétiquement dos à dos pré- et postcartésiens, ceux qui pensent détenir la mesure des choses et ceux qui se croient porteurs des clés du Royaume. Si l'esprit ne dispose pas des choses, ni ne fabrique la vérité, que domine-t-il quand il affirme ou quand il nie? Il se mesure à l'errance. Chaque maîtrise, fût-elle celle de l'univers, que Descartes évoque non sans équivoque, passe par la prise préalable qu'un individu souverain conquiert sur son inaliénable faculté de se fourvoyer. Un sujet devenu maître et possesseur de l'erreur, telle est la seule fin que vise une éducation cartésienne.

Que deviennent les maîtres de vérité, quand ils ne croient plus à quelque vérité que ce soit? Attention! Ne pas confondre! Ils contournent soigneusement la possibilité, ouverte par Descartes, d'une maîtrise de l'erreur. Qu'il puisse y avoir vraiment du non-vrai est trop demander à leurs fraîches déceptions; ils désirent pousser jusqu'au terme du nihilisme. Il n'y a ni vrai, ni faux, ni bien, ni mal, tout est égal, ainsi font-ils parler la modernité. Les meilleurs d'entre eux n'abandonnent pas l'ambition de philosopher, mais qu'est-ce qu'un penseur qui ne reconnaît pas même à l'erreur, au mal, à la souffrance une vérité? Ne paraissent-ils pas atteints de ventriloquie ces maîtres qui déclarent qu'en vérité il n'y a pas de vérité? Ne logent-ils pas, à l'instar du bizarre Euryclée dont plaisante Platon, une voix qui les gourmande au fond d'eux-mêmes et les contredit à tout instant?

Voir en bien ou en beau n'est pas l'affaire du philosophe. Il se donne pour tâche de dire les choses comme elles sont, si nécessaire « tristement les choses tristes » (Péguy) sans enjoliver. Mais voir en vrai, au moins le faux, comment s'en dispenser? Qui dit quoi, lorsque Deleuze proclame qu'il faut « détruire » le grand principe qu' « il y a, malgré tout et avant tout une affinité, une filiation, ou peut-être il vaut mieux dire une philiation, de la pensée avec le vrai »? Cette proposition de destruction, qui vient se produire aux yeux du lecteur, ne se réclame-t-elle pas elle-même d'une quelconque parenté avec le vrai? Est-elle fausse? Ou bien ni vraie ni fausse et exactement semblable à sa contraire? Ô Euryclée! Mais peut-on demander encore qui parle? Quel qui? : « Derrière les masques, il y a encore des masques et le plus caché, c'est encore une cachette à l'infini. » Avec la possibilité d'une parole vraie disparaît ego, abandonnant derrière lui le « je fêlé » du « cogito dissous » (Deleuze). N'importe qui énonce n'importe quoi. C'est vous qui le dites, Euryclée! Creusant un même filon, Derrida reproche à Platon de disqualifier, comme une imitation sophiste, tout ce qu'une prétendue « modernité » paraît mettre en avant : le masque, la disparition de l'auteur, le simulacre... et en même temps il s'inquiète de paraître retourner aux sophistes! Ô Euryclée, une dernière fois.

Lorsque le maître de vérité ne croit plus en lui-même, ni en ce qu'il dit, il continue de parler. Il produit du simulacre par un simulacre de production. Ce faisant, il est on ne peut plus vrai et correspond parfaitement à l'idée qu'il se fait et qu'il donne de lui-même : le sophiste n'est qu'une version entre d'autres du maître de vérité. De même qu'on ne met pas en question un ventriloque, qui s'affirme d'une double voix double spécialiste du double langage, de même on ne réfute pas un sophiste proclamant qu'il n'y a rien de vrai. Mais surtout rien de faux. Il faut, pour sortir de ses filets, le temps et « les épreuves qui contraignent au clair contact des réalités » (Platon). J'entends : des épreuves dures, des expériences cuisantes. Et il faut, de surcroît, pouvoir énoncer ces épreuves dans leur vérité, se donner la capacité de formuler que le faux et le mal existent. Il faut oser poser la question du non-être.

Coincer le sophiste, l'épingler comme spécialiste du faux-semblant ne revient pas à se réclamer, en toute simplicité et avec grande suffisance, de la vérité. Car il en fait autant. Il soutient en vérité que la vérité n'existe pas. Vous lui opposez qu'il se contredit? Il rétorque qu'il n'y a aucun mal à cela, car une vérité qui n'existe pas ne saurait s'en offusquer. Vous renâclez? Il réitère gracieusement qu'il n'y a pas de contradiction à se contredire, si la vérité n'est nullement. Tant que vous objectez aux sophistes la question de l'être et de la vérité, ils demeurent inexpugnables : l'être n'étant que simulacre, leur discours est infondé, mais se fonde, si vous y tenez, comme apparence. Le nihilisme sophiste n'achoppe pas sur la possibilité du dire vrai, mais sur celle du dire faux. Le bel esprit ne nie point qu'il y ait quelque ombre de vérité (il s'empresse de la définir à sa guise); il hésite davantage devant l'erreur (dont la détermination ne dépend plus de son bon plaisir).

S'il faut pour contrer le nihilisme dévoiler l'existence du faux, l'embuscade n'est pas facile à tendre, reconnaissait déjà Platon : « Quelle formule, en effet, trouver pour dire ou penser que le faux est réel, sans que, à la proférer, on reste enchevêtré dans la contradiction. La question est vraiment d'une difficulté extrême. – Pourquoi donc? – L'audace d'une pareille assertion est qu'elle suppose le non-être : point de fausseté possible en effet sans cette condition... » (*Sophiste*, 236 e-237 a).

Plus explosive que la question de l'être, il y a, « aujourd'hui comme hier et comme toujours » (Platon), la question du non-être. Et derrière les figures fugaces des maîtres de vérité, se profile soit le sophiste, soit le maître de l'erreur.

2. *Le piège de la clarté*

Toute connaissance doit être connaissance de soi. La plus physique comme la plus théologique, sinon aucune ne peut se faire accepter pour connaissance. Le terme « idée », dont l'usage cartésien conquiert l'Europe en deux générations, cristallise le nouveau statut du savoir. Le mot indiquait, traditionnellement, tantôt « les formes des conceptions de l'entendement divin », tantôt les images que les sensations provoquent en nous. Descartes élargit l'acception, lui attribuant une extension universelle : « Je prends le nom d'idée pour tout ce qui est conçu immédiatement par l'esprit : en sorte que, lorsque je veux et que je crains, ce vouloir et cette crainte sont mis par moi au nombre des idées » (*Troisièmes Réponses*). Tout ce qui est présent pour nous est présent en idée! le chatouillement et la douleur peuvent être saisis dans leur immédiateté, « comme des idées qui sont seulement en notre âme » (*Principes*, I, 63). On distingue, avec raison, l'usage cartésien du platonicien; mais nombre de commentateurs omettent de signaler que, si la différenciation s'impose, c'est sur le fond d'une communication essentielle. Pour Descartes, comme pour Platon, rien n'échappe à l'emprise du concept suprême, il existe une idée de dieu comme existe l'idée de chatouille ou de crotte. Penser, sentir, vouloir revient toujours à se battre avec des idées, puisqu'on prend désormais « le nom d'idée en général pour tout ce que l'esprit aperçoit immédiatement » (Arnauld).

Indépassable et aurorale, la clarté se donne simultanément principe de présence et principe de connaissance; « lorsque quelqu'un sent une douleur cuisante, la connaissance qu'il a de cette douleur est claire à son égard... » (*Principes*, I, 46). Même si je ne distingue pas l'origine de cette douleur et me trompe en l'attribuant à une cause imaginaire, la clarté de la douleur ne me trompe pas : j'ai indubitablement mal, quoique je ne sache pourquoi. « La connaissance peut être claire sans être distincte », la connaissance sensible en particulier. Idée, pensée, perception deviennent équivalentes, remarque Arnauld, ici digne émule de Descartes. « Quand je dis que l'idée est la même chose que la perception, j'entends par la perception tout ce que mon esprit conçoit, soit par la première appréhension qu'il a des choses, soit par des jugements qu'il en fait, soit par ce qu'il en découvre en raisonnant. » Descartes, certes, sépare en l'âme l'imagination, la mémoire, l'entendement, la volonté, mais il se donne, antérieure et surplombant cette diversité hétéroclite, l'unité de l'esprit (mens), qui retrouve à travers la multiplicité de ses opérations l'élémentaire lumière dont le gratifient toutes ses idées.

La clarté n'est pas séparable de l'idée à la manière d'un amovible habit de feu. L'idée subsiste par sa clarté; un obscurcissement marque son évanouissement. L'indivisibilité de son existence et de son évidence évite à l'idée le risque d'une régression à l'infini, qui renverrait de sa perception à la perception de sa clarté dans une idée de l'idée, puis, derechef, à la perception de la clarté de cette perception...

> C'est une chose très assurée que personne ne peut être certain s'il pense et s'il existe, si, premièrement, il ne connaît la nature de la pensée et de l'existence. Non que pour cela il soit besoin d'une science réfléchie, ou acquise par une démonstration, et beaucoup moins de la science de cette science, par laquelle il connaisse qu'il sait, et ainsi jusqu'à l'infini, étant impossible qu'on en puisse jamais avoir une telle d'aucune chose que ce soit; mais il suffit qu'il sache cela par cette sorte de connaissance intérieure qui précède toujours l'acquise, et qui est si naturelle à tous les hommes (*Sixièmes Réponses*).

La connaissance intérieure, qui sera après Descartes intitulée « conscience », ne nous livre pas uniquement la signification de termes nobles, tels « pensée » ou « existence »; même les idées des choses sensibles, précise la réplique à Regius, ne viennent pas des sens, mais sont nées avec nous (connaturelles, ou « innées » comme, plus tard, on traduira le latin – innatum), produites par notre faculté de penser. Les cartésiens ne réduisent pas idéalistement les choses à la conscience que nous en avons, ils pensent les choses à travers leurs idées et ne séparent pas celles-ci de la clarté qui les manifeste à une connaissance intérieure (ou conscience) : « Lors donc que nous parlons des idées, nous n'appelons point de ce nom les images qui sont peintes en la fantaisie, mais tout ce qui est dans notre esprit, lorsque nous pouvons dire avec vérité que nous concevons une chose, de quelque manière que nous la concevions » (*Logique de Port-Royal*). On ne peut appeler de la clarté d'une idée qu'à la clarté d'une autre idée et d'une connaissance intérieure qu'à une autre, encore plus intérieure, sans jamais disposer d'un point de vue extérieur ou davantage absolu, qui éclairerait à son tour cette clarté.

La conscience est une qualité de l'idée, et non l'idée une qualité de la conscience. « Notre pensée ou perception est essentiellement réfléchissante sur elle-même : ou ce qui se dit plus heureusement en latin est sui conscia » (Arnauld). La conscience est conscience de l'idée, avant que l'idée soit « de » ou « dans » la conscience, car la réflexion n'est pas une perception seconde surmontant en toute indépendance une perception précédente. Cela impliquerait aussitôt une re-réflexion en mille-feuille. S'il fallait attendre pour penser de penser que l'on pense, et ainsi de suite, on ne penserait jamais. L'idée, au contraire, précède sa réflexion qu'elle enveloppe comme une permanente possibilité : je pense donc je peux penser que je pense. Mais je pense d'abord, ensuite seulement je fais réflexion :

> Je ne crois pas en effet, qu'il y ait jamais personne d'assez stupide, pour avoir besoin d'apprendre ce que c'est que l'existence avant de pouvoir conclure et affirmer qu'il existe. Il en est de même pour le doute et pour la pensée. J'ajoute même qu'il est impossible d'apprendre ces choses autrement que par soi-même et d'en être persuadé autrement que par sa propre expérience et par cette conscience, ou par ce témoignage intérieur que chacun trouve en lui lorsqu'il se livre à un examen quelconque (*La Recherche de la vérité*).

Pour réfléchir, il faut pré-réflexivement percevoir, « il y a des choses que nous ne pouvons apprendre qu'en les voyant », ainsi « mon doute et moi-même ». Toute connaissance se fonde sur un savoir de soi, qui précède l'acquis. Je pense que j'existe. Pas du tout en ce qu'existant, je ferais réflexion sur le fait que j'existe pour en tirer une connaissance seconde. Au contraire, j'existe connaissant, mon existence est d'ores et déjà connaissante, avant même que je la réfléchisse.

On présente si souvent le cogito comme le produit d'une réflexion, que Sartre, à tort, éprouva le besoin d'opposer son « cogito pré-réflexif » à celui de Descartes présumé réflexif. A l'occasion, un penseur peut prononcer : je pense que je pense, à quelque autre moment : je pense que je me promène. La Jeune Parque raffine : « Je me voyais me voir. » Et ainsi de suite. Ma réflexion se surplombe elle-même, construisant à sa guise étage sur étage. Ma conviction demeure, quant à elle, tout entière au rez-de-chaussée. Elle habite une aperception première, dans l'évidence de laquelle l'esprit qui observe, s'il le désire, réfléchit en produisant ses évidences secondes. Analysant l'objection d'un de ses correspondants – « je respire donc je suis » –, Descartes rejette l'interprétation commune, qui part du fait que je respire pour en tirer réflexivement la démonstration que j'existe. Il faudrait prouver indubitablement qu'un tel fait n'est pas un rêve. Il admet tout à fait, par contre, de conclure son existence du sentiment ou de l'opinion qu'il respire. La « pensée de respirer » porte la conscience, au même titre que la pensée de penser. « Et ce n'est autre chose à dire en ce sens-là : *je respire donc je suis*, sinon *je pense donc je suis* » (à..., mars 1638). Ni pur fait, ni pure réflexion, indivisible, je suis pensant, doutant, promenant.

Pure présence, l'idée présente tout, donc n'importe quoi, indistinctement. Et fourvoie aisément celui qui s'en contente. Et glisse à l'illusion phénoménologique par excellence. Ne sommes-nous point en quelque sorte enfermés dans la lumière? Pas d'idée sans clarté : l'idée est connaissance, un voir, et non une chose ou tableau qui s'offrirait, de surcroît et par accident, prise de vue. Pas de clarté sans idée : la réflexion n'est pas une lumière, qui ferait don de sa propre translucidité à une conscience obscure. Quand je vois que je vois, je vois autrement (réflexivement), mais pas autre chose que ce que spontanément je vois, je clarifie alors une clarté déjà là. La phénoménologie a soigneusement exploré l'immédiateté de la « lumière naturelle » cartésienne, où le voir se donne intégralement, d'un coup, sans se laisser décomposer davantage. « Je ne puis avoir de perception, qui ne soit tout ensemble la perception de mon esprit comme apercevant, et la perception de quelque chose comme aperçue » (Arnauld). Il n'y a pas d'un côté l'objet vu, de l'autre la conscience qui voit, comme s'il s'agissait de deux êtres spatialement et matériellement séparés. L'intuition de l'esprit se donne indivisible comme voir et vision. « C'est la lumière naturelle ou intuitus mentis auquel seul je tiens qu'on doit se fier » (à Mersenne, octobre 1639).

L'inaltérable mérite de la phénoménologie, depuis Husserl, fut de baliser le champ de l'évidence révélée par Descartes. Son indépassable insuffisance est de la tenir pour suffisante, alors que l'auteur des *Méditations* l'estimait initiale, mais à compléter par le travail de la distinction. Ainsi s'expliquent mieux les reproches de « trahison » adressés par nos contemporains à l'inventeur du cogito : il aurait découvert la terre promise des idées claires, mais, hanté par d'anciens démons, il prit le large et chercha à fonder le clair sur autre chose qui le légitime : sur du pas clair, conclut la critique expéditive. L'abandon de l'évidence phénoménologique, de la clarté d'un apparaître, entraînant le recours à une garantie extrinsèque divine ou logique des idées constituerait la tare originelle du cartésianisme. Sorti du séjour édénique pour chuter dans le dogmatisme doctrinaire, Descartes serait coupable de deux péchés capitaux. Celui d'avant l'illumination : il aurait trop douté, en particulier de l'évidence des idées claires, sans s'apercevoir qu'il habitait d'ores et déjà le paradis de l'indubitable clarté phénoménologique. Celui d'après le cogito, qui le pousse à remettre en question la règle des idées claires, à brandir l'épouvantail du malin génie, afin de couper artificieusement vérité de certitude. Aux yeux du phénoménologue averti et sûr de lui, la faute de Descartes, inverse de celle d'Adam, aurait été de croire au diable et de lui attribuer l'hypothétique pouvoir de faire que des idées, pourtant certaines et évidentes, n'eussent point la « perfection d'être vraies ».

Il est un moment du doute où Descartes fait la pause, comme stoppé par la clarté des idées claires : « ... en effet je vois la lumière, j'ois le bruit, je ressens la chaleur. Mais l'on me dira que ces apparences sont fausses, et que je dors. Qu'il soit ainsi, toutefois à tout le moins il est très certain qu'il me semble que je vois, que j'ois, et que je m'échauffe, et c'est proprement ce qui en moi s'appelle sentir; et cela pris ainsi précisément n'est rien autre chose que penser » (*Méditations*, II). Le phénoménologue dira : ici le penseur devait définitivement clore son examen dubitatif, il devait toucher terre, passer à la gestion des évidences évidentes; il me semble assurément que je vois (certe videre videor), il n'y a pas à sortir de cette semblance, je me vois voir et cela suffit : « Videor : j'ai l'air, je parais, je suis vu. Je m'apparais en tant que je suis vu – et je suis vu comme ayant l'air de voir. Le videor assure le cogito, car il atteste la seule présence que le doute le plus radical ne peut entamer : videor se maintient, même en pleine fantasmagorie, même en pleine illusion. Avoir l'air, c'est faire illusion. Le videor est l'illusion qui, par une torsion ou une perversion inouïe, ancre la certitude en plein abîme d'illusion » (Nancy). Ce moment de folle indubitabilité introduit le phénoménologue au saint du saint; dans cet « abîme d'illusion », sa prestidigitation fait apparaître le grand soleil du cogito, comme sur le Saint Suaire s'imprime la Sainte Face. « Le cogito trouve sa formulation la plus ultime dans la proposition videre videor : il me semble que je vois (...) la pure vision considérée en elle-même, réduite à elle-même, et à cette pure épreuve d'elle-même, abstraction faite de toute relation à des yeux présumés, à un soi-disant corps, à un prétendu monde? Seulement si la pure vision subsiste comme telle, à titre de " phénomène ", ce qui est vu en elle ne subsiste-t-il pas lui aussi, à ce titre, au titre de simple phénomène : ces arbres avec leurs formes colorées ou du moins ces apparences de formes et de couleurs, ces hommes avec leurs chapeaux, ou du moins ces apparences de taches et de vêtements? Ne continuent-elles pas d'apparaître, ces apparences, telles qu'elles apparaissent? Ainsi prises, ne demeurent-elles pas à titre de données indubitables? » (M. Henry). Tant de lumière éblouit! N'est-ce point oublier trop aisément que l'homme est avec la chouette le seul animal capable d'errer dans la clarté?

Dès qu'on réduit la pensée de Descartes au culte maniaque

des idées claires, on s'enferme inévitablement dans les impasses d'une conscience infatuée d'elle-même. Si l'alpha et l'oméga des *Méditations* tenait dans un « ce me semble » péremptoire, il faudrait conclure à l'identité du fantasme et de l'être : tout ce que j'imagine, est; et tout ce qui est, n'est que ce que j'imagine. Je vois ce que je vois, une évidence aussi courte est à disposition du premier venu, le plus sot ou le plus sage. En rester là condamne à thésauriser les idées reçues, les accepter comme elles viennent et refuser de philosopher : la recherche de la vérité est inutile à celui que l'impression du moment comble, qui soumet la pensée à la dictature de la vraisemblance et soustrait l'apparaître aux examens critiques. Les Olympiens, peut-être, baignent dans une clarté autosuffisante, pas le mortel qui s'exerce à raisonner en homme purement homme. Exigeant des idées non seulement claires mais également distinctes, Descartes a pris soin de signaler le piège de la clarté et sa volonté de n'y point tomber.

Certes, lorsque je crois une absurdité, je ne me trompe pas absurdement en croyant la croire : « pour ce qui concerne les idées, si on les considère seulement en elles-mêmes, et qu'on ne les rapporte point à quelque autre chose, elles ne peuvent à proprement parler être fausses : car que j'imagine une Chèvre ou une Chimère, il n'est pas moins vrai que j'imagine l'une que l'autre » (*Méditations*, III). Pourquoi Descartes ne se contente-t-il pas de cette égale clarté de la chèvre et de la chimère? Parce qu'il ne se satisfait pas de l'imaginaire. Parce que dans ce paradis du pur apparaître, où les chèvres sont chimériques et les chimères nous rendent chèvres, il y a un manque : la distinction du vrai et du faux n'opère pas encore. Elle ne devient possible qu'à passer de l'idée au jugement : « ainsi il ne reste plus que les seuls jugements, dans lesquels je dois prendre garde soigneusement de ne pas me tromper » (*id.*).

L'homme cartésien est exposé à l'erreur aussi originellement qu'à la vérité. Pour ne pas ruser avec son destin, il pousse son doute sur des terres si lointaines qu'elles échappent aux rêveries bien pensantes et sophistiques. Je me vois voyant et je me vois me trompant. Je me persuade que la tromperie sans cesse menace. Les *Méditations* procèdent à une destruction phénoménologique des évidences phénoménologiques. La clarté naïve des idées ne saurait suffire, elle ne nous situe pas au-delà mais en deçà de la distinction du vrai et du faux; en commençant par elle, les recherches de la vérité s'immergent à bon escient dans le douteux. En se limitant à elle, chacun se retire le pouvoir d'affirmer quoi que ce soit. Lequel n'appartient pas aux idées, mais au jugement qui atteste quelque chose (une idée) de quelque chose (d'un existant, ou non-existant).

Les idées par elles-mêmes sont claires. Mais contemplez-les, éclaircissez, réfléchissez à votre guise, vous ne les produirez pas pour autant distinctes. L'idée, qui est une vue claire sur... doit être 1) distinguée de ce sur quoi elle est vue; or une connaissance peut être claire sans être distincte : « Par exemple, lorsque quelqu'un sent une douleur cuisante, la connaissance qu'il a de cette douleur est claire à son égard, et n'est pas pour cela toujours distincte, parce qu'il la confond ordinairement avec le faux jugement qu'il fait sur la nature de ce qu'il pense être en la partie blessée, qu'il croit être semblable à l'idée ou au sentiment de la douleur qui est en sa pensée » (*Principes*, I, 46). L'idée doit être 2) distinguée des autres idées; ce qui suppose que leur ensemble soit méthodiquement examiné, à fin d'analyse, de dénombrement et de mise en ordre. Sans jugement et méthode, les idées se proposent dans la clarté, mais privées de distinction, loin de constituer le socle dur du savoir philosophique, elles font balbutier. Car la clarté moins la distinction égale la confusion.

La pseudo-autosuffisance des idées claires angoisse les cartésiens dès l'origine. Malebranche procède brutalement. Il oppose le « sentiment intérieur ou conscience » aux idées qui, elles, impliquent jugement, distinction, vérité : « Sçais-tu clairement ce qui est ton plaisir et ta joye, ta douleur et ta tristesse? Peux-tu comparer ces choses entre elles pour en reconnaître les rapports aussi clairement que tu connais que six est le double de trois (...) tu *sens* les modifications et tu ne les *connais* pas, tu *connais tes idées* et les choses par leurs idées et tu ne les *sens* pas. » En séparant aussi abruptement la conscience (ou sentiment intérieur) et l'idée claire (désormais vue « en Dieu »), Malebranche tranche dans le vif, comme les phénoménologues mais avec le parti inverse, une ambiguïté de la pensée cartésienne. « Le mot de " conscience ", Descartes déjà l'emploie parfois, bien que rarement, mais toujours le plus ambigument du monde. Il désigne pour lui aussi bien le rapport à la chose comme objet, qu'il nomme d'autre part cogitatio, que la clôture sur soi de l'expérience qui sera dite subjective » (J. Beaufret). Comprendre Descartes, c'est peut-être découvrir que ce n'est pas le mot, mais la conscience elle-même qui se trouve affectée d'ambiguïté, si l'on entend ne pas sacrifier l'un à l'autre le sentiment de clarté et la distincte intelligibilité, composants duels et indivisibles de la connaissance de soi. L'évidence prenante des idées, loin de prémunir contre l'erreur, entraîne dans le flux héraclitéen des vrais et faux semblants, qui irriguent le paradis des enfantines amours : « Pendant nos premières années, notre âme ou notre pensée était si fort offusquée du corps, qu'elle ne connaissait rien distinctement, bien qu'elle aperçût plusieurs choses assez clairement; et parce qu'elle ne laissait pas de faire cependant une réflexion telle quelle sur les choses qui se présentaient, nous avons rempli notre mémoire de beaucoup de préjugés, dont nous n'entreprenons presque jamais de nous délivrer » (*Principes*, I, 47). Cette confuse clarté qui tombe de l'enfance – première sagesse dont se contente le non-philosophe – sera soumise à la juridiction du cinquième degré d'une connaissance de soi, où la clarté ne prime plus sur la distinction.

Nonobstant les difficultés entrevues dès qu'on réduit la pensée à l'idée, la tentation fut grande d'assimiler purement et simplement la vérité du cogito au fait de conscience. Une telle opération, ni pure, ni simple, place la charrue avant les bœufs; le fait de la « conscience » ne fonde le principe du je pense que rétroactivement. A l'époque du philosophe, le terme conscience est un néologisme, que les traducteurs de Descartes, Clerselier en particulier, emploient comme équivalent de deux mots plus anciens : *perception* et *connaissance*. De la sorte, le mot conscience présuppose le cogito qu'il est censé expliquer car seule l'expérience mentale des *Méditations* permet d'isoler, dans un je pense, le moment où une connaissance devient aussi directe qu'une perception (tandis qu'une perception, celle de soi, s'avère plus irréfutable que la mieux fondée des connaissances). Historiquement, éclairer le cogito par l'expérience de la conscience c'est découvrir qu'au fond du cogito gît le cogito. Sortie de cette tautologie, la tentative est intéressante par l'impossibilité qu'elle atteste de fonder quelque vérité que ce soit.

La clarté nouvelle de l'inédite conscience se présente fabuleusement insécable : je ne déborde pas les limites de ce qui se manifeste, ici et maintenant, je n'instaure, entre ce qui m'apparaît et le sentiment que j'ai de cet apparaître, aucune distance, pas même celle d'un oui ou d'un non, donc pas davantage l'écart d'un doute, qui affecterait l'unité immédiate de ma perception, où la chose se donne en personne à celui qui la reçoit. Ainsi allègue-t-on un cogito forcément indubitable puisque excluant tout dubito. On l'obtient en fait, mais pas en droit. La présence de l'idée (au sens cartésien) est indéniable, puisque toute présence est idée; mais elle exhibe le cogito comme vérité constatée et non légitime : si tout est présence-en-idée, la tromperie l'est également. Rien n'empêche le cogito, ainsi compris, de recouvrir un je me trompe : la clarté de l'idée, loin d'évacuer l'hypothèse d'un Dieu trompeur, l'appelle plutôt. Si Corneille se risque à faire tomber des étoiles une « obscure clarté », Descartes, plus précis, souligne que la clarté peut être confuse, entendons indistincte, entendons privée du jugement qui discrimine vrai et faux.

Cette possibilité de tromperie intime éclaire le parcours, à première vue extraordinaire, d'un méditatif qui, assuré de sa propre existence, se demande derechef « qui suis-je moi qui suis? » (*Méditations*, II). Un sentiment immédiat n'assure nullement que la conscience claire soit vraie, la prétendue indubitabilité de la conscience se fracture dès qu'on l'interroge. Tantôt elle paraît se condenser en l'évidence d'un voir, qui précède toute réflexion; elle s'affirme aussi bien dans la certitude d'un je me promène que dans celle d'un je pense. Tantôt elle existe seulement dans le rebond d'un voir, qui soumet toute donnée à la cour d'appel d'une réflexion ou conscience de la conscience.

Ici abondance de biens nuit. Deux évidences valent moins qu'une. Elles s'annulent. Face au cogito pré-réflexif de ma conscience-de-marcher, je ne suis plus sûr de rien. Plus exactement, si le fait d'avoir conscience (de marcher) demeure, la vérité de ce fait tombe dans le douteux. « Car si je dis que je vois ou que je marche, et que j'infère de là que je suis; si j'entends parler de l'action qui se fait avec mes yeux ou avec mes jambes, cette conclusion n'est pas tellement infaillible, que je n'aie quelque sujet d'en douter, à cause qu'il se peut faire que je pense voir ou marcher, encore que je n'ouvre point les yeux et que je ne bouge pas de ma place » (*Principes*, I, 9). Devrais-je pour autant conclure que l'esprit qui réfléchit fait toute la différence d'un je pense qui se pense lui-même et d'un je me promène qui va je ne sais où? Non pas. A n'attribuer de vérité qu'à la conscience seconde que je prends d'une conscience première, intrinsèquement douteuse, j'enclencherai une régression à l'infini, que Descartes ne s'autorise pas à interrompre d'un coup de baguette magique. En se divisant, le cogito perd sur les deux tableaux, il n'est plus ni fait inébranlable, ni vérité indubitable.

Pareille dichotomie ne se contourne plus, une fois le cogito pétrifié dans le statut de l'idée claire. Le bel esprit, pour qui une idée n'est jamais assez claire et une clarté rarement satisfaisante, creuse la fissure ainsi introduite. Valéry exploita avec préciosité les dédoublements infinis d'un cogito qui devient obscur, à force de se vouloir totalement transparent. Lors du cogito sensuel de la Jeune Parque, comme dans la réflexion hypertrophiée de Monsieur Teste, le désir d'une absolue coïncidence avec l'idée claire de soi devient l'obstacle opaque que la conscience sécrète dans le secret d'elle-même. Valéry à son insu arpentait à nouveau les impasses des postcartésiens; la Jeune Parque s'éveille malebranchiste dans un sentiment sans concept, Monsieur Teste ratiocine en caricaturant un rationaliste réflexif. Réduit à l'idée claire, le cogito fuit par les deux bouts : en tant que certitude immédiate, il ne pense pas encore; comme pensée, il n'est plus certain de rien. Pour stopper cette hémorragie, il faut tailler dans le vif, passer de la conception au jugement, et affirmer : c'est vrai, je vois, je vois que je vois et de surcroît je distingue les faux voirs de la vue authentique.

3. *A la recherche du jugement dernier*

L'expérience de l'idée est vraie mais incomplète. Si elle n'est pas prolongée par l'expérience de l'esprit qui juge, elle reste en plan, prisonnière d'un « il me semble », qui ne sait pas distinguer son vrai de son faux. Fonder l'expérience de l'idée sur celle du jugement, cette nécessité est présente dès l'ouverture du *Discours* : « Ce n'est pas assez d'avoir l'esprit bon, mais le principal est de l'appliquer bien. » L'esprit bon dispose des idées de tout un chacun. Insuffisant! L'appel à l'« application » renvoie à « la puissance de bien juger et distinguer le vrai d'avec le faux ». (Le « et » est explétif, il équivaut à « c'est-à-dire ».) Isolées dans la clarté qui leur est propre, les idées ne nous exposent pas directement au faux, encore moins nous cn garantissent-elles. Une idée sans jugement végète dans les limbes, en attente de distinction; sa préexistence neutre vaut pure hypothèse d'école, puisque en nous l'enfant a déjà jugé et décidé. Loin de trier les apparences, nos idées flottent sur une indécision première, qui risque sans cesse d'emmêler inextricablement constance de nos pré-jugés et clarté de nos concepts. A la clarté s'oppose l'obscurité. A la distinction, la confusion. Une idée claire peut se manifester, nos sentiments en témoignent, éternellement confuse, en permanence susceptible d'induire en erreur. Voilà pourquoi Descartes souligne le « principal » : « appliquer bien » son bon sens. Il affirme, ici, le primat de l'expérience mentale du jugement et de la distinction sur celle de la clarté et de l'idée.

La considération purement « phénoménologique » des idées dans leur clarté doit laisser insatisfait, puisqu'elles constituent en fait des fragments de discours. Sous leur clarté, dans leur confusion, niche une affirmation potentielle : dans l'idée de chaque chose « l'existence possible se trouve contenue »

(*Deuxièmes Réponses*). L'idée est à la fois présence à (la conscience) et présence de (la chose); comme « indication à... » elle est mode de la pensée, et immédiate; comme « indication de... » elle possède une « réalité objective » qui, distincte ou confuse, s'explicite par la médiation du jugement. Interroger la réalité objective (Descartes dit aussi l'« artifice objectif » ou la « perfection objective ») d'une idée revient à se demander dans quelle mesure ce qu'elle indique est. Puisqu'on nomme jugement toute affirmation d'être, la « réalité objective » est la forme d'un jugement possible. Le jugement ne s'ajoute donc pas à l'idée, comme l'épice corse un plat par ailleurs consommable, bien que fade; il faut, pour penser, relier les idées par le jugement, aussi intrinsèquement que dans une phrase verbe et substantifs s'enchaînent. On pense, avec des idées, en jugeant.

Toute énonciation ne juge pas; on peut exprimer une invocation, un ordre, une émotion, « ainsi la prière est un discours mais elle n'est ni vraie, ni fausse » (Aristote). Tout langage fait sens, est sémantique, évoque nos idées (chaque logos est semantikos, remarque Aristote). Mais seul fait appel au jugement un discours, qui nous place devant ce qu'il dit être ou ne pas être. Pareille capacité de mettre au jour ce dont on parle, quand on en parle, est désignée apophantique en grec, de apo-phanestai, émerger dans le manifeste, apparaître. Elle caractérise, selon la *Logique de Port-Royal*, l'*indicatif* du verbe, parce que le verbe est « un mot dont le principal usage est de signifier l'affirmation ». La proposition « Pierre vit » se laisse, comme toutes, analyser en « Pierre est vivant » : « *est* marque l'action de mon esprit qui affirme ».

Il ne suffit pas d'avoir des idées (exprimées par les termes de la proposition, ce dont on parle, le « sujet » et le « prédicat », la chose en question et ce qu'on lui attribue), il faut de surcroît les mettre en rapport, ou en non-rapport. « Après avoir conçu les choses par nos idées, nous comparons ces idées ensemble; et, trouvant que les unes conviennent entre elles et que les autres ne conviennent pas, nous les lions ou les délions, ce qui s'appelle affirmer ou nier, et généralement juger » (*Logique de Port-Royal*). En parlant de quelque chose, je fais voir cette chose, je la montre telle qu'elle est ou autrement qu'elle n'est, et – « la vérité étant une même chose avec l'être » – je dis vrai ou je dis faux. La capacité – apophantique ou indicative – qu'a le langage de dire les choses comme elles sont et sa corrélative capacité de les dire comme elles ne sont pas introduisent le problème éternel de la philosophie. Dire *est* revient à désigner une chose, ou un état de choses en tant que tel, un être en tant qu'être, et cela à juste titre ou non, avec ou sans à-propos : en disant *c'est*, nous nous exposons au vrai et au faux, nous jugeons.

Affleure alors la deuxième tentation de réduire la pensée de Descartes. Après l'impérialisme des idées phénoménologiques, arrive le monolithisme de l'auto-affirmation du jugement vrai. L'histoire de la philosophie occidentale baptise « dogmatique » la vérité cernée dans une lumière sans ombre, où les idées se produisent adéquates à elles-mêmes; Spinoza est désigné. Elle nomme « critique » la doctrine qui se fait fort de garantir l'adéquation du jugement à ses propres conditions de possibilité. Et elle cite Kant ou Schelling. Elle dit « existentielle » la volonté d'authenticité, qui tente de rendre l'existence finie adéquate à la pure forme de sa finitude mortelle. Et elle en appelle à Heidegger, celui de *L'Être et le Temps*. Dans les trois cas, la question de la vérité trouve sa réponse dans un jugement vrai, qui juge sans appel jusque dans son contenu (Spinoza), ou purement dans sa forme (Kant), ou par la décision résolue qu'il effectue lui-même (Heidegger souligne avec exactitude que juger en grec : krinein, c'est ouvrir, et se maintenir dans, un état de crise : krisis).

La fonction indicative, ou apophantique, caractérise uniquement le discours qui juge et fait voir les choses comme elles sont. Partons donc du jugement vrai avec Spinoza. Ou bien partons du fait de la vérité. Kant dira : le fait de la raison (Faktum der Vernunft) en évoquant la voûte étoilée au-dessus de moi, expliquée par Newton, et la loi morale dans mon cœur, expliquée par la Bible et Jean-Jacques Rousseau. Rectifier Descartes devient, manifestement, nécessaire, qui commence par le doute et le flottement apparent. La vérité du je pense sera dans un je suis, qui précède, selon le nouveau droit d'une philosophie du jugement.

Les *Principes de la philosophie de Descartes* servent de résumé aux grands philosophes allemands. Spinoza, entreprenant l'explication de son prédécesseur, substitue à la proposition « cogito ergo sum » la formule « sum ergo cogito ». Pour savoir que j'affirme, ou que je nie, je dois d'abord savoir que j'existe (proposition 1). « Je suis » doit être nécessairement connu de lui-même (proposition 2), sinon il serait connu par une autre certitude, qui précéderait celle de mon existence (ce qui répugne à la proposition 1). Tout est joué : je m'atteste certain, avant toute négation et tout doute. « L'hypothèse du malin génie est par là éliminée d'emblée. Puisque loin d'être nécessaire pour me procurer par le doute la certitude que je pense et que j'existe, elle requiert nécessairement, pour pouvoir être affirmée, la certitude antérieure de mon existence » (Gueroult). Dans la foulée, le doute suprême tombe au nombre des inutiles « flottements de l'âme »; le Dieu truqueur n'est plus qu'un croque-mitaine brandi par un enfant qui cherche à s'effrayer pour oublier qu'il existe.

Je suis donc je pense. Le renversement du cogito, basculé dans l'affirmation de mon existence (cogito ergo sum devient je suis pensant, ego sum cogitans), marque la prééminence du jugement vrai sur les autres formes de pensée. « Pour savoir que je sais, il est nécessaire que je sache d'abord. » L'antériorité de l'accession au vrai sur tous les doutes et négations susceptibles de la mettre en question remet tout Descartes sur la sellette. Défilant sous la bannière d'une vérité qui se déclare elle-même, l'affirmation d'un je doute semble se contredire : « Qui a une idée vraie sait en même temps qu'il a une idée vraie et qu'il ne peut douter de la vérité de la chose », assure *L'Éthique* de Spinoza. D'autant qu'il faut commencer par la vérité, sauf à désespérer de l'atteindre jamais : « Avoir une idée vraie, en effet, ne signifie rien d'autre que de connaître une chose parfaitement ou le mieux possible (optime); et certes personne n'en peut douter, à moins de penser qu'une idée est quelque chose de muet comme une peinture sur un tableau, et non un mode de penser, à savoir l'acte même de comprendre (ipsum intelligere) (...) Tout de même que la lumière fait paraître (manifestat) elle-même et les ténèbres, de même la vérité est sa propre norme et celle du faux » (*L'Éthique,* II, XLII). L'acte même de comprendre – le jugement – et la manifestation de la vérité – témoin, marque d'elle-même et du faux, « index sui et falsi » – se conjuguent pour former le même événement premier et indivisible : si le « je suis » s'avère plus originel que le « je pense », c'est parce que dans « je suis » l'être et la pensée coïncident, une fois pour toutes je suis dans le vrai.

Qui critique le « dogmatisme » de Spinoza n'abandonne pas pour autant l'horizon d'une vérité index sui, où le doute tourne à l'enfantillage et le je pense à la vérité seconde. Réinterprétée « critiquement » par Kant, la vérité index sui devient « corrélation transcendantale » assurant aux conditions de possibilité de l'expérience d'être « en même temps conditions de possibilité des objets de l'expérience ». Autrement dit : la vérité se montre toujours elle-même, mais au lieu de faire coïncider le jugement avec son contenu (dans l'idée adéquate de Spinoza), elle oblige ses contenus à coïncider avec sa forme. La vérité scientifique critique s'épanouit dans l'adéquation qui règle les savoirs mondains sur la forme a priori de tout jugement rationnel. Et la vérité morale critique triomphe dans l'accord des maximes de la bonne conduite avec la forme universelle de tout jugement éthique possible. Les accords du jugement vrai avec les conditions nécessaires et suffisantes (N.B. : suffisantes, voilà tout le problème!) de sa propre vérité traduisent les « faits » de la raison savante, agissante ou esthétisante et commentent un triple « sum », où je suis (formellement) dans le vrai.

Dans ses *Lettres sur le dogmatisme et le criticisme,* le jeune Schelling a mis en lumière la subtile parenté de deux tentations. Le spinozisme paraît – paraît seulement – subir passivement la dictature d'une vérité préalable, donc indiscutable. Le kantisme paraît, inversement, verser dans le volontarisme d'une raison pratique, qui affirme, envers et contre tout, l'exigence de coïncider avec elle-même et postule, voire selon certains disciples *crée,* Dieu en conséquence. D'après Schelling, un tel conflit ne lance pas les esprits critiques contre les dogmatiques;

le litige s'avère plus intime; à l'intérieur du « je suis », décrété premier en commun, il mesure les partisans du « je » plutôt kantien aux adeptes du « suis » davantage spinozistes. Encore ne se battent-ils qu'à fronts renversés. Car si « je » est Dieu et affirmation infinie, l'être du « sum » sera subi comme notre finitude; tandis que si le « je » est seulement fini et kantien, l'être du « sum » sera postulé infini et divin.

La solution du dilemme proposée par Schelling a prévalu : l'unité du je suis doit être à la fois passive et active, humaine et divine, elle sera production qui s'affecte elle-même, c'est-à-dire imagination. Laquelle n'est plus faculté inférieure (Spinoza), mais intérieure, ni simplement intermédiaire (Kant), mais originellement synthétique. « L'imagination est analogue à la raison théorique, pour autant que celle-ci dépend de la connaissance de l'objet, et elle est analogue à la raison pratique, dans la mesure où celle-ci produit elle-même son objet. L'imagination crée activement un objet en se mettant sous la dépendance absolue (dans un état de passivité complète) de cet objet. Ce qui manque à sa création en objectivité, l'imagination le remplace par la passivité dans laquelle elle se plonge volontairement, par un acte spontané, à l'égard de l'idée de cet objet. On pourrait, en conséquence, définir l'imagination comme le pouvoir de se plonger dans la passivité complète à la faveur d'un acte pleinement spontané » (Schelling). Ces lignes prémonitoires inspirèrent toutes les théories de l'imagination, qui déferlèrent sur le XIXe et le XXe siècle. On mesure ici combien il est superficiel d'opposer une philosophie du jugement, qui vaudrait comme « classique », à une philosophie de l'imagination étiquetée « romantique ». En fait, l'imagination n'est sacrée production originaire que parce qu'elle est censée accomplir la promesse postcartésienne d'un jugement qui atteste son indubitabilité en vertu des pleins pouvoirs qu'il se confère.

Un être qui ne tient que de soi est, par tradition, « parfait ». Descartes réserve l'usage de ce terme à la divinité. Le postcartésien, par contre, pensant sous l'horizon d'une vérité index sui, privilégie le je suis sur le je doute, et se nimbe de « perfection ». D'où l'accusation de panthéisme lancée contre Spinoza et divers reproches de prométhéisme, ou d'anthropocentrisme, visant les conséquences ou les inconséquences des écoles kantiennes. On supposerait à tort, et trop allègrement, qu'une injection d'athéisme résolu éviterait à la proposition « je suis » son irrésistible propension à décliner « je suis Dieu » ou « Dieu suis-je ». Une analytique de la finitude, heideggerienne en l'occurrence, qui évite systématiquement (dans *L'Être et le Temps*) toute référence à la divinité, ne sort pas du cercle magique de la perfection. Heidegger emprunte à Spinoza sans s'en apercevoir, en objectant à Descartes de n'avoir pas pensé l'être, d'avoir négligé le « sum » du cogito ergo sum : le je pense dit « je suis » sans questionner ce qu'est être. Au contraire, en partant d'un j'existe plus originel que tout je doute et tout je pense, Heidegger se fait fort de dévoiler l'existence dans son authenticité et le je suis dans sa vérité. En ce sens, les existentialismes, inspirés par *L'Être et le Temps,* se déterminent, fût-ce à leur insu, par rapport à Descartes, dans le sillage d'une « contre-épreuve » radicale ou d'un « contrecoup extrême » (Gegenfall) qui reproduit le renversement spinoziste du ego cogito au sum cogitans.

Pourquoi, sur trois siècles, un tel acharnement à récuser « je doute » au nom de l'évidence d'un savoir de l'existence? Parce que trois cents années de pensée européenne distillent l'autotémoignage de la vérité index sui. C'est en son nom que Leibniz substitue au doute cartésien une exigence indéterminée d'intelligibilité qui déclenche une quête de preuve en général et s'énonce dans l'injonction à rendre raison, qu'il baptise « Principe de raison suffisante ». C'est encore et toujours en son nom que Heidegger – à l'époque de *L'Être et le Temps* – définit l'existence authentique de l'être-pour-la-mort, où l'existant espère trouver dans la finitude de sa condition humaine la possibilité d'exister en vérité. En quoi réside cette vérité? Dans la faculté de faire exister l'objet de notre expérience (la mort, « impossibilité du possible ») comme la condition de notre expérience (ou situation de mortel qui s'ouvre à la « possibilité de l'impossible »). Comme l'idée adéquate spinoziste ou le jugement kantien, l'existence heideggerienne désire coïncider avec ses conditions de possibilité. Cette égalité avec soi-même, qui n'emprunte plus rien à personne, se déploie forcément comme authenticité (Eigentlichkeit), puisque le terme ne fait que traduire le latin « perfectio » *.

Trois siècles ont passé, qui permettent de mesurer la justesse de la décision cartésienne : la perfection ne relève pas de l'homme. Non, Spinoza, aucune de vos idées, fût-elle celle de Dieu, n'est adéquate. « Quand j'ai dit qu'il fallait concevoir *pleinement* une chose, ce n'était pas mon intention de dire que notre conception devait être entière et parfaite, mais seulement qu'elle devait être assez distincte, pour savoir que cette chose était complète » (*Quatrièmes Réponses*). La distinction prime la perfection. Nous ne distinguons pas deux choses (ou deux substances) en confrontant après coup les idées adéquates que nous avons préalablement établies de chacune d'elles. Nous saisissons a priori leur distinction réelle, ainsi celle de l'âme et du corps, sans nous réclamer de la connaissance séparée de l'une et de l'autre. Distinction d'abord! Le jugement discrimine les êtres avant d'affirmer, s'il y parvient jamais, l'identité adéquate de chaque être pris en lui-même. Le jugement différentiel se passe de l'adéquation parfaite. Ainsi Descartes n'a-t-il nul besoin de se faire spinoziste pour rester cartésien. Non, Kant, les catégories de votre jugement ne déterminent pas a priori les conditions de l'expérience. Il convient de nous ajuster à l'imperfection de notre condition. Encore une fois : « Bien que notre esprit ne soit la mesure ni des choses ni de la vérité, il doit assurément être la mesure de ce que nous affirmons ou nions. » Notre jugement « apophantique » donne à voir les choses mais ne les crée pas, il les exhibe, les met en lumière (ce que Descartes nomme « produire » au sens ancien, latin, du mot **), mais il ne les tire pas ex nihilo, par un procès autogestionnaire et créateur. Même dans les limites que Kant assigne encore au « schématisme » de son imagination, qui sera vite couronnée créatrice. L'horizon de la vérité

* Au semestre d'été 1925, Heidegger proposait de rendre le cartésien « perfectio entis » par « das eigentlichste Sein », ainsi l'authenticité se trouve transférée en ligne directe de l'être – Sein – divin à l'existence – Dasein – dévolue aux mortels.

** « Il s'agit d'une mise au jour, non d'une production au sens de fabrication. » G. Rodis-Lewis, *Idées et vérités éternelles chez Descartes et ses successeurs,* Vrin-reprise, 1985, p. 23.

index sui requiert et imagine forcément un sujet pour un objet et un objet pour un sujet. Pas la vérité selon Descartes.

Savante manœuvre, qui accroche la vérité du je pense et le flottement d'un je doute sur la certitude indubitable qui habite un je suis! Heidegger n'échappe pas au mirage d'une telle « authenticité », où le soi coïncide avec soi, tandis que sa dispersion dans le temps se retrouve redimée et rachetée par un face à face constant avec la mort. L'événement terminal, qui nous tire hors du temps, permettrait de le surplomber. Les mortels, prenant en charge leur mortalité, échapperaient ainsi à l'éparpillement vagabond d'un flux temporel, non maîtrisable et discontinu, que Heidegger nomme inauthentique. La perfection-authenticité de l'existence émergerait dans la pure et formelle assurance de faire coller à jamais mon jugement premier, par lequel je me découvre résolument individu fini, promis à disparition, et le jugement dernier, qui réalise la promesse et en finit avec mon individu. Je vis ma mort comme vérité et index de moi, en m'obstinant à faire coïncider le bout et le but de mon existence. Montaigne tenait cette opération pour dérisoire. Descartes la rend impossible : pour lui, la vérité du temps gît précisément dans la discontinuité, que Heidegger refoule comme inauthentique. Le temps cartésien par définition échappe; il interdit toute envolée qui prétendrait dominer, fût-ce formellement, notre existence fugace : « Nous connaissons aisément qu'il n'y a point de force en nous par laquelle nous puissions subsister et nous conserver un seul moment »; une telle considération coule de source, « pourvu qu'on prenne garde à la nature du temps ou de la durée de notre vie » (*Principes*, I, 21). Cette nature – heideggeriennement « inauthentique » – du temps n'est jamais mise en doute par Descartes. Elle est le doute lui-même, lequel sans cesse *passe son temps* à se déprendre et se détacher des opinions qui, du coup, ont fait leur temps. Je doute, je suis imparfait, je suis temporel dans l'acception la plus commune du mot temporel : vulgaire et inauthentique, tant que vous voulez, mais aussi vraie que je pense : « Le devant et l'après de toutes les durées me paraît par le devant et l'après de la durée successive que je découvre dans ma pensée avec laquelle toutes les autres durées sont coexistantes » (à Arnauld, juillet 1648). Je pense donc je n'ai pas le temps! Mais lui m'a.

En sacrifiant à l'idéal d'une vérité témoin d'elle-même, les postcartésiens de la première génération, comme les penseurs existentiels du XXe siècle, durent inventer de sublimes sujets, des « je pense » omnitemporels qui, par quelques côtés, échappaient à la durée ordinaire, où l'on rêve, dort, boit... Ils restauraient la figure antique d'un maître de vérité ou du roi philosophe qui somment la nature, la société et le temps de se soumettre à une subjectivité dominatrice et sûre d'elle-même. Faire remonter à Descartes, et jamais en amont, le projet d'une raison qui maîtrise et possède l'univers, ressortit à l'ignorance historienne des doctes. Dès qu'on ôte au cogito son rapport intrinsèque au doute, il tourne à la viande platonicienne la plus remâchée. Pléthore de penseurs n'attendirent pas Descartes, et l'auraient plutôt évité, pour plonger dans l'éternité d'une conscience qui jouit de sa propre évidence et du plaisir de se savoir très vraie en l'ombilic du monde. Le doute cartésien une fois subtilisé, l'intuition intellectuelle exprime en toute simplicité l'ivresse d'un maître de vérité, installé au cœur du grand Tout. « Le Monde est en effet tout entier à la fois objet vu et œil (...) de même que le démiurge est à la fois intellect, intellection et objet intelligible » (Proclus). Nul besoin du *Discours de la méthode* pour se rêver centre du monde et de la vérité le patron.

L'antiquité aligne mille tentatives de maîtrise consciente de soi et, exemplairement, celle de vivre, dans l'être-pour-la-mort, une souveraineté éblouissante et totale. Diogène le Cynique s'exerce à tenir sa vie à un fil et cesse volontairement de respirer. Par son trépas, il prouve que son être devient hégéliennement être conscient et accède, heideggeriennement, à la pure authenticité du possible impossible. Nul ne peut retenir ma respiration à ma place. Donc sa mort ne dépend que de lui et Diogène démontre, en succombant, qu'il domine la condition de sa survie. Dans son dernier souffle, retenu, le jugeant coïncide avec le jugé, les conditions de la pensée de l'expérience se révèlent identiques à celles de l'objet de l'expérience. Diogène satisfait aux exigences du jugement spinoziste et kantien, son suicide est une vérité index sui. A-t-il en pleine conscience suspendu sa vie ou bien la mort lui a-t-elle coupé le souffle? Ses disciples en discutent encore, il n'est pas là pour leur répondre. Diogène à l'avance illustre l'impasse où se fourvoient ceux qui poursuivent dans le cogito l'épopée d'une subjectivité absolue ou la performance d'une parfaite coïncidence avec soi.

Un jugement vrai qui dirait toute la vérité et rien qu'elle serait à prendre en bloc. Il ne constaterait pas une donnée pour la qualifier après coup dans sa vérité. Il ne séparerait pas l'état de choses attesté et l'état de droit décrété. Il accomplirait la vérité qu'il énonce du seul fait de l'énoncer. Tant qu'on limite le cogito à l'idée claire, il échappe. Dès qu'on le saisit comme jugement dernier, il se donne indivisible, comme le fait du droit et le droit du fait. Il est unique parce que unitaire. Il semble indubitable parce qu'il coagule, indissolublement, le je pense avec le je suis, dans l'acte d'une évidence s'accomplissant en quelque sorte sous ses propres yeux : « Nous marchons alors avec confiance, toujours convaincus de ce que nous concevons pendant que nous le concevons » (Renouvier). Ce credo des épigones cartésiens caricature la pensée qu'il célèbre.

Si le jugement distingue le vrai du faux, une confiance nécessairement l'habite : « Je suis, j'existe : cela est certain; mais combien de temps? A savoir autant de temps que je pense; car peut-être se pourrait-il faire, si je cessais de penser, que je cesserais en même temps d'être ou d'exister » (*Méditations,* II). Le cogito-jugement semble vrai par l'opération qu'il opère en s'énonçant, et qu'il énonce en opérant. Linguistiquement, son dire serait un faire et réciproquement, il se vérifierait comme « performance ». Philosophiquement, il constituerait l'énoncé de sa propre énonciation, unifiant spontanément sa théorie et sa pratique; il serait le vrai qui devient sujet (Hegel), ou la révolution qui se révolutionne elle-même (Marx). Un jugement aussi absolu accomplit les promesses de l'idée claire, il fait coïncider certitude (de fait) et vérité (de droit), il prononce l'indépassable égalité de la clarté sans obscurité et de la distinction sans confusion. Le cogito manifesterait, ici, un jugement qui traverse tous les jugements, mais ne transparaîtrait que dans le je pense : « D'où je conclus que tout ce que je conçois clairement et distinctement est vrai pendant que je le conçois. » Cette formule est de Renouvier, pas de Descartes. Elle sonne ambiguë à la relecture. Une fois dissipée la pseudo-évidence que diffuse la tautologie (tant que je suis convaincu, je ne peux effectivement me convaincre de ne pas être convaincu), il convient de demander si la précision temporelle – « vrai pendant que je le conçois » – vaut pour une confirmation, ou fonctionne comme une restriction. Définir le cogito comme un jugement, et rien de plus, c'est opter pour la version la plus optimiste, la première : le jugement s'autoconfirme dans (et par) le temps où il s'effectue; au lieu de dire que la proposition – je pense donc je suis – est vraie « aussi longtemps seulement » qu'elle est pensée, on va interpréter « parce que et pour autant qu'elle est actuellement pensée » (Hintikka).

Le cogito n'est, du coup, plus un constat, une inférence, une observation; il ne risque plus de se scinder entre le fait et la réflexion qu'il occasionne, il acquiert la continuité indissoluble d'une « performance ». « Je pense » – comme « je profère » ou « je doute » – est une proposition qui ne saurait être contestée par celui qui la propose, au moment où il l'énonce, sous peine de contradiction ou d' « inconsistance existentielle » (Hintikka). Quand je dis je me promène, il se peut qu'en fait je rêve. Quand je dis je sens, je ressens effectivement, fût-ce en rêve. Le premier jugement énonce autre chose que lui-même (ma promenade), l'autre s'autovérifie automatiquement (je parle en disant simplement : je parle, et je pense déjà en pensant : je pense). Le jugement constatif porte sur un état de choses (la promenade), le jugement « performatif » exprime une pratique autoproductrice : « Dans l'argument de Descartes, la relation de Cogito à Sum n'est pas celle d'une prémisse à une conclusion. Leur relation est plutôt comparable à celle d'un processus à son produit. L'indubitabilité de ma propre existence résulte du fait que j'y pense, à peu près comme le son de la musique résulte du fait de la jouer, ou encore (pour utiliser une métaphore proprement cartésienne) comme la lumière au sens d'illumination (lux) résulte de la présence d'une source de lumière (lumen) » (Hintikka). Le statut grandiose du cogito tiendrait en ce que le producteur s'y produit lui-même, puisque le rapport du dire à la chose dite s'y révèle en même temps rapport de cause à effet.

Le privilège de la performance selon la philosophie analytique du langage est de marquer un accord nécessaire entre ce qui est dit et l'acte de dire. Ce type de corrélation est courant en grammaire; le pronom personnel « je » indique que le sujet de l'énoncé et le sujet qui énonce coïncident, le je dans la phrase = le je qui dit la phrase. Je dis que « j'existe »; cette proposition emprunte sa vérité au je et se trouve authentifiée comme lui : chaque fois que j'énonce j'existe. L'embarrassant est que beaucoup disent « je », qui n'existent pas. Ainsi Hamlet et tous les personnages de roman ou de théâtre qui multiplient les monologues.

Aussi bien l'analyste mentionne-t-il une « inconsistance existentielle » plutôt qu'une faute de grammaire quand « je » se suppose inexistant. Il semble ainsi marquer une contradiction pragmatique, le cogito vaudrait comme proposition indéniable, il impliquerait une correspondance non grammaticale mais nécessaire entre un texte (énoncé) et le contexte physique, spatio-temporel de son énonciation. Il n'y a d'inconsistance existentielle que pour quelque chose qui existe ou qui tente d'exister. En ce sens le cogito passe pour un cas particulier d'une catégorie beaucoup plus vaste d'énoncé et d'actes qui s'autovérifient.

Le cogito, ainsi interprété, agit aussitôt dit ou pensé. Comme un serment; « je jure » témoigne de soi sur soi. Comme une imprécation. Comme une prière. Comme la parole des oracles n'est pas le reflet d'un événement préformé mais un des éléments de sa réalisation. Comme le décret souverain. Comme le poème. Comme le verbe se fait chair. Certains discours abolissant la distance entre la parole et l'acte, s'investissent d'une puissance magique et religieuse, qui les lie à la grande famille des actes de foi et d'autorité. Trouver dans l'autoconfirmation « performative » le secret du privilège et de la vérité du cogito l'identifie à un *credo*. Je crois est une proposition qui se confirme, également, elle-même et se suppose vraie aussi longtemps qu'elle se récite. Une telle assimilation déclare le cogito vrai parce qu'il se dit tel et le décrit comme un jugement arbitraire, au-delà et en deçà du vrai et du faux.

Une telle contre-démonstration est-elle évitable? N'existe-t-il pas des « performances » toujours vraies, différentes des prières et des décrets? Hintikka propose les exemples suivants :

(1) « De Gaulle n'existe pas », lorsque cette proposition est dite par de Gaulle.

(2) « Tu n'existes pas », car « si cette dernière phrase est vraie, elle est ipso facto vide puisqu'il n'existe personne à qui l'on puisse concevoir qu'elle s'adresse ».

De quel droit le logicien affirme-t-il l'absurdité de ces propositions qui s'éliminent d'elles-mêmes? Lorsque je dis « je n'existe pas », l'auto-annulation peut certes porter sur la formule, contradictoire avec mon existence, mais elle peut se confirmer, aussi pratiquement que le cogito performatif, si je me suicide. La proposition (1) paraissait contradictoire en 1962 et de Gaulle présidait. En 1968, la révolte étudiante proclama l'inexistence de De Gaulle, sans grave conséquence pour la logique; par contre lorsque le président délaissa sa charge, après un référendum dont il avait prévu et organisé l'échec, il parut reprendre à son compte ladite proposition, qu'illustrent les photographies de sa finale solitude dans les landes de la lointaine Irlande. Il fit ainsi exister performativement le contre-cogito tenu impossible par le logicien.

La proposition (2), « tu n'existes pas », censée s'autodétruire en vertu de son inconsistance existentielle, illustre une extrême innocence logicienne qu'on attribuerait à tort à Descartes. « Tu n'existes pas » promet la mort au « tu » que cette proposition voue à la non-existence. Elle se traduit occasionnellement par « le juif est un rat », elle sert de leitmotiv à une entreprise d'extermination, qui s'autoconfirme performante en transformant ceux à qui elle s'adresse en sous-hommes, en créatures destinées aux souricières, en « pièces » (Stücke) à brûler, en non-hommes. « Je n'existe pas », « tu n'existes pas » ne sont pas des phrases qui s'autodétruisent parce que contradictoires, comme le cercle carré. Même en démentant leur condition de production, elles restent « performatives » si elles autogèrent un procès de destruction : le suicide ou le meurtre.

A première vue, la performance devrait néanmoins l'emporter logiquement sur la contre-performance. « Je vis » est vrai chaque fois que je le dis. Par contre « je meurs » se laisse démentir quand je l'exprime, il suffit qu'un médecin infirme sur-le-champ mon diagnostic erroné : la tumeur est bénigne, non maligne... A deuxième vue, plus attentive, la situation logique se renverse, la proposition « je meurs » est au moins aussi vraie que « je vis », elle est impliquée en elle. Si « je vis » signifiait « je ne meurs pas », elle vaudrait pour prétention à l'éternité et serait probablement toujours fausse. Par contre on trouve de sérieuses raisons pour affirmer toujours véridiquement « je meurs », même si ma bonne santé éclate. Le temps de prononcer « je meurs » ma mort effectivement s'approche.

Qu'on relise la formule cartésienne : je suis, j'existe... « autant de temps que je pense; car peut-être pourrait-il se faire, si je cessais de penser, que je cesserais en même temps d'être ou d'exister. » Le latin insiste : « si *toute* pensée cessait, que je cesserais *complètement* d'exister ». Je suis chaque fois que je pense, mais peut-être chaque fois *seulement*. Le temps tient un double rôle de confirmation et d'infirmation, il assure je vis et insinue je peux mourir. Dans le même souffle. Performance et contre-performance, production nécessaire et destruction possible sont données dans l'intuition unique du cogito. Je me saisis simultanément existant et fini. Du cogito au sum, il ne suffit pas d'imaginer le rapport de cause à effet qui relie la source de lumière à l'éclairage diffusé. Le « je pense » se découvre immédiatement temporel et exposé à l'extinction, il se prend moins pour une lampe que pour un interrupteur. Tant que je pense, je suis; quand je ne pense plus, je risque de ne pas être. Par la pensée je m'allume et je m'éteins existant. Le cogito recèle une pluralité de jugements – je vis, je peux mourir, j'existe dans le temps – auxquels correspond une multiplicité de « performances ». Le je pense peut se manifester comme cause de l'effet existence, je pense donc je suis. Il se dévoile aussi contre-cause de son contre-effet, si je ne pense pas, je peux ne pas être.

Comme dans l'hypothèse du cogito réduit à la conscience de l'idée, nous nous trouvons à nouveau confrontés à l'abondance des interprétations du cogito-jugement.

N° 1 : « donc je suis » est vrai chaque fois que je le dis.

N° 2 : « chaque fois seulement » et, le temps cartésien étant divisible à l'infini, le cogito réduirait son moment de vérité comme peau de chagrin.

N° 3 : la performance correspondante est : je vis.

N° 4 : la performance correspondant au « chaque fois seulement » est : je meurs (à plus ou moins brève échéance).

N° 5 : la confirmation de mon dire par mon acte de dire s'entend comme une correspondance bi-univoque.

N° 6 : si je limite la vérité de mon dire à l'instant où je ne me trompe pas (chaque fois *seulement*), je dis vrai quand je dis que je peux me tromper; en énonçant « je meurs », « je me trompe », « je » correspond à la non-correspondance toujours envisageable du dire et du faire.

Aux prises avec cette multiplicité de jugements, véhiculant d'antagoniques convictions, l'expérience mentale du cogito déborde l'unilatéralité d'un jugement monolithique, qui, se confirmant lui-même, assurerait à soi seul le passage obligé du je pense au je suis.

« Je me trompe », la proposition est-elle existentiellement inconsistante? se réfute-t-elle d'elle-même? Si oui, les *Méditations,* qui tournent et retournent ce motif, sont inconsistantes. Sinon, « je me trompe » et « je pense » font deux jugements aussi « performatifs » l'un que l'autre. Le privilège unique du cogito n'est ainsi toujours pas fondé. L'accord d'une conviction avec elle-même, ou l'autoconfirmation d'un jugement recroquevillé sur la confiance qu'il sécrète, ne saurait faire accéder au cinquième degré de la sagesse. La coïncidence de l'énoncé avec l'énonciation permet de définir les pronoms personnels, comme désignant des « embrayeurs » grammaticaux. Sans plus. Ce disant, on reste planté au premier étage de la sagesse, celui du langage ordinaire que tout un chacun emploie pour son vrai et son faux. Hamlet peut scander « je pense » sans exister; souvent j'existe sans y penser. Le simple usage du pronom « je » ne saurait garantir que l'acteur, le narrateur et l'auteur ne font qu'un seul personnage, sans quoi toute l'ambiguïté de l'écriture proustienne – en autres exemples – ne paraîtrait pas seulement sans objet, mais deviendrait impossible. Pour Shakespeare, pour Proust, et pour Descartes, « je » est sujet à la tromperie comme à la vérité, à la performance et à la contre-performance, au sens et à l'insensé, à la production comme à la destruction de soi.

« Je », surtout, n'est pas enfermable dans un jugement isolé et dans une conviction close. « Je » qui parle a plusieurs jugements à l'esprit, il les rapporte les uns aux autres et raisonne. Dubito, cogito, sum, le « je pense » enchaîne de nombreuses propositions dans le cours d'une méditation; il ne se rapporte pas moins à l'énoncé qui l'introduit et à celui qui le conclut, qu'à l'acte contemporain de sa propre énonciation. La pointe philosophique du cogito ne surgit nullement dans une idée claire, pas même dans un jugement qui s'autoconfirmerait, elle incise la rencontre entre plusieurs jugements. Elle circonscrit la confrontation entre le plus grand doute et la plus forte certitude. Il y a multiplicité de pensées en la demeure du cogito qui ne se fige donc jamais dans la gloire crépusculaire d'un jugement dernier.

4. *La démocratie dans la tête*

« Je pense donc que je suis » fête son trois cent cinquantième anniversaire et l'énigme demeure du va-et-vient mystérieux qui anime le passage du je pense au je suis. On s'accorde à éviter quelques pièges grossiers. On signale que la saisie du sujet qui pense ne saurait se réduire à une évidence psychologique courante; avouer « j'aime » et dire « je pense » place différemment devant la vérité de ce que l'on profère : ma méfiance quant à l'amour éprouvé n'est pas automatiquement une preuve de cet amour, alors que si je doute de penser, je pense. Une fois reconnu le statut hors du commun de l'expérience mentale baptisée cogito, les trajectoires divergent. Les « je » de Kant, de Fichte, de Hegel ou de Kierkegaard ne s'équivalent pas et guère davantage ceux qui relèvent de la tradition husserlienne, de la philosophie analytique ou de la pensée existentielle. A chacun son « je ». Après Descartes, autant de théories, autant de cogito. L'examen exhaustif des interprétations proposées reviendrait à écrire une histoire complète de la philosophie moderne.

Il faut reconnaître au cogito un noyau dur d'indubitabilité difficile à cerner. On revient à lui comme on va à la source.

Auréolé de l'évidence, le cogito s'authentifie lui-même par un privilège exceptionnel : « En effet, dans *dubito ergo sum*, j'aperçois avec clarté et distinction non seulement que j'existe, qu'il est *impossible* en ce cas que je n'existe pas, mais encore qu'il est *impossible que je me trompe* lorsque je pose ainsi mon existence (...) Ainsi du même coup le cogito apporte une évidence et en atteste la *validité* » (Gueroult). Cette évidence à deux étages d'un « signe qui se garantit lui-même comme valable » permet de renforcer la donne immédiate du je pense (« certitude morale ») par l'affirmation redoublée de son authenticité (« certitude métaphysique »), elle rend inébranlable une vérité de fait en la couronnant comme vérité de droit. Une assurance qui s'autolégitime gagne en puissance mais également en mystère. On peut tenter d'élucider le privilège de cette vérité première.

Le cogito s'affiche origine, parce que « mieux connu » et « plus certain ». Partant, il y a quelque paradoxe à se contenter de l'appuyer sur l'évidence morale, « naturelle », voire psychologique et commune des idées et jugements ordinaires. « Descartes ne dit pas : je constate que je suis, il dit : je constate qu'il est impossible que je nie que je sois. Ce qui est tout différent » (Gueroult). Cette conscience d'impossibilité, dramatisée par l'évocation du trompeur tout-puissant, ne doit pas être évacuée avec légèreté, car seule elle assure qu'une idée banale ou un jugement courant – tiens! j'existe – acquiert le statut de vérité inébranlable : « Qu'il me trompe tant qu'il voudra, il ne saurait jamais faire que je ne sois rien, tant que je penserai être quelque chose » (*Méditations*, II). La vérité du cogito se manifeste à l'issue d'une bataille qui se termine lorsque l'adversaire, ses dernières cartouches tirées, renonce : il ne saurait jamais *faire*; je sais que j'existe dans la mesure où je sais que toutes les offensives pour me persuader du contraire sont vouées à l'échec. Deux interprétations sont concevables : ou bien les attaques malignes échouent devant la forteresse de mon savoir préalable et assuré. Ou bien, ma conscience d'exister ne se manifeste comme imprenable que dans et par la défaite des tentatives adverses. La deuxième issue est la bonne. Nombreux commentateurs ont choisi la première, éblouis par le mirage d'un sujet campant sur un trésor de vérités insubmersibles.

Le fulgurant « je pense, je suis » ne se laisse pas ravaler au constat d'un fait, ou à la réflexion qui constate cette constatation. Il n'est ni simple idée (« j'aperçois que...), ni idée de l'idée (« j'aperçois que j'aperçois... »). Sa dignité se prouve à traverser victorieusement l'épreuve du doute. Il se distingue, comme vrai, de l'hypothèse essayée : je n'existe pas. Il émerge d'un long conflit où se démêle en moi ce que je peux affirmer et ce que je dois infirmer. « C'est un vrai duel entre deux pensées spontanées, celle qui affirme et celle qui nie, qui se livre au cours de la méditation, jusqu'au triomphe le plus complet de la seconde » (Lucie Prenant). Ces « deux pensées » sont les deux faces de la puissance de distinguer. Dans la cinquième *Méditation,* Descartes la rapporte à une faculté unique, nommée volonté, ou « pouvoir d'affirmer et de nier, de faire et de ne pas faire ».

Le cogito ne se tient pas en repli face à toute question, dans la quiétude inaltérable d'un il me semble qu'il me semble. Il n'accède au rang de principe philosophique qu'en affrontant l'errance la plus grande et la possible industrie d'un super-escroc. « Qu'il me trompe tant qu'il voudra, il ne saurait jamais faire que je ne sois rien, tant que je penserai être quelque chose. » « Il ne saurait jamais faire » est une composante essentielle du cogito, élevé ainsi au-dessus de la clarté habituelle des idées par l'adjonction d'une distinction absolue qu'il est seul à posséder. Puisque juger c'est distinguer le vrai du faux, le cogito est principe premier, parce que premier des jugements et condition de possibilité de tous. Si l'*idée* d'existence, comme le *jugement* j'existe, ne suffit pas à élever le cogito sur son pavois philosophique, il faut explorer la piste nº 2. Ce n'est qu'après avoir relevé le défi du malin génie, et triomphé de lui, que le cogito, auparavant certitude entre mille autres, reçoit l'hommage et les honneurs dus à son triomphe et à son nouveau rang.

Mais que sais-je s'il n'y a point quelque autre chose différente de celles que je viens de juger incertaines, de laquelle on ne puisse avoir le moindre doute? N'y a-t-il point quelque Dieu, ou quelque autre puissance qui me met en l'esprit ces pensées? Cela n'est pas nécessaire, car peut-être que je suis capable de les produire de moi-même. Moi donc à tout le moins ne suis-je pas quelque chose? Mais j'ai déjà nié que j'eusse aucun sens, ni aucun corps. J'hésite néanmoins : car que s'ensuit-il de là? suis-je tellement dépendant du corps et des sens, que je ne puisse être sans eux? Mais je me suis persuadé qu'il n'y avait rien du tout dans le monde, qu'il n'y avait aucun ciel, aucune terre, aucuns esprits, ni aucuns corps, ne me suis-je donc pas aussi persuadé que je n'étais point? Non certes, j'étais sans doute si je me suis persuadé, ou seulement si j'ai pensé quelque chose; mais il y a un je ne sais quel trompeur très puissant et très rusé, qui emploie toute son industrie à me tromper toujours; il n'y a donc point de doute que je suis, s'il me trompe; et qu'il me trompe tant qu'il voudra, il ne saurait jamais faire que je ne sois rien, tant que je penserai être quelque chose : de sorte qu'après y avoir bien pensé, et avoir soigneusement examiné toutes choses, enfin il faut conclure, et tenir pour constant, que cette proposition, *Je suis, j'existe,* est nécessairement vraie, toutes les fois que je la prononce, ou que je la conçois en mon esprit, (*Méditations*, II).

La chronologie qui introduit le cogito dépasse l'anecdote et se révèle ordre des raisons, en marquant les étapes d'une irrésistible accession à la vérité :

(1) « je me suis persuadé qu'il n'y avait rien du tout dans le monde... »

(2) « j'étais sans doute si je me suis persuadé... »

(3) « mais il y a un je ne sais quel trompeur très puissant... »

(4) « il n'y a donc point de doute que je suis, s'il me trompe... »

Le cogito apparaît sur le fond de deux impossibilités. La première est subjective, elle répond au doute par l'expérience que je fais de ne point pouvoir me persuader de n'exister pas. C'est le niveau – (1) + (2) – de la « certitude morale » que véhiculent la conscience de l'idée et la confiance du jugement; elle prouve à un existant qu'il existe en supposant qu'il existe et que le savoir qu'il a de son existence n'est pas de fond en comble truqué, bref en elle, le cogito présuppose le cogito. Au contraire la seconde impossibilité – (3) + (4) – fait référence à un autre plutôt qu'à soi, elle est stratégique avant que subjective : pour exercer sur moi sa tromperie, le mauvais esprit ne peut pas ne pas me poser existant. La première impossibilité concernait ma propre mise en scène, dans la mesure, non vérifiée, où j'en suis le metteur en scène. La seconde grève tout théâtre de la vérité, quel qu'en soit le maître d'œuvre. En (2), je ne peux nier que j'existe, évidence terre à terre, premier degré de la sagesse. Peut-être est-ce la preuve de mon existence, peut-être aussi n'est-ce que la démonstration d'une impuissance pas même mienne. En (4) : même le diable ne saurait nier mon existence. Alléluia! Le cogito devient certitude métaphysique, j'ai gravi le cinquième degré de la sagesse, où seuls Platon et Aristote me précédèrent.

Dans la cérémonie du couronnement, l'ordre des raisons garantit les vérités positives par des vérités négatives. Et ma conscience d'être par ma conscience de l'impossible. Une telle procédure implique la faculté de saisir qualités et grandeurs négatives en elles-mêmes, sans être astreint de les déduire d'une intuition préalable de la plénitude et de l'être. Autrement dit l'homme est hanté par la curieuse faculté de voir ce qui n'est pas et de se laisser aller à des idées qui ne représentent rien. Touchant la notion des choses et des qualités sensibles – lumière, couleur, odeurs, saveurs, chaud, froid –, Descartes relève qu'elles vacillent sans cesse entre l'être et le néant. « Elles se rencontrent dans ma pensée avec tant d'obscurité et de confusion, que j'ignore même si elles sont véritables, ou fausses et seulement apparentes; c'est-à-dire si les idées que je conçois de ces qualités, sont en effet les idées de quelques choses réelles, ou bien si elles ne me représentent que des êtres chimériques, qui ne peuvent exister » (*Méditations,* III). L'embarras du traducteur perce, il use de la périphrase pour acclimater la brutalité latine qui affirme tout crûment ne pas savoir s'il s'agit d'idées de choses ou d'idées de non-choses (ideae rerum... an non rerum). Pour la tradition scolastique, cette idée de non-chose est un monstre philosophique : penser, pour elle, c'est penser quelque chose, puisque être, c'est nécessairement, transcendantalement, être quelque chose. Tel n'est pas l'avis du philosophe, qui insiste : « Car encore que j'aie remarqué ci-devant qu'il n'y a que dans les jugements quc je puisse rencontrer la vraie et formelle fausseté, il se peut néanmoins trouver dans les idées une certaine fausseté matérielle, à savoir, lorsqu'elles représentent ce qui n'est rien comme si c'était quelque chose : par exemple les idées que j'ai du froid et de la chaleur sont si peu claires et si peu distinctes, que par leur moyen je ne puis pas discerner si le froid est seulement une privation du chaud, ou bien si l'une et l'autre sont des qualités réelles, ou si elles ne le sont pas » (*id.*). Il y a du faux dans l'idée, qui représente la non-chose comme quelque chose (non rem tanquam rem repraesentant). Et cela avant même que mon jugement ne m'égare, lui qui passe pour être la seule source d'erreur envisageable! Le monstre de la non-chose semble contredire le cartésianisme lui-même.

Arnauld, dans ses bienveillantes « objections », pointa l'épine du raisonnement : si « la fausseté ne se trouve proprement que dans les jugements », il faut conclure que « l'idée du froid ne peut pas être fausse », non point parce que le froid existe tel que je l'imagine, mais parce qu'aucune idée en elle-même ne saurait tromper : « Si le froid est seulement une privation, jamais l'idée n'en pourra être positive. » Si le froid se réduit à la simple absence du chaud, donc s'il n'est pas, nous n'avons rien le concernant à nous mettre sous la dent de la pensée. Sauf si nous pensons quelque être différent à sa place, en prenant une chose pour une autre. D'où la solution d'Arnauld, à la fausseté matérielle d'une idée confuse, il substitue la confusion entre deux idées, l'erreur n'est plus dans l'idée isolée, mais dans la liaison entre diverses notions et perceptions, telle que (maladroitement) notre jugement l'opère.

L'auteur des *Méditations* n'accepte pas un aussi commode arrangement. Il maintient que l'idée solitaire peut être porteuse de fausseté : lorsque nous percevons une chose colorée, « nous nous laissons persuader aisément que ce qu'on nomme couleur dans un objet est quelque chose qui existe dans cet objet et qui ressemble entièrement à la couleur qui est, en notre pensée; et ensuite nous pensons apercevoir clairement en cette chose ce que nous n'apercevons en aucune façon appartenir à sa nature » (*Quatrièmes Réponses*). L'erreur tient dans un jugement, mais celui-ci ne confond pas deux idées, il est déjà là, enfoui dans l'idée indistincte du froid. Derrière la proposition (1) ce corps me paraît froid, le philosophe invite à retrouver un « ressouvenir » implicitement actualisé : (2) ce corps me paraît tel qu'un enfant le jugerait froid. En chacun de nous, l'enfant-dieu a tranché, décrété, projeté et créé ex nihilo les non-choses qui ressemblent aux émotions qu'il éprouve. « Je remarquais que les jugements de ces objets se formaient en moi, avant que j'eusse le loisir de peser et considérer aucune raison qui me pusse obliger à les faire. » L'interprétation logique d'Arnauld (confusion *entre* les idées) dissimule une mécanique chronologique; dans l'évidence de l'idée, le préjugé affleure; le temps a transformé le non-être en être. Arnauld et les Messieurs de Port-Royal se rangeront à cette version.

Depuis le Platon du *Sophiste,* personne n'avait osé, aussi témérairement, affirmer que le non-être est. Et que nous vivons entourés de non-choses. Le scandale risquait quelque retentissement, si l'on songe que le « quelque chose » était depuis mille ans tenu pour une catégorie transcendantale, donc la condition sine qua non de toute action et de toute réflexion : agir et penser le rien, c'est ne rien faire, ne rien penser. Aucunement, dit Descartes. Ignore-t-il qu'il reprend à son compte le « parricide » du *Sophiste*? En tout cas, il lève à son tour l'interdit, que la scolastique avait hérité de la véhémence de Parménide : « Non jamais, tu ne plieras de force les non-êtres à être. » Eh bien si! Sa majesté l'enfant accomplit un tel forfait. Elle s'entoure d'entités qui n'existent pas. On admirera l'élégance du philosophe, qui transfère au bébé la responsabilité du parricide, comme Freud débusque le petit Œdipe. Dans les deux histoires, l'enfant, par qui les non-choses et les scènes primitives apparaissent, s'avère prophétique, il imagine l'inimaginable, tandis que les adultes dépérissent de n'oser point le penser.

Le parricide – manifestation du non-être – se révèle dans l'émergence du jugement négatif. Il ne contient pas moins de savoir que les jugements affirmatifs. Tandis que ces derniers énoncent une identité entre le sujet et le prédicat, le premier signifie non seulement qu'il n'y a pas identité, mais qu'il y a exclusion. Je ne pense pas simplement l'étendue sans la pensée, ou la pensée sans l'étendue. Penser l'une sans l'autre, c'est les distinguer substantiellement, c'est-à-dire les exclure réellement l'une de l'autre. Dans le droit fil de l'analyse cartésienne, la *Logique de Port-Royal* définit la négation comme activité de plein droit, « action contraire » de l'affirmation laquelle unit, joint, lie et identifie. Pour Port-Royal, affirmation et négation sont deux relations certes antithétiques, « mais dotées chacune de sa positivité, la négation n'est pas une simple absence d'affirmation, ce qui s'exprimerait par le silence, elle est action opposée à l'action qu'est l'affirmation » (J.-C. Pariente). La mise sur le même pied de la reconnaissance de ce qui est comme étant et de ce qui n'est pas comme n'étant pas autorise seule l'intronisation du cogito, par l'épreuve du négatif.

« Qu'il me trompe tant qu'il voudra... » Je sais indubitablement ce que le diable ne peut faire, avant de connaître avec une pareille certitude que j'existe. Il y a une évidence de ce qui ne peut pas être, une intuition du faux, qui précède en toute indépendance l'évidence d'être et l'intuition du vrai. Falsum index sui. Le faux s'indique lui-même comme faux, avant de se confronter à une vérité qu'il ignore. Il n'est nullement dérivé de la vérité qui se montre elle-même. Il ne se réduit pas à être sa déficience, son défaut ou son manque. Lorsque, dans la terminologie de l'École, Descartes accentue la différence qui sépare négation (simple absence de positif) et privation (réalité positive d'un procès destructeur qui prive de...), il ne souligne rien d'autre que l'autonomie d'un faux, qui se donne en majesté, d'une vérité du non-être aussi aurorale que la vérité de l'être. Le malin génie ne peut pas faire que... Cette connaissance est a priori.

L'homme possède un savoir négatif du mal, avant de s'éclairer de luminosités positives. L'hypothèse est reçue, depuis Montaigne, par les humanistes et les moralistes français. Que de la même manière, la vérité négative du faux précède la véridicité positive du vrai étonne davantage. Ce primat mathématique – et non plus éthique – de la reconnaissance de l'erreur sur la connaissance du juste est illustré par un épisode fameux dans l'histoire de la pensée occidentale. Chez Ménon, Platon introduit sa célèbre doctrine de la réminiscence et met face à face Socrate et un jeune esclave ignorant la géométrie. Soit à construire, à partir d'un carré donné, le carré de surface double. Le jeune esclave commence par doubler les côtés du carré initial; Socrate lui montre qu'il obtient un carré de surface quadruple. L'esclave trouvera, guidé par les très orientées suggestions de Socrate. Le happy end importe moins que la condition de possibilité, qui le commande. Puisque l'esclave, avant de tomber juste, n'a pas évité de tomber faux, il a fallu qu'il se rende compte de ses erreurs bien avant de se rendre à la solution. Cet instant critique, où l'ignorant bute sur la boiterie de son raisonnement, Socrate le met en valeur, interpellant le maître de céans : « Vois-tu, Ménon, encore une fois, quelle distance il a déjà parcouru dans la voie de la réminiscence? Songe que d'abord, sans savoir quel est le côté du carré de huit pieds, ce qu'il ignore d'ailleurs encore, il croyait pourtant le savoir et répondait avec assurance en homme qui sait, n'ayant aucun sentiment de la difficulté. Maintenant il a conscience de son embarras (aporein) et, s'il ne sait pas, du moins il ne croit pas savoir » (*Ménon*).

Tournant décisif. Le jeune esclave découvre qu'il se trompe. Sans cependant savoir comment savoir. Mis nez à nez avec son erreur par les questions torpilles du maître ironiste, le sujet tombe juste... quant à son tomber à côté. Il ignore toujours comment opérer la duplication du carré, mais tenu à l'écart de la solution vraie, il n'en reconnaît pas moins qu'il va de travers quand il poursuit des solutions illusoires. Mû par quelque imagination présomptueuse du malin génie intérieur, il croyait savoir et découvre par ses propres forces « je ne sais rien ». Il tient, ce faisant, en échec sa propension à l'auto-intoxication et épingle la tromperie en tant que telle. Comme pour le cogito, c'est par la grande porte du faux qu'on pénètre dans la vérité, en contemplant ce qu'elle n'est pas.

Les commentaires antiques relèvent le style singulier de l'autoréfutation dialectique introduite par Socrate. Ils la décrivent comme une sorte de purification, une purge cathartique qui « fait que celui qui a des opinions fausses se réfute lui-même, entre en dissonance avec lui-même et que, entrant en lutte avec lui-même, il voit la laideur de l'erreur »... (Proclus). Contraignant à douter l'esprit qui croit savoir, Socrate et Descartes évitent la noyade sceptique, ils disposent d'une arme absolue, toujours la même : ils s'appuient sur l'objectivité et l'universalité de l'aporie, qui fait apparaître le sans-issue dans son absence d'issue, en pointant tel quel le faux, en mettant à nu l'illusion dans sa vérité d'illusion, sans cultiver l'illusion de détenir quelque vérité supérieure.

La faculté d'amener le faux à se dénoncer comme faux assigne une limite infranchissable aux puissances trompeuses. Elle constitue le fondement des fondements de la pensée occidentale. Là, coïncident le nerf de l'ironie socratique et le ressort qui élève le cogito depuis la certitude morale d'une conscience qui se pense elle-même jusqu'à la certitude philosophique d'une existence qui s'affirme indubitable, envers et contre toute force aliénante. L'intuition de moi cogitant est précédée et commandée par l'intuition d'une impossibilité (s'il me trompe, j'existe). Cette impossibilité est autonome et universelle, je ne suppose pas que le trompeur existe, j'affirme que je le bloque. En vertu de la contradiction qui affecterait non mon existence mais sa tromperie. Le malin génie ne peut faire et contrefaire en même temps la même chose, en l'occurrence moi. Mon existence s'élève du sentiment habituel que j'existe au statut philosophique de fondement inébranlable, grâce à un principe qui limite les ressources du plus omnipotent trompeur imaginable, le principe de non-contradiction.

Peut-on conclure que le cogito prend, dans la nouvelle philosophie, la place occupée dans l'ancienne par le principe suprême parce que le premier et le plus sûr? Aristote couronne la non-contradiction Principe des principes, car celui-ci ne souffre pas d'erreurs; il permet de considérer les êtres en tant qu'ils sont; il se fait reconnaître sans prémisses ni déduction préalable : pour fixer la moindre chose il faut déjà le respecter. Rien ne peut être dit, ou manifesté, de ferme et de distinct, si l'on n'admet pas, sous une forme ou sous une autre, qu'il est impossible que sous le même rapport le même attribut convienne à une chose et ne lui convienne pas. Peu après Descartes, Leibniz estime possible et nécessaire de détrôner le principe de non-contradiction, au nom d'un nouvel axiome plus noble, le principe de raison suffisante. Hegel accentue cette usurpation, d'où les rapports délicats que sa dialectique entretient avec le sentiment, qualifié vulgaire, qu'entre A et non-A, il faut choisir. Sur cette lancée, la philosophie allemande a généreusement rétro-interprété le cogito comme une première esquisse du coup d'État de Leibniz. Le cogito se substituerait au principe de non-contradiction, en instaurant le principe suprême d'un sujet maître et possesseur, auquel on rend raison de tout. Il n'en est rien.

C'est dans la mesure seulement où toute créature, y compris le malin génie, est soumise au principe de non-contradiction, que le cogito devient principe. La conscience d'impossibilité, qui précède le savoir de soi comme fondement, marque assez l'hommage respectueux rendu au grand principe aristotélicien par un méditant bien éloigné de prétendre le dépasser en l'expédiant dans les poubelles de l'histoire. Faut-il dans ce cas célébrer deux principes suprêmes? Faute de passation de pouvoir, comment s'organise le partage? Le cogito fait une place au principe de non-contradiction et ne le remplace pas. Il reste à démontrer qu'à son tour ce principe ancien ménage par avance une fonction au cogito. Tel est le cas. Comment Aristote prouve-t-il en effet son principe? Indirectement et négativement. Puisque chaque preuve et chaque raisonnement dépendent de lui, il est impossible de le prouver positivement. On le fait admettre par réfutation « ad hominem », en montrant que celui qui nie cette proposition est toujours obligé de s'en servir. Aux négateurs du principe de prétendre qu'il est égal d'être un homme et de ne pas l'être, et ainsi du reste. Si tous les contraires étaient librement attribuables à la même chose, l'homme serait une galère, et un chou, et une rose. La démonstration indirecte du principe de non-contradiction place celui qui le nie devant sa propre absurdité d'arroseur arrosé.

Qui démontre ainsi « par la bande » le principe de non-contradiction? Un sujet socratique ou méditant qui place son adversaire malin ou présomptueux devant l'aporie nue de sa (contre)-performance. Le trompeur ne peut faire et défaire en même temps, s'il y pense. Le principe de non-contradiction énonce l'impossibilité; le cogito est la pensée de cette impossibilité. Non seulement les deux propositions ne se repoussent pas, mais elles s'impliquent mutuellement. En relevant que son principe ne se confirme que par l'autoréfutation du réfutateur, Aristote ne se borne pas à rivaliser d'astuce avec les sophistes, il réfère le principe des principes à un témoignage, à la faculté de faire surgir en nous et devant nous une contradiction dépouillée de tous masques et atours. L'homme est l'animal de l'aporie. Le sujet parlant ne peut faire apparaître (« apophantiquement ») les êtres tels qu'ils sont qu'à condition de pouvoir distinguer les multiples apparences du non-être comme n'étant pas. Dire que le principe suprême ne se démontre que « ad hominem » ne doit pas être pris restrictivement; faisant accéder l'homme à son humanité, le principe postule un être capable de considérer le contradictoire en tant que tel, c'est-à-dire de faire face au néant et à la destruction.

Qui discerne? Un sujet quelconque, dès qu'il veut dire quelque chose, fût-il le contradicteur sophiste qui tombe dans les embûches qu'il prépare à autrui, puisque lui aussi argumente. Le contradicteur se contredit, encore faut-il qu'il s'écoute parler : le principe de non-contradiction renvoie à une pensée chambre d'écho, où se pré-organise la distinction du confus et l'éclairage de l'obscur. Le repérage du contradictoire peut s'accomplir dans le rire, quand le héros aristophanesque se prend les pieds dans ses comportements antinomiques. Il s'accompagne de terreur et de pitié, quand un héros tragique travaille à son propre déclin. Il s'effectue parmi les quolibets et les menaces, entre la plaisanterie et le drame – et Socrate de dialoguer dans son théâtre de rue. L'application du principe ne se réduit pas à l'automatisme vain d'une mécanique logique. Alors que la syllogistique scolastique, tant décriée, tient pour acquis les partages du sensé et de l'insensé, le principe de non-contradiction renvoie aux conditions cathartiques de leur établissement. Rire, crainte, tremblement, ironie, cogito, l'expérience intérieure d'un être pour lequel il y a du non-être ouvre l'espace où joue le principe suprême.

Dans les moments décisifs, Descartes fait appel au principe. Ayant montré que la pensée exclut l'extension et réciproquement, il conclut de cette double exclusion à la séparation des deux substances, la pensée et l'étendue. En vertu de quoi? En vertu de la non-contradiction demeurée exigence de portée absolue : « Il faut en venir à la règle ci-devant posée, à savoir que nous ne pouvons avoir aucune connaissance des choses, que par les idées que nous en concevons; et que, par conséquent, nous n'en devons juger que suivant ces idées, et même nous devons penser que tout ce qui répugne à ces idées est absolument impossible, et implique contradiction » (au Père Gibieuf, janvier 1642). Pour la nouvelle, comme pour l'ancienne philosophie, l'exigence de non-contradiction se présuppose elle-même, elle oriente le travail de la pensée, qui seul rend le principe applicable. Les jugements des hommes sont confus, ambigus et la non-contradiction n'en est jamais la native qualité; absente au départ, elle couronne à l'arrivée celui qui s'évertue à se dégager méthodiquement du chaos originel : « Ceux qui ne portent jamais de jugement que sur les choses qu'ils perçoivent clairement et distinctement (ce que j'observe toujours, autant qu'il est en moi) ne peuvent juger d'une même chose autrement en un temps qu'en un autre » (à Hyperaspistes, août 1641). Le principe n° 1 de la pensée présuppose la pensée qui le rend effectif, en même temps qu'il est présupposé par la pensée qui recherche quelque vérité. Le démontrant par le témoignage intérieur, Aristote ouvre en douceur la dimension du je pense.

Dans le cogito, la pensée n'est par avance pas sûre d'elle-même. Elle s'avère avant tout certaine de ce qui ne se peut pas. Le principe de non-contradiction n'énonce nullement que l'absurde serait impensable, mais au contraire qu'il est distinguable, cernable, isolable. Et c'est en le fixant comme tel que la pensée peut le tenir à distance. Même travail, même épreuve, même expérience du combat avec un malin génie, dont la toute-puissance rendrait l'impossible possible et notre possibilité impossible. Entre le principe d'Aristote et celui de Descartes, ni dépassement, ni renversement, ni guerre de succession ou de sécession. Du livre γ de la *Métaphysique* aux *Méditations métaphysiques*, deux mille ans. Le temps d'une incubation. Le temps d'une démonstration intérieure, ad hominem, où le principe premier de la pensée s'accomplit comme cogito.

Entre chercheurs, comme entre citoyens d'une démocratie, chacun a droit à la parole. Non parce que nous serions tous égaux en science et en aptitude, la libre discussion découvre au contraire combien les têtes ne sont ni semblablement faites, ni pareillement emplies. Si inégale que soit la répartition des dons de la nature, de la culture ou des privilèges sociaux, nul n'est cependant garanti contre les risques d'erreur, la possibilité de souffrir, la jouissance de meurtrir, fût-ce à son insu, et la certitude de mourir, sans savoir préalablement où, ni quand, ni comment. Nous sommes égaux non par la singularité de nos qualités, mais par la communication de nos failles et défauts. L'ignorant peut relever, rieur, les contradictions du docte et celui-là lui renvoyer la balle; c'est la faillibilité des mortels qui hausse le principe de non-contradiction au rang suprême. Personne n'échappe à sa juridiction, vue la facilité qu'a chacun de se prendre les pieds dans les tapis. Seul un Dieu pourrait peut-être s'élever au-dessus du principe, réitère Descartes après Homère. Les Olympiens ne mourant pas, rien pour eux ne tire à conséquence, pas même l'exacte manière de tirer des conséquences. Le cogito et le principe de non-contradiction fondent en modestie une société d'êtres qui savent qu'ils ne sont pas des dieux, à charge pour eux de s'accepter libres d'errer, négativement égaux et à l'occasion frères devant les catastrophes. En ce sens la règle de non-contradiction et l'inscience du cogito valent science politique : « Nul n'a mieux montré que Descartes la liaison entre l'esprit de la science et l'esprit de la démocratie, car on ne saurait fonder le suffrage universel sur autre chose que cette faculté universellement répandue de dire non ou de dire oui » (Sartre). Plus précieuse encore luit la faculté de distinguer son oui et son non, celle dont les dictatures poursuivent, au plus profond de chaque conscience, l'anéantissement.

Je pense; mais tout aussi originellement, je pense que je ne pense pas tout le temps. Mon cogito se débat dans une durée qu'il ne produit ni ne possède. Elle colle à son évidence même. Il faut, tenons-le pour acquis, que ma pensée ne s'enferme pas dans une idée claire ou dans un jugement monolithique. Sinon point d'accès vers les hauteurs où, « pour » se mesurant à « contre » dans une irréductible pluralité, on accède au principe. Je ne pense qu'avec plusieurs pensées en enfilade. Cogito et durée s'enveloppent réciproquement, je pense dans le temps et ma première expérience du temps s'opère dans ma pensée. « Et quand même il n'y aurait pas de corps du tout, on ne pourrait pas dire pourtant que la durée de l'esprit humain fût tout à la fois tout entière, comme la durée de Dieu, parce que nous avons manifestement connaissance de la succession dans nos pensées, tandis qu'aucune succession ne peut être admise dans les pensées divines; et nous comprenons clairement qu'il peut se faire que j'existe en ce moment où je pense une chose et cependant que je n'existe pas au moment immédiatement suivant, où je pourrais penser autre chose, si j'ai la fortune d'exister » (à Arnauld, juin 1648). Inventer ou réanimer l'intuition intellectuelle, redécouvrir que la pensée se pense et ce faisant parvient aisément à la conviction qu'elle existe, là n'est pas l'originalité de Descartes. Autour de lui, les néo-platoniciens proclament l'ubiquité de l'intellect dans l'âme du monde, la poussée de la sève et le chant du grillon. « Tout est plein d'âme », réitère Victor Hugo. Pour lui, le cogito fleurit aux quatre coins du monde. Solitaire, Descartes délimite, condense, restreint le cogito et le plonge dans l'acide de sa fugacité temporelle. D'un coup d'œil, le sujet cartésien découvre ce qu'il est, responsable de son oui et de son non, maître de l'erreur... Et ce qu'il n'est pas, maître de vérité, Tout-Puissant.

Les preuves de l'existence de Dieu, que Descartes enfile à plaisir, prêtent à l'objection du cercle vicieux. Si Dieu n'est démontré qu'à partir de la conception que nous en avons, et si toutes nos conceptions, celle de Dieu comprise, ne sont vraies que parce qu'un Dieu les garantit telles, la pétition de principe éclate. Plutôt que d'ajouter de nouvelles digressions à l'infinité du débat, peut-être convient-il de considérer les nuances qui adoucissent le terme « preuve », que Descartes parfois oppose au terme « démonstration » réservé aux rigoureuses déductions dont se flattent les géomètres. Derrière la foison des preuves se distingue une épreuve unique, celle de la finitude du cogito, ressort principal de la probation cartésienne. Dans les *Princi-*

pes, après le relevé exhaustif des voies qui mènent à son Dieu, Descartes s'arrête sur une ultime « démonstration », qui électrise le nerf des autres : « *Que la seule durée de notre vie suffit pour démontrer que Dieu est.* Je ne crois pas qu'on doute de la vérité de cette démonstration pourvu qu'on prenne garde à la nature du temps ou de la durée de notre vie; car, étant telle que ses parties ne dépendent point les unes des autres et n'existent jamais ensemble, de ce que nous sommes maintenant, il ne s'ensuit pas nécessairement que nous soyons un moment après, si quelque cause, à savoir la même qui nous a produits, ne continue à nous produire, c'est-à-dire nous conserve. Et nous connaissons aisément qu'il n'y a point de force en nous par laquelle nous puissions subsister ou nous conserver un seul moment, et que celui qui a tant de puissance qu'il nous fait subsister hors de lui et qui nous conserve, doit se conserver lui-même, ou plutôt n'a besoin d'être conservé par qui que ce soit, et enfin qu'il est Dieu » (*Principes*, I, 21). Dans un temps irréductiblement morcelé (« le temps présent ne dépend point de celui qui l'a immédiatement précédé » *Deuxièmes Réponses*), je saisis d'un même coup mon existence et mon impuissance (« il n'y a point de force en nous par laquelle nous puissions subsister »). Au même instant, je me sais, je sais que je ne me produis pas, je sais que quelque être qui n'est pas moi s'en charge. Le cogito et l'existence d'une cause qui me fait être se donnent comme l'envers et l'endroit d'une indivisible intuition de mon existence et de ses limites.

Selon Descartes, je découvre que je suis, et que je ne suis pas Dieu, en bloc. « C'est pourquoi, nous autres Français qui vivons depuis trois siècles sur la liberté cartésienne, nous entendons implicitement par " libre arbitre " l'exercice d'une pensée indépendante plutôt que la production d'un acte créateur », remarquait Jean-Paul Sartre, en soulignant : « Cette expérience de l'autonomie ne coïncide pas avec celle de productivité... » Qu'est-ce à dire? Que je suis un « milieu » (Descartes) entre l'être et le néant. Je ne suis pas tout, puisque je ne crée ni les choses ni les vérités. Je ne suis pas rien, puisque j'expérimente ma faculté d'opposer une négation au rien. « La puissance du refus qui est en l'homme consiste uniquement à refuser le faux, bref à dire non au non-être », poursuit Sartre avec exactitude, reprochant malheureusement pour sa propre pensée à Descartes de s'être contenté de peu. « Il lui a manqué de concevoir la négativité comme productrice. » L'homme cartésien, en effet, est un dissuadeur de l'erreur, pas un producteur de vérité. Il découvre son indépendance dans la force d'un rejet, pas dans la puissance de créer de toutes pièces le Bien, ou de « faire que le monde soit vrai ». Là réside son actualité.

« Gêné par les entraves du catholicisme et du dogmatisme », Descartes n'aurait pas poursuivi jusqu'au bout le chemin de la liberté. N'a-t-il pas hypostasé en Dieu la « pure productivité », l'instant sublime où la liberté absolue « invente la Raison et le Bien » (Sartre)? De telles objections ne sont pas neuves. Elles rétablissent le privilège du vrai qui produit son évidence, index sui. Elles réduisent à la portion congrue l'itinéraire d'une conscience qui, par ses propres forces, se désenglue du faux. Elles citent l'expérience française de la souveraineté devant la tentative, philosophiquement allemande depuis Leibniz, de coïncider avec une productivité créatrice.

L'expérience de l'autonomie est celle d'un homme qui se veut « purement homme » qui exclut toute ambition de faire le Dieu, ou l'enfant, en cédant aux fantasmagories, héritières narcissiques de notre originelle puérilité, de la production absolue de soi par soi. Être dans le temps déprime la toute-puissance de nos pensées et interdit à notre autonomie de mimer une productivité infinie. Être dans le langage nous exhibe libres. Animaux et machines peuvent user de signes, répondre aux sollicitations du contexte, se montrer adaptés aux stimulations physiques et physiologiques de leur environnement habituel. Le propre de l'homme, par contre, est de composer les paroles, les arranger imprévisiblement, et pourtant significativement. Ce pouvoir de diversification propre à la créativité langagière dépasse la simple aptitude à proférer des mots, que « les pies et les perroquets » nous disputent. Nous ne créons pas les mots, mais nous les arrangeons à notre guise. Nous ne fabriquons pas une langue ou une grammaire universelle, nous nous reconnaissons un art de combiner des phrases et d'inventer des ordres, par une faculté de penser, qui n'est qu' « assoupie » chez les enfants et « troublée » chez les fous : « Bien que toutes [les bêtes] nous signifient très facilement leurs impulsions naturelles, telles que la colère, la crainte, la faim ou autres états semblables, par la voix ou par d'autres mouvements du corps, jamais cependant jusqu'à ce jour on n'a pu observer qu'aucun animal en soit venu à ce point de perfection d'user d'un véritable langage c'est-à-dire d'exprimer soit par la voix, soit par les gestes quelque chose qui puisse se rapporter à la seule pensée et non à l'impulsion naturelle. Le langage est en effet le seul signe certain d'une pensée latente dans le corps; tous les hommes en usent, même ceux qui sont stupides ou privés d'esprit, ceux auxquels manquent la langue et les organes de la voix » (à H. More, février 1649). L'autonomie de la pensée n'appelle nullement l'autoproduction d'une subjectivité absolue et la faculté de parler n'entraîne aucun pouvoir magique de créer de toutes pièces le langage. Penser c'est se parler. Parler c'est penser à haute voix, en inventant de nouvelles combinaisons, non pas en dépit, mais en vertu des précontraintes syntaxiques et grammaticales : c'est parce que tout n'est linguistiquement pas possible, ni impossible, que quelque chose arrive.

Adossée à notre être dans le langage, l'expérience de l'indépendance de la pensée est-elle si française que le suggère Sartre? Pas davantage que ne serait proprement allemande l'exigence, européenne hier et planétaire aujourd'hui, d'incarner une productivité absolue dans une classe universelle, une race pure, un fou de Dieu ou un égoïste sophiste. L'autonomie reconnaît l'interdiction de se contredire pour fonder une société de sujets ayant décidé de penser. Les Maîtres Penseurs allemands ont formulé, le plus profondément possible, la levée de l'interdit; ils ont induit l'expérience d'un sujet qui est, fait et se permet tout, donc produit le monde... comme réalité, comme simulacre ou comme indifférence des deux.

Un clivage parent divise l'expérience religieuse occidentale dans son ensemble. Versant théologie, le point de vue dominant semble préfigurer l'optique des Maîtres Penseurs : « Les grandes religions monothéistes, notamment depuis leur élaboration philosophique au moyen de l'" outillage " conceptuel néoplatonicien (le christianisme et l'islam ont subi ce traitement, le judaïsme aussi dans une certaine mesure), ont révélé une curieuse asymétrie dans leur manière de poser la distinction entre le bien le mal. (...) Le mal est absence de quelque chose qui devrait être, et c'est pourquoi nous ne pouvons connaître et définir le mal qu'en référence à Dieu ou à l'Être. Du point de vue logique, le bien impose sa préséance; le mal, ou non-être, dépend conceptuellement du bien. En ce sens, il y a asymétrie » (Kolakowski). N'empêche que ce point de vue apparemment logique est contredit par la logique de l'expérience du fidèle qui renverse l'asymétrie : « ... nous connaissons réellement ce qui est bien en connaissant ce qui est mal, et nous connaissons le mal en le faisant. Dans l'expérience, c'est le mal qui doit se présenter en premier, à l'inverse de la succession dont fait état la spéculation théologique. Et le premier mal que je puisse connaître, c'est le mal qui est en moi, tandis que le mal qui est en autrui (ici encore en tant qu'il se distingue des faits naturels) est d'ordre dérivé. C'est dans l'expérience de l'échec, lorsqu'on voit l'Être mis en échec par le néant, que se fait jour la connaissance de l'Être et du bien. En devenant moi-même mal, je connais ce qu'est mal, et ensuite ce qu'est le bien (...) Le Dieu de la Genèse a vu que sa création était bonne, mais aux créatures, cette connaissance a fait défaut » (*id.*). Il semble qu'en religion comme en mathématique on sache ce qu'il ne faut point faire bien avant de savoir ce qu'il faut faire. Et en politique donc!

Un principe ne saurait interdire que du possible. Si la prohibition de l'inceste est décrétée par toutes les sociétés humaines, c'est que chacune avoue que les relations, ainsi maudites, demeurent physiquement et psychologiquement effectuables. La contradiction à son tour mérite qu'on l'épingle, dans la mesure où elle est une douce habitude. On conclurait à tort au caractère exclusivement utilitaire des règles de l'interdit : si vous voulez atteindre quelque cohérence, évitez les contredits criants, si votre clan échange les femmes, il ne doit pas coucher avec ses filles. Pour autant qu'ils apparaissent premiers, les principes sont plus que conditionnels, ils se révèlent constitutifs. Avant de pouvoir dire que « vous voulez » ou que « vous avez des filles », il a fallu accepter, à votre insu depuis toujours, des normes qui font que des enfants ou des pensées soient affichés vôtres. Ce qui est interdit varie. Vérité en deçà des Pyrénées, erreur au-delà. La nécessité d'un interdit, par contre, est une donnée universelle. Toute société distingue entre du sexuellement permis ou défendu et du logiquement possible ou impossible.

Le Dieu de Descartes participe au statut ambigu de telles prohibitions constitutives. Il interdit la contradiction, mais la contradiction ne lui est pas intégralement interdite. S'il n'existe quasiment pas de précédents théologiques à ce créateur de vérités éternelles, le paradoxe qu'il manifeste n'en est pas moins courant. Souvent la divinité s'autorise ce qu'elle ne permet pas aux autres; la lutte de Jacob avec l'Ange et les protestations de Job en témoignent, aussi bien que les frasques et les incongruités de la famille olympienne. Jusqu'à ce que Platon y mette bon ordre, les dieux grecs, on le sait, couchaient avec n'importe qui et parlaient à tort et à travers. Le législateur originel, qui institue l'interdit, ce faisant lui échappe, de même qu'une création du temps ne saurait prendre du temps et que l'inventeur de tous les langages procède nécessairement aphone et sans rien se dire.

Les interventions du Dieu cartésien sont réduites à un minimum rarement autorisé par un croyant convaincu. Il promeut en tout et pour tout non point la caricaturale chiquenaude initiale, mais les interdits premiers et leur mode d'emploi, les quelques élémentaires vérités éternelles susceptibles d'ordonner le chaos. Au point frontière d'une divinité limite, la nouvelle philosophie atteint le noyau irréductible de la fonction exercée par les êtres suprêmes dans les sociétés à dieux. Ne sont-ils pas toujours de grands prohibiteurs en matière sexuelle, logique ou morale? Hermann Broch remarque : « Tout impératif éthique (...) se présente sous forme négative; des Dix Commandements, sept ont la forme de “ tu ne feras pas ”... » Les devoirs positifs changent selon l'espace et évoluent avec le temps. La possibilité de transgression ou de transformation de chaque interdit particulier est même inscrite dans la prohibition générale : l'injonction de rejeter annonce ma liberté de ne pas obtempérer. Il n'empêche, derrière la variété infinie des prescriptions positives, on détecte un invariant formel, « une structure générale de *tu ne dois pas* », par quoi « la valeur se constitue dans le contact avec la non-valeur, le système des valeurs se constitue dans son contact avec *le mal* qu'il surmonte... »

Tu ne dois pas... l'inceste, la contradiction, le mal. Les principes constitutifs de la vie sociale et mentale sont des négations. Ils font barrage contre une extra-humanité, où la contradiction va de soi, où l'inceste passe inaperçu, tandis que mal et bien se confondent. Chaque règle souffre et laisse imaginer de multiples dérèglements. Les maux positifs sont aussi divers que les biens, et ce qui est inceste ici ne le paraîtra pas aux antipodes. Néanmoins, au principe universel du tu-ne-dois-pas répond sa levée non moins universelle, sous la forme d'un tu-peux-tout. Tout te permettre. Tout créer. Tout exiger. N'est-ce pas une telle prohibition de la prohibition qu'introduit l'exigence de la production absolue de soi par soi, mise au jour par les Maîtres Penseurs? Les conséquences extrêmes d'un pareil coup de force philosophique apparurent longtemps après sa proclamation.

Qu'est-ce que le racisme, sinon l'inceste élevé à la hauteur d'un contre-principe. Il verrouille le monde clos de mes appartenances à l'abri de toute atteinte extérieure : « J'aime mieux ma fille que ma nièce, ma nièce que ma cousine, ma cousine que ma voisine » (Le Pen). Je garde les miens, je n'échange plus, j'expulse l'étranger, à l'occasion j'exécute l'autre. Qu'est-ce que le totalitarisme, sinon l'abolition de l'idée du mal, tous les moyens sont bons « pour le bien de la cause » (Soljenitsyne)? Qu'est-ce que la bêtise? Rien d'autre qu'exister contradictoirement, sans souci de la contradiction. De tels maux sévissent de tout temps. Non sans pactiser avec eux, les principes de la vie civile et mentale avaient pour tâche de les refouler et de les maintenir en marge. L'expérience cartésienne de l'autonomie dépouille les principes prohibiteurs de leurs habits positifs, encombrants et prétentieux, pour les honorer dans leur nudité négative. L'expérience de la productivité absolue, en les niant absolument, absout et absolutise le chaos.

Au regard des protestations qu'elle suscite, la construction cartésienne manifeste la rigueur d'une logique. Le partage est clair et net. Il n'introduit aucune concurrence entre un homme, qui se découvre dans le cogito maître de l'erreur, et un Dieu, où s'incarne la puissance que le cogito exclut, celle du maître de vérité. Le Dieu cartésien ne peut ni tromper, ni se tromper : non parce qu'il est « bon », mais parce qu'étant tout-puissant, il est trop puissant pour creuser l'écart de soi à soi, qui rend le mensonge possible. C'est, en lui, une seule et même chose de savoir, de vouloir, de créer. En l'homme, non. Voilà pourquoi ce Dieu est muet. Voilà pourquoi il ne dépend que de l'homme de choir ou de s'en sortir. Dieu est hors jeu. L'homme est seul.

Effrayé par tant de solitude, on tenta de réduire la distance. Soit en attribuant à l'homme « une vision en Dieu », façon Malebranche. Soit en réincarnant Dieu dans l'homme, au gré de Feuerbach ou de Sartre : le sujet s'installe alors dans le vrai et ne s'expose plus à s'abuser et à être abusé. Si le vrai est ce que je fais, ce que je fais est le vrai. D'aucuns, plus sophistes que Sartre, diffusent la conclusion nihiliste qui bêle : rien n'est faux ni mal, tout n'est que simulacre et apparences.

Si je me trompe, je suis fini; si je suis infini, je ne me trompe pas; le montage cartésien prend les contradictions dans les rets d'une alternative sans échappatoire. Sartre a tort. On ne saurait mettre bout à bout, recoller ou réunifier, l'autonomie du sujet méditant et la productivité infinie d'un créateur, quel qu'il soit. Le cogito ne pense pas la divinité comme une entité proche, qui, complémentaire, le prolonge. Il entretient avec la toute-puissance un rapport d'exclusion. Si vous êtes apparentés à Dieu, il faut vous résoudre à rester par nature ni trompable, ni trompeur, et par là parfaitement indifférents à l'expérience d'un dubito ou d'un cogito. Bien qu'ils osèrent rarement décevoir leurs fans, en sacrifiant sur l'autel de la philosophie la vérité du vrai pour célébrer une salvatrice vérité du faux, les postcartésiens manifestèrent, à leur corps défendant, qu'il n'existait pas de solution tierce : ou se penser fini, ou se penser infini, l'un ou l'autre, pas les deux.

IV

JE SUIS, EN PARTANCE POUR L'EXTRA-MONDE

1. *Vive la technique*

Descartes est-il humaniste? S'il s'agit de célébrer les sentiments optimistes et les doctrines euphoriques que le XIXe siècle coiffe du terme, forgé pour l'occasion, d'« humanisme », la réponse, on le pressent, est non. Refusant de consacrer l'homme maître de vérité, il est à prévoir que le philosophe ne l'a pas propulsé ingénieur des âmes, paladin du progrès, conquérant du nouveau monde et maître de l'univers. L'homme à venir, ce « Dieu en terre » célébré par la Renaissance italienne, tendance platonique, suscite quelques coups de plume ironiques dans le *Discours de la méthode*. Face aux envolées lyriques, son auteur passerait plutôt, comme nombre de ses premiers disciples, pour « anti-humaniste », par horreur du prêchi-prêcha candide et des tranquillisateurs professionnels. Plus tard, beaucoup plus tard, les enthousiastes d'une Europe industrialisée à marche forcée, les nouveaux dévots de la houille, du fer, du rail et de la guerre des classes ne l'ont récupéré qu'au prix de contresens aisés à établir.

Loin des militants du Bien, ivres de bons sentiments et fêtant avant terme leurs victoires finales, l'expérience française de l'autonomie dans la maîtrise de l'erreur semble corroborer un humanisme second, en quelque sorte négatif. Il dégonfle l'enflure du premier : qui veut faire l'ange fait la bête. La faculté de contrôler l'erreur introduit une conception neuve de l'humanité de l'homme et le hisse à la hauteur des tâches que la modernité lui assigne. Pas d'un coup d'un seul, certes. Mais la promesse d'une réforme de l'esprit qui invente et réfléchit s'offre sans restriction, ni exclusions, au terme du *Discours* :

> Que si les artisans ne peuvent sitôt exécuter l'invention qui est expliquée en *La Dioptrique*, je ne crois pas qu'on puisse dire pour cela qu'elle soit mauvaise; car, d'autant qu'il faut de l'adresse et de l'habitude pour faire et pour ajuster les machines que j'ai décrites, sans qu'il y manque aucune circonstance, je ne m'étonnerais pas moins s'ils rencontraient du premier coup, que si quelqu'un pouvait apprendre en un jour à jouer du luth excellemment, par cela seul qu'on lui aurait donné de la tablature qui serait bonne. Et si j'écris en français, qui est la langue de mon pays, plutôt qu'en latin, qui est celle de mes précepteurs, c'est à cause que j'espère que ceux qui ne se servent que de leur raison naturelle toute pure jugeront mieux de mes opinions que ceux qui ne croient qu'aux livres anciens. Et pour ceux qui joignent le bon sens avec l'étude, lesquels seuls je souhaite pour mes juges, ils ne seront point, je m'assure, si partiaux pour le latin, qu'ils refusent d'entendre mes raisons pour ce que je les explique en langue vulgaire.

L'œuvre d'un des plus grands – ce qui n'implique nullement des plus indiscutables – philosophes du XXe siècle, Martin Heidegger, témoigne de l'élision sans fleurs ni couronnes de l'humanisme négatif qui anima l'Europe classique. Au départ, Heidegger analyse l'expérience de « deux peuples voisins ». En regard de l'expérience française, qui culmine avec Descartes, il dresse l'autre méthode, initiée par Leibniz. « C'est pour la première fois dans l'histoire de l'Occident, grâce aux écrivains et aux penseurs de l'époque de l'idéalisme allemand, qu'un savoir métaphysique de l'essence de l'histoire a été inauguré. » Une telle formulation recoupe, avec sa tonalité propre, la mise en parallèle sartrienne de l'expérience de l'autonomie à la française et de la production absolue allemande, où l'histoire se manifeste création en créant le manifeste. La confrontation méditative des deux humanismes a beau laisser entrevoir, décisivement, « une rénovation de la lecture fondamentale de l'être occidental », elle ne sera jamais poursuivie, rapidement recouverte et biffée par une opposition qui paraîtra davantage importante à Heidegger et imposera sa pacotille politique au qu'en-dira-t-on de l'intelligentsia européenne.

Désormais, la partie ne se joue plus à deux, entre la France et l'Allemagne, mais à trois, sur un terrain autrement plus vaste, entre l'U.R.S.S., l'Amérique et une Europe appelée, face aux deux « impérialismes planétaires », à se penser une. Pareille division en trois camps politico-philosophiques, élaborée dans les années 1930 à 1940, éclaire au passage la période où le grand philosophe afficha quelques explicites tendresses pour le pouvoir nazi, suivies d'un long silence, que je devine désappointé et désapprobateur sans plus. C'est que l'esprit européen est pris dans un « étau » et qu'au centre du piège il y a le peuple allemand, « lui qui est le peuple le plus riche en voisins, et aussi le plus en danger et avec tout cela le peuple le plus métaphysique ». Entre la barbarie soviétique et l'inculture du pragmatisme américain, « si l'on ne veut pas que la grande décision concernant l'Europe se produise sur le chemin de l'anéantissement, c'est par le développement de nouvelles forces spirituelles porteuses de destin, issues de ce centre [l'Allemagne] qu'elle doit se produire », écrit Heidegger en 1935! Plus question de différence essentielle entre la France et l'Allemagne, le centre unifie et regroupe ses voisins, Nietzsche accomplit Descartes, qui le préfigure. Si l'espace du monde se divise en trois, le temps européen se rassemble en vue de la « grande décision ».

Le schéma prétentieux et bêta de l'« étau » est conservé in extenso après la défaite hitlérienne. Entre le matérialisme économique des uns et militaire des autres, notre continent spirituel devra puiser dans sa faiblesse technique une force éthique ou écologique. De même que la nouvelle Europe doit se situer « entre » les deux grands, devenus puissances extérieures à renvoyer dos à dos, de même le pouvoir immense et aliénant de la technologie moderne constitue un système que l'esprit doit toiser à partir de son plus profond dénuement. La tâche du XXe siècle finissant est de méditer un double échec. Qui deviendra le maître de la technique moderne? L'homme de l'humanisme classique s'en prétendait le sujet manipulateur, il s'en découvre aujourd'hui l'objet manipulé. Le surhomme qu'appelle l'idéalisme allemand, parachevé par Nietzsche, a succombé sous la démesure de sa tâche et sur des millions de cadavres. Si personne n'assume de rôle dirigeant, si la place dominante reste inoccupée, si néanmoins le règne de la technique planétaire s'avère de plus en plus incontesté, « seul un dieu peut encore nous sauver ». Le mot de la fin de cette histoire heideggerienne n'est pas lancé par hasard; au soir de sa vie, le philosophe condense la platitude des sentiments de l'Européen moyen, qui contemple en soupirant, défaitiste, son propre destin dans la figure d'un événement purement extérieur. Comme si les États-Unis ne constituaient pas une province souvent provinciale de l'esprit européen! Comme si le soviétisme se réclamait sans raison de Marx et de Hegel, et ne cristallisait pas des traits qui, bien que cruels, relèvent intrinsèquement de la pensée occidentale! L'intelligence européenne cessera de fantasmer que tout ce qui lui arrive provient d'un ailleurs qui lui échappe, à condition seulement de briser son unité fictive. A charge pour elle de réapprendre à voir clair, en élevant au concept les désordres et les convulsions du temps, en réanimant le feu des discussions qui firent sa grandeur historique, en réactivant sans crainte les débats et les partages artificieusement clos. Au premier chef, la querelle des humanismes.

Publiée en 1946, la lettre de Heidegger « sur l'humanisme » expédia le mot, l'idée et le litige, sous le fallacieux prétexte que le premier humanisme, romain, régirait secrètement tous les autres, leur imposant la détermination de l'essence de l'homme comme animal rationnel. Une telle définition, « pas fausse, mais conditionnée par la métaphysique », situe l'homme dans un ordre cosmique et le partage par avance entre une animalité et une rationalité d'autant moins comprises qu'indiscutées. Par voie de conséquence, l'humanisme enferme l'homme dans le projet d'une rationalité latine, c'est-à-dire d'une volonté de domination caractéristique de l'imperium romanum. L'humanisme serait ainsi à prendre ou à laisser en bloc. Donc à laisser. Les deux « impérialismes planétaires » en constitueraient à leur insu l'incarnation, voilà pourquoi la nouvelle Europe, qui se fantasme étrangère à leur empoignade, se choisit au-delà de tout humanisme et tombe en deçà. Romanité du sujet de la technique, conçu comme « animal rationnel ». Romanité de la technique pensée comme puissance et maîtrise du monde. Les deux options sont à juste titre apparentées par Heidegger, qui leur abandonne abusivement la gestion du passé et du destin de l'Europe.

Descartes marque clairement la distance qu'il prend vis-à-vis de la définition classique de l'« animal rationnel ». Son porte-parole Eudoxe, homme de bon sens, polémique sans ambiguïté, au cours d'un dialogue resté inachevé et intitulé *La Recherche de la vérité par la lumière naturelle* :

> Vous ne faites pas attention à ce que je demande et la réponse que vous me présentez, bien qu'elle vous paraisse simple, vous jetterait dans des questions très difficiles et très embarrassées, si je voulais tant soit peu les serrer. En effet si je demandais à Epistemon lui-même ce qu'est l'homme et s'il me répondait comme on a coutume de faire dans les écoles que l'homme est un animal raisonnable, et si en outre, pour expliquer ces deux termes qui ne sont pas moins obscurs que le premier, il nous conduisait par tous ces degrés qu'on nomme métaphysiques, certes nous serions engagés dans un labyrinthe dont nous ne pourrions jamais sortir. De cette question en effet deux autres naissent : la première, qu'est-ce qu'animal; la seconde, qu'est-ce que raisonnable? Et de plus si pour expliquer ce qu'est un animal, il répondait que c'est un vivant doué de sensibilité, et qu'un vivant est un corps animé, et qu'un corps est une substance corporelle : vous voyez sur-le-champ que les questions s'augmentent et se multiplient comme les rameaux d'un arbre généalogique; et que pour finir il est assez évident que toutes ces belles questions se termineraient en une pure battologie, qui n'éclairerait rien et nous laisserait dans notre ignorance primitive.

Le « bon sens » parle, raisonnable dans son expression directe, immédiat dans sa conviction et caustique par la mise en cause. Montaigne proférait du même ton : « Je sais mieux ce que c'est qu'*homme* que je ne sais ce que c'est *animal*, ou *mortel*, ou *raisonnable* » (*Essais*, III, XIII).

Le bon sens, parce qu'il est le « meilleur » partage, c'est-à-dire le premier, ne laisse pas départager en lui la part de l'« animal » – un vivant parmi d'autres, plantes, Dieu, etc. – et la part de la « raison » coextensive aussi à d'autres existences possibles – anges, démons. Le bon sens ne tient que de lui-même. Il ne déchiffre pas ce qu'il est en se mesurant à d'autres êtres; en lui, l'humanité de l'homme se pense avant toute référence à l'animalité ou à une raison étrangère. Dès que je doute, m'interdisant de connaître quoi que ce soit d'un vivant extérieur rationnel ou irrationnel, je suis dans mon bon sens. Romain ou grec, le cosmos est aboli, qui me situait comme animal et raisonnable, avant que je ne me saisisse doutant. Le bon sens s'affirme en rejetant, non par hasard mais par principe, la définition de l'École.

L'autoproclamation du bon sens comme essence de l'homme ne se contente pas de tenir à distance l'ancienne conception de la raison et de l'animalité. Demeurées intangibles, ces notions pourraient néanmoins de loin gouverner. Elles sont, comme nous l'avons vu, à leur tour subverties; la raison déménage son autre, l'animalité, du côté de la déraison. A la dualité de l'animal rationnel, le bon sens substitue sa propre tripartition, qui confronte la nouvelle humanité de l'homme à la possibilité du discours de la raison, à la possibilité non moins essentielle du délire de la raison et enfin à la possibilité ironiquement méditative de penser ensemble les deux premières. On comprend dès lors l'immense bouleversement que la première *Méditation* accomplit.

La définition de l'École obligeait l'homme à quêter son propre secret dans le monde-cosmos grec ou la Création chrétienne. Là seulement, dans ce milieu extérieur et dans cette vie antérieure, se révélait ce qu'il en était de l'animalité, de la raison et de leur emboîtement. Avec Descartes, la nécessité d'une telle sortie est supprimée. Le bon sens se rapporte méditativement par le doute et la pensée à la déraison, son extrême limite : « Ainsi m'entretenant seulement avec moi-même et considérant mon intérieur, je tâcherai de me rendre peu à peu plus connu et plus familier à moi-même » (*Méditations*, III).

Le nouveau rapport de l'homme à son humanité place le monde hors circuit et, avec lui, les rationalités et l'animalité latines, qui sont intrinsèquement mondaines. Toute remontée étymologique de la neuve raison (ou bon sens) à l'ancienne « ratio » tombe sous le coup du commentaire dédaigneux, dont Descartes gratifie un correspondant, qui prit saint Augustin pour l'inventeur du cogito : « C'est une chose qui de soi est si simple et si naturelle à inférer, qu'on est de ce qu'on doute, qu'elle aurait pu tomber sous la plume de qui que ce soit; mais je ne laisse pas d'être bien aise d'avoir rencontré avec saint Augustin » (à..., novembre 1640). Plus simple encore, plus naturel est l'usage du même mot en plusieurs langues, tout dépend de la façon de s'en servir. Saint Augustin entend prouver qu'« il y a en nous quelque image de la Trinité... » « au lieu que je m'en sers », poursuit Descartes, « pour faire connaître que ce moi qui pense est une substance immatérielle et qui n'a rien de corporel; qui sont deux choses fort différentes » (*id.*). Comme sont différentes l'acception du mot ratio chez Cicéron et celle de raison dans le *Discours de la méthode.* Chez le premier, un animal rationnel calcule des choses. Dans le second, le bon sens se prémédite.

N'en déplaise à Heidegger et malgré les préciosités étymologiques, si Descartes ne se « sert » pas des mots à la manière de Cicéron ou de saint Augustin, il se flatte par contre d'en user comme le plus humble de ses contemporains. Aux yeux des linguistiques d'aujourd'hui, le langage fonctionne synchroniquement, avant que diachroniquement. De même, entre le système des mots et le système monétaire, Descartes découvre une homologie de structure, qui lui fait espérer « que les vérités que je dirais ne laisseront pas d'être bien reçues, encore que je ne les emprunte point d'Aristote, ni de Platon; mais qu'elles auront cours dans le monde ainsi que la monnaie, laquelle n'est pas de moindre valeur, quand elle sort de la bourse du paysan, que lorsqu'elle vient de l'épargne. Aussi me suis-je efforcé de les rendre également utiles à tous les hommes; et pour cet effet, je n'ai point trouvé de style plus commode, que celui de ces conversations honnêtes, où chacun découvre familièrement à ses amis, ce qu'il a de meilleur en sa pensée » (*La Recherche de la vérité*). La raison cartésienne accepte d'être comparée. Pas à celle de Cicéron, une distance infranchissable l'en sépare. Mais à celle des artisans, des tapissiers et des dentellières, dont l'évocation éclaire parfois les savants traités et la correspondance du philosophe. Entre la méthode de la raison et les pratiques des « arts », une série de réciproques renvois suggère que le bon sens ne règle pas seulement le cours des méditations, mais libère l'essor de la technique moderne. Si l'on accepte, du moins, de la penser en dehors du projet de domination absolue et mondiale, dont le XIXe siècle s'enticha au point qu'il apparaisse au XXe, à Heidegger, comme l'unique pensée européenne sur la question.

A la technique scientifique, supposée toute-puissante, l'humanisme du siècle dernier proposait d'ajuster un individu éduqué par ses soins. L'échec du progressisme candide entraîne, dès la Vienne impériale en avance sur nos apocalypses, un revirement que le désespoir dramatise. Toujours présumée force suprême, la technique moderne recueille désormais autant de malédictions que jadis de louanges. Encore démiurge, elle produit le monde mais son monde est mauvais; au lieu de tirer vers le haut une humanité de mieux en mieux armée contre les périls, elle précipite les collectivités qu'elle déracine vers des issues de plus en plus désastreuses. Deux conflits mondiaux pourraient paraître confirmer la vérité de ce diagnostic. La splendide autoproduction de l'homme par lui-même semble se terminer par l'autodestruction d'une civilisation, ensevelie sous ses propres découvertes. Descartes, héros de l'industrie fêté par l'humanisme Belle Époque, sera honni cinquante ans après pour d'aussi mauvaises raisons.

Passant du pour au contre et de la glorification à l'abomination, la pensée dominante ne change pas de critère. Ou bien la technique promet un nouveau monde et les applaudissements de l'humanisme progressiste l'accompagnent. Ou bien elle produit un contre-monde, qui rend l'homme contemporain étranger ou aliéné, et on s'insurge. Au nom de quoi? Au nom de notre être-dans-le-monde, que la technique « cartésienne », au dire de l'optimisme 1900, devait garantir et que la technique nucléaire ébranle douloureusement. Humanistes et anti-humanistes partagent d'analogues préjugés et tournent de même façon dans le cercle de l'expérience de la production absolue, théorisée pour la première fois, par l'idéalisme des Maîtres Penseurs. Qu'on la juge bonne ou mauvaise, la technique moderne est présupposée omnipotente. Qu'est-ce à dire, sinon qu'on exige qu'elle assure l'autoproduction du monde. Mais convient-il de sauver l'idée de monde? Et si Descartes trouvait sa vérité et sa pointe à s'en passer allégrement?

L'évidence mondaine est indiscutée; « l'homme est l'être dont l'apparition fait que le monde existe », énonce Sartre, tandis que Merleau-Ponty combat « le défaut cartésien d'une hypothèse de la Nichtigkeit (du néant) du monde », dont la formulation caractérise le péché originel d'une pensée « de survol », acosmique, parce qu'oublieuse des conditions de sa propre existence. Plus décisif, Nietzsche : « Nous nions Dieu (...) par là seulement nous sauvons le monde »; il ne juge pas nécessaire d'expliciter pourquoi si Dieu est une idole, le monde n'en serait pas une analogue, ou la même sous une autre appellation encore moins contrôlée. Pas de question. On touche terre et la pâmoison s'impose dès qu'on profère le vocable sacro-saint de la pensée contemporaine : « La principale occupation de la philosophie consiste à résoudre le problème de l'existence (Dasein) du monde », écrivit, judicieux, Schelling, à l'orée du XIXe siècle. La philosophie n'a pas chômé.

Depuis quand l'existence du monde fait-elle problème? Nul ne l'ignore : depuis l'émergence du doute cartésien. Qu'entreprend le postcartésien? Il s'emploie à restituer l'assurance précartésienne que le monde existe indubitablement. La discussion fait rage. Chacun dispute aux autres la vraie définition de la chose en débat. L'accord, néanmoins, reste général sur l'enjeu, unique, poursuivi à travers tant d'équations personnelles incomparables. Pour tous, le monde constitue la totalité ultime, ce au-delà de quoi il n'est plus de question, à partir de quoi les premières réponses arrivent. C'est l'horizon des horizons, le fond de tous les fonds, la fin des fins, le tout de la nature, de l'histoire, de l'humanité, moi, notre cher moi, compris. Lieu commun où nos désarrois se croisent, il garantit que, renvoyés d'objet en objet et d'être en être interminablement, nous pouvons penser conjointement de tels égarements dans l'unicité de l'ensemble qui embrasse « tout ce qu'on peut concevoir de possible » (Merleau-Ponty).

Nous n'avons pas la naïveté de confondre le monde avec une chose intra-mondaine; nous remarquons que le monde se mondanise – « die Welt weltet (Heidegger) – et que son unité affleure intuitivement dans des représentations ou conceptions du monde. A condition, de surcroît, de ne pas prétendre saisir du dehors une vue de l'esprit prise d'avion ou un panorama, dont celui qui le regarde ne ferait pas partie. Le « bon ensemble » est censé s'exhiber de l'intérieur; il procède d'une cohérence intime, justiciable d'une saisie immédiate et première, sentimentale souvent, sans appel toujours. On comprend, de la sorte, que l' « être-dans-le-monde » ait exercé, dans la philosophie des deux derniers siècles, la fonction de dernier recours assignée au bon sens par la pensée cartésienne. Ce fut l'un ou l'autre, puisque c'est l'un à la place de l'autre.

Le bon sens n'a académiquement pas bonne presse. On le réduit à l'affirmation absurde que tous les gens pensent la même chose aussi bien. Par contre, on affiche son sérieux à élever sa pensée dans les hauteurs d'un monde, qu'on se plaît à qualifier de vrai (ou réel, ou effectif, ou existentiel, ou existential, ou concret, ou authentique, ou ultime, ou absolu, ou originel, nouveau, post, pré, anté-ce qu'on veut, car toujours premier). De telles redondances signalent simplement que l'univers que je vise est le bon, les autres n'en débitant que pièces rapportées et copies non conformes. Le monde étant par définition unique, il paraît inutile de préciser « monde vrai » : des mondes faux ne peuvent pas être « le » monde. Le XXe siècle, qui prétend avoir tout mis en question, n'a pas mis ce « tout » en question. On vit dans le monde comme on vivait en Dieu, sans soupçon, en toute innocence. On prouve le monde, comme jadis on prouvait Dieu, sans mettre en doute son existence, pour le plaisir d'exhiber la plus belle des preuves de ce qu'on connaît sans preuve. La cosmologie et la cosmétique ont pris le relais de la théologie; on épouse son époque, on pénètre dans le siècle, on rentre dans le monde comme la créature réintégrait autrefois le sein du créateur.

Être dans le monde, c'est se trouver au milieu d'une multiplicité d'êtres et d'indications, et s'y retrouver. On connaît les analyses célèbres de Heidegger : la chambre, où je m'éveille le matin, se donne déjà comme un monde, par un ensemble de références, implicites mais toujours à ma disposition, dans lequel je n'ai pas à recalculer mes proches et mes lointains; je me situe du premier coup d'œil, entre des choses à faire et à éviter; mes possibles m'entourent; à peine ai-je ouvert les yeux que je me sens à l'aise, parmi les êtres familiers. L'étrange, ou l'inquiétant, ne peut apparaître que sur le fond de cette intimité préalable, que soudain il menace. Quoi qu'il arrive, rien n'arrive qu'en se détachant sur la présence d'un monde déjà là, dans la « confiance primaire » de notre être-au-monde. Est-ce dire qu'un événement imprévu ne peut rompre la connivence initiale? Oui et non. Les ustensiles tombent en panne, l'inattendu déçoit mes prévisions, les recettes habituelles et les modes d'emploi ordinaires s'avèrent périmés, mais seulement au regard d'un autre emploi possible et d'un réaménagement de l'environnement, prospectivement espéré ou nostalgiquement regretté : si grave que paraisse le désordre actuel, il n'apparaît tel que vis-à-vis d'un monde passé ou futur qui, potentiellement, le résorbe. Ainsi le désordre n'est-il qu'une panne de l'ordre, un « dérangement de l'être en confiance », car l'absence n'est jamais rencontrée que « sur le fond de la présence déjà-là du monde » (Heidegger). Autour de nous s'accumulent les défauts, les manques, les trous; ils se laissent découvrir comme non-être de ce qui, plus originellement, ne cesse d'être. « La des-illusion n'est la perte d'une évidence que parce qu'elle est l'acquisition d'une autre évidence » (Merleau-Ponty). Le monde peut changer, tromper, parader à double face et triple fond; ce qui ne change pas, ni ne trompe, c'est son évidence de monde. « Il y a » une fois pour toutes un ensemble dans lequel nous nous comprenons, qui contient tous les ensembles, ceux qui s'emboîtent comme ceux qui ne se contiennent pas.

Et voilà! La pensée moderne serait arrivée à bon port! Il ne lui resterait qu'à s'ancrer dans la certitude inébranlable de l'être-dans-le-monde, n'était le souvenir inopportun d'un empêcheur de tourner en rond, un pelé de la pensée, un galeux pour lequel l'évidence ronflante du monde n'est rien moins qu'évidente : « C'est chez Descartes qu'on voit de la façon la plus transparente et limpide qu'une chaîne de préjugés écarte l'authentique phénomène du monde » (Heidegger). Il existe, reconnaît Merleau-Ponty, un « Descartes préméthodique », dont certaines analyses recoupent les explications existentielles et phénoménologiques les plus subtiles, mais il ne traite alors que des vérités limitées et régionales de l'union de l'âme et du corps, dont la physique des corps et la connaissance de l'âme ne dépendent nullement. Descartes, comme le penseur « existential » le plus incisif, habite un home à l'occasion douillet et un environnement commode, qu'il ne rechignerait pas à décrire en termes d' « incarnation » à la guise phénoménologique. Il ne mettrait pas en cause la pertinence de tels propos, mais l'extension que naïvement on leur prête; il hésiterait à passer de proche en proche, de son lit à sa chambre et de sa chambre à l'univers, comme si la connivence s'épandait indivisible du privé au public, des microcosmes singuliers à un macrocosme unique et identique pour tous. Il y a comme une « diplopie » (Merleau-Ponty) ou un strabisme chez Descartes : il distingue avant de réunir, il sépare l'universel ouvert, indéfini, et le petit milieu que s'aménage « un chacun », domaine mi-clos de l'union de l'âme et du corps régi par une histoire personnelle. Le XXe siècle, au contraire, gonfle l'unité de l'être-dans-le-monde à partir de nos mini-mondes individuels, non sans privilégier la clôture de ceux-ci pour suturer le grand englobant qui rassemble nos papillonnements.

Descartes fut le destructeur de l'être-dans-le-monde. Le XXe siècle, l'ayant constaté avec justesse, dénonça en lui le briseur d'une confiance qui forme et ferme le monde autour de nous, telle une « totalité close » (Heidegger), le mécréant qui mit à bas notre « foi perceptive » (Merleau-Ponty)... Et cetera. Descartes n'a pas pensé conformément aux idéologies du siècle et notre siècle a pensé contre lui. Tant mieux. Une philosophie qui se contente de dépasser le passé ne compte guère, il lui faut dépasser l'avenir pour accéder à la seule éternité qui soit offerte, celle de l'inactualité qui la fait subsister en ennemie héréditaire de la non-pensée publique et générale.

Il paraîtrait que le XXe siècle finissant se flatte de « déconstruire », pas un concept ne doit rester hors d'atteinte; la moulinette intellectuelle n'épargne rien. Rien, sauf le principal : l'ossature des constructions passées et à venir, l'idée du Monde. Le concept suprême est demeuré intouché, comme nous persévérons intouchables, en confiance, au chaud, tous logés à l'enseigne du chez-soi, dans le même palais d'idées. Si quelque voisin s'avise de placer autrement sa confiance, il se trompe, bien sûr! Ce qui diffère, dévie de l'unité originelle. Ce qui dévie, chute. Aux armes, citoyens, ceux qui ne paraissent pas de notre monde sont immondes, ou plus précieusement inauthentiques. Souffler n'est pas jouer : subtilisez l'enjeu, escamotez le trésor que chacun guigne et le débat s'effrite faute de cible commune. Que le monde soit une fable comme le veut Descartes, et la paix règne parce que les agressions mentales sont privées d'objectif. Reste qu'il n'est pas aisé de condamner les généraux de l'intellect au chômage; Descartes sut les prendre à revers et ne s'empêtra pas à prétendre déconstruire le concept du Monde; il lui suffit de le montrer négligeable. Chaque fois que je vois, je fais ou je connais, je pense certes, mais je pense hors du monde et il me faut rendre le cosmos au néant, dont il n'aurait jamais dû sortir.

Sur la foi d'une formule rabâchée, mal comprise et abusivement couronnée comme pensée unique du père fondateur, Descartes passe pour avoir embarqué l'Europe dans le destin paranoïaque de la maîtrise ou possession mathématique de la nature, technologique de l'espace et bientôt, Napoléon aidant, politique de la planète. L'attention prêtée aux textes infirme ce diagnostic. On conclura à la guise du lecteur. Soit que Descartes a reculé devant le Nietzsche heideggerisé qu'il portait en lui : sur une pareille lancée, il faut lire entre les lignes une pré-prédication du surhomme, qu'il ne prononça assurément pas. Soit qu'il est préférable de rendre aux XIXe et XXe siècles les idéologies qu'ils ont couvées et, sans plus de rétro-projection, de prêter l'oreille à une méditation qui leur échappe. Une telle écoute implique que l'on cesse de démoniser la technique, en la parant d'une toute-puissance, d'autant plus indiscutée qu'on dispute à l'infini des malédictions et bénédictions qu'elle prodigue. La domestication du monstre est-elle promise à l'homme? Au surhomme? A je ne sais quelle mystérieuse divinité, annoncée par Heidegger entre tant d'autres? Ou bien le monstre n'habite-t-il que nos pensées mal fagotées? Et si le fantasme de la maîtrise ne révélait rien sur Descartes, peu sur l'essence de la technique, énormément sur les cervelles qu'il capte? Et si la technique réclamait une approche moins grandiloquente que celle de la domination et de la possession? Et si l'alternative, ou seigneur ou esclave, ou sujet ou objet, était trop courte et n'introduisait qu'une façon actuelle de ne pas réfléchir la technique et de la cacher derrière un épouvantail à moineaux pensants?

Peut-on penser une technique qui ne soit pas la bonne production d'un monde bon, ni la méchante démiurgie qui machinerait un contre-monde désastreux? Oui, si l'on n'hypertrophie pas ses pouvoirs, si on s'extrait du fantasme de l'être-dans-le-monde et qu'on pense avec Descartes dans un permanent face à face avec le néant.

2. *L'aveugle roi*

Qu'est-ce qu'un moderne à la guise cartésienne? C'est un homme qui ne croit pas ses yeux. L'humaniste de nos Renaissances tenait la vision pour le médium philosophique, un sens incomparablement plus sublime que le toucher et l'odorat. Entre les choses et les êtres, la visibilité tramait une complicité indéfectible. Entre l'élément et l'ensemble, la lumière faisait lien; Dieu était le centre; comble de splendeur, il aspergeait l'univers de beauté et de « rayonnement divin ». Nul n'échappait à ce mouvement d'expansion. Frappé, bouleversé, éclos, attiré par la clarté, chaque être répondait dans un mouvement réciproque de conversion. La Création était, après Plotin, pensée en trois mouvements, l'éternel commencement, l'émanation vers les créatures, le retour affectueux des créatures au créateur. Dans la Nature, la lumière qui diffusait et l'amour qui revenait rythmaient l'aller et le retour d'un procès unique, éclatant de beauté. L'amour de la lumière et la lumière de l'amour emportaient tout en tous par un seul et identique mouvement. Entre érotique, esthétique, éthique et sagesse pas de no man's land; l'être beau déclenchait Éros, qui immédiatement le désirait, l'amour humain imitait l'amour d'un Dieu qui s'aimait lui-même.

Décrochage soudain, brutal, sans justification apparente : l' « admiration » cartésienne supplante l'amour, s'avance passion n° 1, pivot du traité des *Passions de l'âme.* La présence n'est plus garantie belle, le présent n'est pas forcément familier, l'étrange et l'étranger frappent dès l'origine : « Lorsque la première rencontre de quelque objet nous surprend, et que nous le jugeons être nouveau, ou fort différent de ce que nous connaissions auparavant ou bien de ce que nous supposions qu'il devait être, cela fait que nous l'admirons et en sommes étonnés » (*Les Passions de l'âme*, II, 53). Le nouveau s'offre aux yeux ad-mirable, qu'on le juge bon ou mauvais, laid ou agréable; ce qui répugne n'est pas moins « là » que ce qui attire. L'admiration est première, non pas en dépit, mais en vertu de son caractère neutre, moralement indifférencié, « et parce que cela peut arriver avant que nous connaissions aucunement si cet objet nous est convenable ou s'il ne l'est pas, il me semble que l'admiration est la première de toutes les passions; et elle n'a point de contraire à cause que, si l'objet qui se présente n'a rien en soi qui nous surprenne, nous n'en sommes aucunement émus et nous le considérons sans passion » (*id.*).

Prenant son départ dans l'admiration, l'aventure passionnelle se déploie à l'écart des catégories éthiques et détrône l'amour, devenu émotion parmi d'autres. Selon la tradition, il demeure « amour d'une bonne chose », mais cette bonté est relative; elle est déterminée par une admiration qu'elle ne gouverne pas, comme « bonne à notre égard ». Sous le regard clinique de l'admiration, les choses se présentent avantageuses ou nuisibles; elles déclenchent, en conséquence, des passions dérivées; haine devient l'alter ego d'amour qui perd ses privilèges cosmologiques. Éros ne fonde plus le rapport, premier et dernier, de l'âme au monde. L'éblouissement amoureux subsiste, mais il relève moins des lumières enthousiastes de la religion que des fourberies équivoques de la littérature. « Il y a des gens qui n'auraient jamais été amoureux, s'ils n'avaient jamais entendu parler de l'amour », signale La Rochefoucauld. Dans la

France longue, du prêtre qui oriente à l'écrivain qui déniaise, la passation des pouvoirs commence lente et irréversible.

Rencontres, surprises, étourdissements, l'admiration manifeste une nouvelle perception, qui rompt l'ancienne complicité amoureuse liant l'homme au monde. L'objet surgit devant l'œil attentif, mais froid; nous ne sommes pas, nous n'avons pas à être, spécialement en confiance. C'est après coup que la chose s'avère à fuir ou à suivre. Si nous inclinons par avance, nous préjugeons donc manquons de jugement, victimes de la prévention et de la précipitation. L'introduction du dispositif optique, qui règle le regard moderne, souffle l'ordre et le jeu traditionnel des passions. Derrière le traité des *Passions*, il y a la bombe logique que Descartes allume dans sa *Dioptrique*, son *Traité de la lumière (ou du monde)* et le *Traité de l'homme.*

Au commencement est la nuit. Folie ou coup fabuleux? Voulant expliquer la vision, le philosophe s'autorise d'un exemple princeps, celui du non-voyant. Comme si les yeux devaient s'éteindre pour voir ce qui est, la dioptrique cartésienne est une théorie optique construite tout entière du point de vue de l'aveugle. Un effort si paradoxal pour se dégager, à fin d'explications, de l'évidence immédiate du sentiment de voir aurait dû interloquer. Il n'en fut rien. Proposant une science générale des lentilles, lunettes et miroirs, formulant les lois mathématiques de réfraction et de réflexion, développant une connaissance anatomo-physiologique de l'œil, initiant l'étude de la transmission nerveuse, la nouvelle optique balaya toutes les objections et l'emporta haut la main. Tant et si bien qu'on oublia de s'étonner de ne pas s'étonner. Il fallut un esprit philosophique pour relever : Tiens! « un cartésien peut croire que le monde existant n'est pas visible » (Merleau-Ponty).

Expliquer la vision par la cécité, c'est renoncer à identifier l'immédiatement visible et l'immédiatement vrai. L'œil perd sa prise directe sur la réalité des choses extérieures et l'âme devient une monade « sans porte, ni fenêtre ». Malebranche, qui souligne la cassure, admet que son saint préféré et premier maître à penser errait sur ce point : saint Augustin croyait « ce qu'on a toujours cru jusqu'à notre siècle : qu'on voyait les objets en eux-mêmes, ou par les espèces qui en venaient ». Le monde divorce d'avec la pensée; le sujet cartésien apprend d'abord qu'il existe, puis prouve Dieu, enfin seulement entreprend de démontrer l'existence des choses qu'il voit. L'homme du XXe siècle aurait grand tort de prendre de haut ce qu'il nomme avec mépris subjectivisme ou idéalisme. S'il consent à suspendre un instant ses simplifications et sa caricature, il s'apercevra que ses contemporains acceptent, comme allant de soi, une rupture toute nouvelle au XVIIe siècle. Les psychanalystes, Melanie Klein en particulier, signalent l'importance des expériences prénatales du petit d'homme. Ils réajustent, sans le savoir, une thèse cartésienne affirmant que le fœtus pense sans voir, mais ne se souvient pas de ses pensées. Un élève de Descartes, Arnold Geulincx, évoquait déjà la « république des ombres » intra-utérine. « Toutes les passions de l'âme nous les éprouvions à peu près de la même façon que notre mère dans le corps de qui notre corps était inclus (...) Au bout de quelques mois l'accouchement nous portait à la lumière, nous tirant en dehors de cette obscure prison. » Dès que le monde n'est plus une donnée immédiate, mais un lointain distant, un horizon douteux, une nuit, venir au monde pose problème, fait énigme. Avis à ceux qui s'acharnent à psychanalyser rétrospectivement les rêves de Descartes : ils réussiraient davantage en intervertissant l'expliqué et l'expliquant, quitte à doucement cartésianiser la pensée de Freud.

La théorie aveugle de la vision prend à contre-pied toute la tradition, même celle de l'optique géométrique selon Euclide et Ptolémée. Comparant jusqu'à les identifier rayon visuel et bâton de l'aveugle, Descartes évacue la spécificité prétendue irréductible des « sensibles propres » – lumière et couleur – où le vu se fait voyant. Entre l'œil et le monde, le miracle de la lumière cède devant un prosaïque bâton. Pour l'antique, le rayon visuel sort de l'œil comme « un long bras invisible qui irait droit s'imbiber de la couleur et de la luminosité des choses pour les rapporter à notre âme » (G. Simon). Plus tard, des penseurs arabes inversent le sens – des choses à l'œil – de la propagation du rayon, qui garde le métaphysique privilège de transmettre des formes; il fait pénétrer les « espèces visibles » par le cristallin jusqu'en notre for intérieur. Cette modification n'implique rien de décisif : tantôt le regard de l'âme s'imprègne de la couleur des choses, tantôt le regard des choses voit dans une âme... A partir de l'aveugle, on casse net toutes les transcendantes spécificités de l'acte de voir : si la lumière est matière, le rayon bâton, et la perception choc, la vision réintègre le statut commun des cinq sens. Elle devient une variante du toucher. Nous voyons à tâtons.

Veillons à ne pas confondre l'identification cartésienne de la vision-cécité et la platonicienne opposition entre les yeux du corps et le regard de l'esprit, seul lumineux. La pensée, dit Plotin, « est comme un œil accordé à des natures qui par elles-mêmes seraient aveugles ». Si la métaphore paraît parente, sa fonction est inverse. Pour les platoniciens, la vision sensible est nommée cécité, parce qu'elle erre de bévue en bévue, enfermée dans les labyrinthes de l'opinion (doxa). Pour le cartésien, l'aveugle est au fait de la vision, à sa manière c'est un mieux-voyant; son tâtonnement illustre l'action de la lumière. Toute l'optique précartésienne délimitait deux domaines d'explications. Le premier, celui de la connaissance où la lumière, pure apparition diaphane, manifeste à elle-même la réalité des choses. Une telle puissance d'éclairer, par la « surabondance du vrai » qu'elle répand, nécessite la délimitation d'un second domaine, où l'apparence et l'erreur deviennent possibles. D'où deux théories explicatives, inévitablement séparées : celle de la lumière ou de la perception vraie et celle de la perception imaginaire, qui rend compte des illusions, farces et attrapes, au nombre desquelles sont les effets de miroirs et de réfraction. Descartes unifie les domaines, étudie dans un même mouvement l'œil, la lumière, les miroirs. L'aveugle, qui explique tout, peut tâtonner juste ou tâtonner faux, mais son mode de fonctionnement est un et indivisible. La métaphore platonicienne est retournée contre la séparation platonique du beau monde où l'on voit et des bas mondes du colin-maillard. On ne sort, désormais, plus de la caverne; on l'intériorise, on se fait aveugle pour apprendre à voir. « Comme un homme qui marche seul et dans les ténèbres, je me résolus d'aller si lentement et d'user de tant de circonspection en toutes choses, que si je n'avançais que fort peu, je me garderais bien au moins de tomber » (*Discours de la méthode*).

Le grand livre de la nature, s'il existait, ne serait pas écrit en langue mathématique, mais en braille. La mathématisation, qui fait solution pour Galilée, est problème pour Descartes, lequel ne se donne pas d'avance le succès assuré. Ses extérieurs, la nouvelle philosophie les fait naître dans et par le tâtonnement, se gardant d'invoquer un Dieu omniscient et calculateur, façon Leibniz. Le cosmos ancien est biffé, non par la vision scientifique du nouveau monde, mais par une cécité forte de sa seule ignorance fondamentale. Ce « moins » est un « plus »; ne pas voir est le ressort positif de la vision et l'aveugle la condition de possibilité du voyant.

Il y a le fait de voir, aisément constatable – il suffit d'ouvrir les yeux. Il y a l'explication de ce fait – que fait-on quand on se sert de son œil? Entre les deux, l'infranchissable distance qui sépare le vécu satisfait, mais ignorant, d'un voyant et l'expérience savante de l'homme dont le regard est un bâton. Dans un univers d'animaux-machines, il n'est pas étonnant qu'une mécanique éteinte soit appelée à rendre compte d'une activité sensible; encore convient-il de préciser quelle machine singulière s'emploie à produire positivement du vu à partir d'éléments non visibles. Une nouvelle comparaison relaie l'exemple précédent et analyse en quelque sorte ce qui se passe dans la chambre noire du mécanisme perceptif, jusqu'alors symbolisé en la figure de l'aveugle. Les objets extérieurs agissant sur les organes des sens « sont comme des étrangers qui, entrant dans quelques-unes des grottes de ces fontaines, causent eux-mêmes sans y penser les mouvements qui s'y font en leur présence : car ils n'y peuvent entrer qu'en marchant sur certains carreaux tellement disposés, que par exemple, s'ils s'approchent d'une Diane qui se baigne, ils la feront cacher dans des roseaux; et s'ils passent plus outre pour la poursuivre, ils feront venir vers eux un Neptune qui les menacera de son trident; ou s'ils vont de quelque autre côté, ils en feront sortir un monstre marin qui leur vomira de l'eau contre la face; ou choses semblables, selon le caprice des ingénieurs qui les ont faites » (*Traité de l'homme*).

Entre ces plaisants automates, qui bientôt divertissent Versailles, et les consoles qui programment l'intelligence artificielle, on compte de multiples variantes et transitions. Souvent, les orgues, les clavecins et autres instruments de musique passèrent pour illustrer la façon dont le monde extérieur « pianote » sur le corps humain, composant quelque symphonie d'images et de sons. Si les procédures technologiques de transmission sont promises à des perfectionnements infinis, par contre le type de rapports qu'elles instaurent, entre l'in-put extérieur et l'out-put intérieur, est fixé une fois pour toutes. La liaison entre le stimulus et la réponse s'avère arbitraire; dans l'exemple choisi, elle dépend du « caprice des ingénieurs », plus généralement, elle renvoie au bon plaisir du constructeur des mécaniques corporelles, la Nature ou Dieu.

La première loi de la machine perceptive cartésienne énonce une obligation de non-correspondance entre la cause et l'effet, l'objet extérieur et l'idée intérieure. Longtemps l'Occidental assimila la relation de la pensée et du réel à un procès d'imitation; il transportait dans la tête une image du monde extérieur, qu'il s'efforçait, par approximation progressive, de faire « coller » aux choses qui l'entouraient, produites elles-mêmes à partir du modèle sur lequel se réglait le créateur. Des Diane et des Neptune artificiels dénoncent l'illusion de l'ancienne imitation. Toute ressemblance est grosse de tromperie. « La principale erreur et la plus ordinaire (...) consiste en ce que je juge que les idées qui sont en moi sont semblables ou conformes à des choses qui sont hors de moi » (*Méditations*, III).

La pensée ne trouve pas sa vérité dans des images. « L'âme n'a pas besoin de contempler aucune image qui soit semblable aux choses qu'elle sent » (*La Dioptrique*, discours V). En effet, tomber dans le vraisemblable est la pire mésaventure du vrai. La valeur épistémologique d'une image s'avère inversement proportionnelle à son pouvoir mimétique, plus elle ressemble, moins elle apprend. Les gravures, « avec un peu d'encre posée çà et là », rendent des forêts, des villes, des batailles et des tempêtes; elles prouvent que les arts, dits d'imitation, n'imitent pas, ni ne reflètent, mais signifient et imposent leur admirable économie de moyens signifiants – la taille-douce – à la richesse foisonnante du signifié qu'ils mettent en scène. Peintures et gravures sont ainsi analysées comme une écriture, « en sorte que souvent, pour être parfaites en qualité d'images et représenter mieux un objet, elles doivent ne lui pas ressembler » (*La Dioptrique*, discours IV). A la vieille loi de l'universelle ressemblance, selon laquelle le même connaît le même et l'âne fréquente l'âne, succèdent les règles de la représentation moderne, où l'altérité n'est pas seulement inévitable, mais nécessaire : le représentant ne représente qu'en tant qu'il s'affirme distinct du représenté. Exemple majeur d'une dissemblance productrice de sens, le langage, où les paroles « ne ressemblent en aucune façon aux choses qu'elles signifient » (*id.*). Le bâton de l'aveugle est plus vrai que la vision ; il se tient à la place de la barre qui, séparant signifié et signifiant, marque l'arbitraire du signe linguistique.

Deuxième loi de la machine perceptive, la loi du tout ou rien présélectionne le type d'informations admises à l'entrée (input). Les supports sont aussi multiples que les impressions qui « pourront donner occasion à l'âme de sentir le mouvement, la grandeur, la distance, les couleurs, les sons, les odeurs et autres telles qualités... » Le tri des impressions est opéré par les organes des sens, selon un criblage toujours duel. Côté objets extérieurs, présent/absent. Côté corps, ouvert/fermé. A son tour le cerveau informe, comme un grand ensemble de commutateurs, par clignotements alternatifs, en sorte que « selon les diverses façons que les entrées des pores qui sont en la superficie intérieure de ce cerveau seront ouvertes par l'extrémité des nerfs, elle [l'âme] aura divers sentiments » (*Traité de l'homme*).

Il existe deux types de mesure et d'intégration des informations extérieures. Le premier traduit une variation continue par une autre variation continue; ainsi la hausse de la température fait monter le mercure dans le thermomètre, et la pression atmosphérique celui du baromètre. A ces modèles « analogiques », Descartes a préféré de toute évidence un modèle digital, qui analyse en grandeurs discontinues un quantum d'informations dénombrables. Tandis que l'analogique peut se contenter du parallélisme de deux rythmes naturels, le digital, nécessairement, « dénature » la donnée extérieure; afin de l'enregistrer, il la décompose en autant de minitronçons que nécessaire pour recalculer la courbe initiale, partant du simple relevé de leur présence ou de leur absence. Les relations analogiques ne sont pas moins que les autres susceptibles d'être traitées mathématiquement; c'est pourquoi la traduction de l'anglais « digital » (de digit = nombre) par le français « numérique » (cf. affichage numérique) risque d'induire en erreur. Ce n'est nullement l'utilisation de nombres ou de gradations, qui assigne au digital son originalité, mais le passage obligé par un enregistrement, qui transforme toute continuité en discontinuité, en collection de « digits ». L'arbitraire du signe s'impose aux deux modèles – une médaille est analogique, une pièce de monnaie digitale – mais seules les procédures digitales postulent l'exigence, supplémentaire, que l'information élémentaire (le « bit ») tombe dans l'alternative d'être enregistrée ou non (ouvert/fermé, éteint/allumé, marqué/non marqué etc.) L'étranger dans la grotte appuie sans y penser son pied sur un certain carreau, et Diane se cache, et Neptune se dresse; aucun rapport entre l'orientation de la marche et le mouvement des automates, seule compte l'information : dalle enfoncée ou dalle immobile; le digital redouble ainsi l'arbitraire du signe.

Le monde extérieur s'éloigne pour la deuxième fois. Ces « petites portes ou valvules (...) mises dans les nerfs aux entrées de chaque muscle » (*Traité de l'homme*) peuvent, certes, s'ouvrir ou se fermer sur intervention d'une impression extérieure; le corps peut aussi se clore (il sommeille) ou éclore sans intervention extérieure (il rêve). Le signal digital représente, mais ne ressemble pas. Il indique qu'il existe, sans dire d'où il vient. Qui fait quoi? Le corps peut s'affecter lui-même, réanimer des habitudes, éveiller des traces; le sentiment faux du vécu vrai ou la vivacité de l'impression font l'aveuglement du voyant et ne permettent aucunement de savoir si je veille ou si je rêve. Le monde de la dioptrique digitale se révèle de bout en bout douteux. Dans la grotte, les automates sont commandés par un quidam qui ignore leurs programmes.

Une troisième loi réduit davantage encore la portée du témoignage des sens, elle anticipe la néguentropie cybernétique. Qu'est-ce, par exemple, que le sentiment de chaleur? Assurément pas, en vertu de la loi de non-correspondance, le perçu d'une qualité extérieure, résidant dans le bois. « Qu'un autre donc imagine, s'il veut, en ce bois la Forme du Feu, la Qualité de la Chaleur » (*Principes*, II, 7). Pas non plus cependant une chose interne que je perçois « en moi », comme je vois le ciel bleu « à l'extérieur ». En effet, je ne sens pas, selon la loi n° 2, des choses, mais plutôt des signaux et des différences entre les signaux; mon corps, n'étant d'ordinaire pas de glace, la sensation du chaud est purement différentielle. Les petits filets nerveux qui transmettent au cerveau, « s'ils ne sont qu'ébranlés quelque peu séparément l'un de l'autre, ainsi qu'ils sont continuellement par la chaleur que le cœur communique aux autres membres, l'âme n'en aura aucun sentiment, non plus que de toutes les autres actions qui sont ordinaires; mais si ce mouvement est augmenté ou diminué en eux par quelque cause extraordinaire, son augmentation fera avoir à l'âme le sentiment de la chaleur, et sa diminution celui de la froideur » (*Traité de l'homme*).

L'échelle comparative ainsi produite demeure purement artificielle. L'état normal du corps nc faisant ni chaud ni froid, cette température de base permettra de mesurer à partir d'elle l'augmentation relative de la chaleur ou sa baisse, l'augmentation de la froideur. Le zéro comptable ne représente pas une chaleur nulle, mais un degré zéro d'information. Le sentiment mesure toujours l'écart entre un état moyen, tellement normal qu'il passe inaperçu, et un état nouveau (dont l'extra-ordinaire est primitivement pointé par l'admiration). Ainsi, une tension des filets nerveux poussée jusqu'à la rupture « donnera occasion à l'âme, à qui il importe que le lieu de sa demeure se conserve, d'avoir le sentiment de la *douleur* » (*id.*). Une tension de même style, mais plus douce, sans rupture, « donnera occasion à l'âme de sentir une certaine volupté corporelle qu'on nomme chatouillement et qui, comme vous le voyez, étant fort proche de la douleur en sa cause, lui est toute contraire dans son effet ». Le ressenti n'informe pas sur l'extérieur mais sur le degré de tension et différencie le doux écart de la chatouille du grand écart de la douleur. Réciproquement, si l'ébranlement est trop faible, rien ne change, l'information est nulle, « l'âme n'en aura aucun sentiment, non plus que de toutes les autres actions qui sont ordinaires ». Le nouveau n'est pas nouveau en soi, mais par opposition à l'« ordinaire »; il ne témoigne pas de la chose qui l'occasionne, mais du dérangement intérieur qu'il provoque.

Les choses sensibles bougent et les corps changent, nul ne l'a jamais ignoré, mais ces variations passaient pour perturber négativement, et nullement constituer la qualité des êtres. « Le même vin, soit parce qu'il aura lui-même changé, soit parce que notre organe sensoriel aura changé, pourra paraître doux à tel moment et, à tel autre, non doux. Mais ce n'est, au moins, pas le doux tel qu'il est quand il existe, qui ait jamais encore changé; on a toujours la vérité à son sujet et ce qui sera doux est nécessairement tel » (Aristote). Descartes appréciait les alcools. Pas moins que son illustre prédécesseur. Autrement. Le doux ne qualifie plus le vin qu'il boit, mais le corps qui boit; il devient un rapport de soi à soi, Descartes se goûte en goûtant le vin. Il savoure un rapport, plutôt que deux qualités séparées. Son palais se délecte d'une valeur différentielle, ou de l'écart ressenti comme tel entre son état ancien – sec – et sa situation présente – imbibée. Il n'y a pas de douceur en soi, tant pis pour Aristote. La qualité ne détermine pas les différences qui la font paraître et qui, à une occasion la qualifient, à d'autres la disqualifient. Une présence ne se détache que sur un fond, qui la cerne de négations : « Même un plaisir plus profond, comme celui que j'aurais pu éprouver quand j'aimais Albertine, n'était en réalité perçu qu'inversement par l'angoisse que j'avais quand elle n'était pas là, car quand j'étais sûr qu'elle allait arriver, comme le jour où elle était revenue du Trocadéro, je n'avais pas cru éprouver plus qu'un vague ennui » (Proust).

Un enfant, qui frappe au hasard les touches d'un clavier, ne produit pas d'information; pour que celle-ci parvienne, il faut qu'elle se manifeste avec une improbabilité propre; une suite de signes est d'autant plus signifiante qu'elle se découpe (néguentropie) sur l'ensemble des coups attendus, en fonction des états les plus probables (entropie). La définition inaugurale, que donnent de l'information les jeunes sciences informatiques, prolonge la ligne cartésienne. L'information ne ressemble pas à une réalité extérieure, elle se présente d'emblée comme rapport à un autre, écart, c'est-à-dire comme non-non-information.

L'expérience de la ressemblance fonctionnait pour les anciens comme un moment de vérité, où « ce n'est pas la pierre qui est dans l'âme, mais sa forme ». De la saisie sensible des formes par l'âme à l'affirmation de leur existence extérieure, la conséquence était tenue pour bonne, même si grevée d'accidentelles erreurs. A charge pour la ressemblance elle-même de témoigner à la fois pour soi et pour ses limites. « C'est pour cela que tout excès, l'aigu comme le grave, anéantit le sens de l'ouïe; de même dans les saveurs, l'excès détruit le goût; dans les couleurs, le trop brillant ou le trop sombre détruit la vue... » (Aristote). Le normal mesure alors le pathologique en définissant un juste milieu, optimum de la perception, où la vérité sensible révèle son objet et s'affirme juge de soi, comme de ses déviations. Lorsque la visibilité n'est plus régie par la ressemblance, mais par la représentation, mesuré et mesurant échangent leurs positions. Désormais, le sentiment du cours normal des choses n'est pas même encore un sentiment. L'habituel et l'ordinaire glissent dans l'imperceptible. Seule fulgure la discontinuité, par laquelle le nouveau se sépare du zéro perceptif d'une vie sans histoire. L'optique cartésienne fait voir par excès ou par défaut, elle ne livre que ce qui se détache anormalement d'un fond de moyennes et de justes milieux, eux-mêmes indétectables : les trains qui comme de coutume partent à l'heure ne font pas la une et les manchettes.

3. *La première mort du Dieu en terre*

Rompant le pacte naturel de la foi perceptive, la nouvelle dioptrique profane le médium privilégié – la vision – et la sublime matière spirituelle – ô lumière! –, par l'intercession desquels l'homme baignait familièrement au sein des choses, tandis qu'elles se révélaient en lui par une miraculeuse et très quotidienne incarnation. La présence extérieure réduite au pur déclic d'un contact digital, je perds mon cogito sensuel qui me faisait jadis, à la faveur de la moindre sensation, être dans le monde, tandis que le monde venait s'inscrire à l'intérieur de moi. La neuve solitude, dont le doute porte témoignage, n'aurait, dit-on, guère duré; Descartes passe pour avoir substitué au pacte naturel un pacte productif, réajustant le rapport de l'homme et de la nature. L'homme n'*est* plus dans le monde mais il le *fait*. Appelé à transformer l'univers pour le dominer, il doit, préalablement, entreprendre de transformer et dominer son propre esprit, en vue de la nouvelle mission qu'assigne la production moderne.

Profanation de la nature et sacralisation de la technique trouveraient leur commune origine dans le *Discours de la méthode*. Un fameux paragraphe, immanquable support d'innombrables délires d'interprétation, vaut pièce à conviction; l'auteur y appellerait aux armes, clamant la victoire des futurs maîtres et possesseurs de l'univers, ses lecteurs, ses élèves, et bientôt ses soldats. Tel un jeune Bonaparte harangue ses sans-culottes et leur promet toutes les richesses de l'Italie, jurant

> ... qu'il est possible de parvenir à des connaissances qui soient fort utiles à la vie, et qu'au lieu de cette philosophie spéculative qu'on enseigne dans les écoles, on en peut trouver une pratique, par laquelle, connaissant la force et les actions du feu, de l'eau, de l'air, des astres, des cieux et de tous les autres corps qui nous environnent, aussi distinctement que nous connaissons les divers métiers de nos artisans, nous les pourrions employer en même façon à tous les usages auxquels ils sont propres, et ainsi nous rendre comme maîtres et possesseurs de la nature (*Discours de la méthode*).

La formule fameuse, qui passe souvent pour cristalliser l'essence et la substantifique moelle de la nouvelle philosophie, n'est originale que par la fulgurance de son style et par une conjonction : « comme », dans la phrase terminale. Elle n'agite en fait que le lieu commun le plus rebattu de l'époque; l'annonce d'une science inouïe, coiffant tous les traités d'alchimie, manque rarement dans les écrits humanistes. La bonne nouvelle de la domination de la nature ne renvoie plus, comme dans les Évangiles, à la tentation du démon, mais au projet caressé par chaque lettré européen. Gilson remarque : « Descartes annexe ici à sa propre doctrine l'idéal baconien de la science. » Il omet de préciser que cet idéal tient depuis longtemps de l'auberge espagnole, on y banquette à qui mieux mieux. Il suffit de relire *L'Éloge du Pantagruélion* pour s'en assurer. Rabelais pousse au cocasse sublime l'enthousiasme de ses contemporains, déjà maîtres et possesseurs en puissance.

L'homme, dans son éminente dignité d'« artiste universel » et paré de la pourpre du « Dieu en terre », fut découvert et couronné par la Renaissance italienne, deux siècles avant le *Discours de la méthode* : « Partout l'homme traite tous les êtres matériels du monde, comme s'ils étaient à son service : les éléments, les pierres, les métaux, les animaux. Il modifie de multiples façons leur forme et leur aspect, ce que ne peut faire une bête, et il ne travaille pas seulement un élément à la fois, ou quelques-uns comme les bêtes, il les emploie tous, comme doit faire le seigneur de toutes choses. Il foule la terre, il sillonne l'eau, il s'élève dans l'air sur des tours immenses, pour ne rien dire des plumes de Dédale et d'Icare. Il sait allumer le feu et il est le seul à employer couramment le foyer pour l'utile et l'agréable, car seul un être céleste prend plaisir à l'élément céleste. Il faut un pouvoir céleste à l'homme pour s'élever jusqu'au ciel et le mesurer. Avec son esprit supra-céleste, il dépasse le ciel. L'homme n'emploie pas seulement les éléments à son service, mais, ce que ne fait jamais l'animal, il les soumet à ses desseins créateurs. Si la providence divine est la condition du cosmos entier, l'homme qui veille sur tous les êtres, vivants ou non, de l'univers, est bien une sorte de dieu. Il est le dieu des bêtes dont il se sert, qu'il gouverne, qu'il éduque. Il est le dieu des éléments où il fait son séjour et dont il a l'emploi; il est le dieu de tous les êtres matériels qu'il traite, modifie et transforme. Et cet homme qui règne physiquement sur tant de choses, et tient la place de la divinité immortelle, il est hors de doute qu'il est aussi immortel » (Ficin).

Les plumes d'Icare!... Au Descartes prophète prométhéen et faustien, les historiens attentifs comptent nombre de prédécesseurs; ils arrivent même à nier son originalité. La mathématisation de la nature? La révolution astronomique n'a pas attendu le cavalier français pour en finir avec le « monde clos » médiéval. La réforme de l'entendement, cette corrélative révolution de la pensée? Elle était, depuis plus d'un siècle, à l'ordre du jour, et formidablement entreprise par les platoniciens, Nicolas de Cuse (cher à Cassirer) et Marsile Ficin dont la théologie nouveau style domina l'Italie et les Lettres européennes. L'aristotélisme ne formait pas davantage un bloc obscurantiste, mais une nébuleuse travaillée par des courants antagoniques et inventifs. Si Descartes vaut pour sa proclamation de maîtrise du monde, il circule partout et nulle part comme un simple bateleur d'idées reçues. « Vous serez des maîtres... », sa place est au Pont-Neuf, dans les échoppes où onguents et panacées s'enveloppaient d'aussi belles publicités.

Le mirage d'une puissance sans limites, qui embue les cervelles de ses contemporains touche-à-tout et panurges, Descartes ne l'invente pas. Il prend au contraire d'ironiques distances par un mot, qui échappe au lecteur pressé. « Nous rendre comme maîtres et possesseurs », glisse-t-il. Seulement « comme ». Maître des forges, le bourgeois conquérant du XIXe siècle, ne s'affiche pas « comme » maître des mines et du rail, il l'est. Ou pour le moins croit l'être. Le chant de la lutte finale annonce à ceux qui n'ont rien qu'ils seront tout. Pas qu'ils seront « comme » tout. Et l'infant narcissique de Freud investit dans la toute-puissance de sa pensée, sans la restriction d'un « comme » saugrenu. L'ironie saute, et voilà Descartes, rétrospectivement paré des plumes d'Icare, qui devient le glorieux parangon de l'orgueil européen au temps des crinolines. Erreur dans la reconstitution historique! Si la Renaissance fut effectivement travaillée par l'esprit de conquête, tous les classiques français, et le philosophe avec eux, pensent contre cette folie de maîtrise et de possession. Mille e tre conquêtes... Dom Juan est comique aux yeux de Molière.

Clin d'œil au lecteur, le « comme » fait toute l'originalité du texte cartésien. A manquer cette marque d'ironie, on patauge dans le déjà dit et toujours promis; on ravale la nouvelle philosophie au niveau d'une ressucée de l'hermétisme alors dominant. Dans la célébration de la *Dignité de l'homme*, par Pic de La Mirandole (1486), le XIXe se plut à reconnaître l'affirmation quasi cartésienne d'un individu accédant à la maîtrise, puisque Dieu lui souffle : « O Adam, nous ne t'avons donné ni une place déterminée, ni une physionomie propre, ni aucun don particulier, afin que la place, la physionomie, les dons que tu aurais souhaités, tu les acquières toi-même selon tes vœux. Pour les autres, leur nature définie est régie par des lois que nous avons prescrites; toi, tu n'es limité par aucune barrière; c'est de ta propre volonté, au pouvoir de laquelle je t'ai remis, que tu détermineras ta nature. Je t'ai installé au milieu du monde afin que de là tu examines plus commodément autour de toi tout ce qui existe en ce monde. Nous ne t'avons fait ni céleste ni terrestre, ni mortel ni immortel, afin que, maître de toi-même et ayant pour ainsi dire l'honneur et la charge de modeler ton être, tu te composes la forme que tu auras préférée. Tu pourras dégénérer en formes inférieures, animales; tu pourras, par ta propre décision, être régénéré en formes supérieures, divines. »

Couronnant Descartes apôtre de la domination et de la volonté de puissance, et les enthousiastes renaissants précurseurs du cartésianisme, c'est l'hermétisme que l'université du siècle passé installa, à son insu, au cœur de la philosophie moderne. Cette fabuleuse promesse de maîtrise, Pic ne se l'attribue pas, il en livre la source hellénistique, le traité ésotérique d'*Asclépius* : « Oh! de quel mélange privilégié est faite la nature de l'homme! Il est uni aux dieux par ce qu'il a de divin et qui l'apparente aux dieux; la partie de son être qui le fait terrestre, il la méprise en lui-même; tous les autres vivants auxquels il se sait lié en vertu du plan céleste, il se les attache par le nœud de l'amour; il élève ses regards vers le ciel. Telle est donc sa position dans ce rôle privilégié d'intermédiaire qu'il aime les êtres qui lui sont inférieurs, qu'il est aimé de ceux qui le dominent. Il prend soin de la terre, il se mêle aux éléments par la vitesse de la pensée, par la pointe de l'esprit, il s'enfonce dans les abîmes de la mer. Tout lui est loisible; le ciel ne lui semble pas trop haut, car il le mesure comme de tout près grâce à son ingéniosité. Le regard que son esprit dirige, nul brouillard de l'air ne l'offusque; la terre n'est jamais si compacte qu'elle empêche son travail; l'immensité des profondeurs marines ne trouble pas sa vue qui plonge. Il est à la fois toutes choses, il est à la fois partout » (*Hermès Trismégiste*).

Le succès prodigieux de telles annonciations s'explique par la crise qui, deux siècles durant, bouleversa l'intelligence traditionnelle, aristotélicienne, des arts et de la production. Les anciens Grecs développaient de la technique une conception fine et élaborée, qui lui reconnaissait l'éminente possibilité d'une ouverture sur le vrai. En son principe la technique est un mode de dévoilement, au même titre que la pensée intuitive de Dieu, la pensée discursive mathématique ou la sensation. N'y aurait-il donc qu'à dépoussiérer pour disposer d'un instrument intellectuel, propre à rendre compte de l'essor récent des arts et des sciences? Les penseurs de la Renaissance tentent d'adapter le concept ancien de « technê » à une situation inédite. Une telle fidélité à contretemps est interdite à celui qui se règle sur la nouvelle optique de la représentation.

Qu'en est-il de la technique quand elle n'est plus conçue comme imitation, mais comme production? Cette question, que la nouvelle philosophie ne peut éviter, ni tourner, l'ancienne l'avait ignorée. « C'est la technique qui imite la nature et non la nature la technique », Aristote porte à la parole une évidence grecque commune. Réduire l'imitation à un pur décalque, faire de l'intelligence la pâle copie ou le reflet de mécanisme physique, attribuer au « prince de la pensée » (Marx dixit) la sainte simplicité d'un Lénine réduisant l'histoire humaine à un benêt « processus d'histoire naturelle », c'est ne rien entendre et ne rien dire. L'imitation, au sens grec du terme, n'enferme pas la technique dans l'apparence ou le mensonge, mais la fait participer à la vérité. C'est précisément parce que les techniques miment la nature, qu'elles peuvent révéler ce que celle-là cache. De même qu'en mimant l'action des Grands, la tragédie en découvre les ressorts secrets. La mimétique technique pallie les défauts et les défaillances de la nature; l'ingéniosité humaine en général, et grecque en particulier, se donne alors libre cours. On imite la nature, non par une copie servile, mais en inventant comme elle, porté par elle. Dès lors, une technique moderne s'émancipant de l'imitation de la nature ne risque-t-elle pas de s'émanciper de la vérité? En devenant une fabrique de faux-semblants, une industrie des mirages, où tout pourrait être produit à partir de n'importe quoi?

Les dangers de la prestidigitation ne sont pas une hypothèse d'école. Pendant plusieurs siècles, les meilleures têtes recherchèrent la pierre philosophale. De savants débats distinguèrent laborieusement une magie noire (condamnée) et la blanche (admissible). Un prodigieux consensus annonçait la venue d'une science miraculeuse, surnaturelle, qui fait de l'or avec du plomb et lève toutes les barrières (naturelles) qu'avait imposées l'ancienne imitation de la nature. Un tel savoir s'avançait hermétique, il n'imitait plus la nature mais Dieu et souvent se réclamait d'une révélation originelle mystérieusement transmise de génération en génération. L'antiquité égyptienne l'aurait tenue du dieu Hermès, ses prêtres l'auraient confiée à Moïse et à Platon; la philosophie, l'alchimie et la Kabbale en auraient sauvé les fragments. A charge pour la Renaissance de reconstituer une omnipotente sagesse originelle et définitive.

Le contemporain de Descartes devinait sans peine que « maîtres et possesseurs » renvoyait équivoquement à cette science royale, promise par le néo-platonisme hermétique, gnostique, alchimique, mathématique, astrologique, pictural et poétique. De grands noms, Ficin, Nicolas de Cuse, Copernic, Kepler, Bruno, théorisaient la tentative sans cesse renouvelée de parvenir au faîte de la science en dévoilant l'art des arts. Derrière tant de têtes illustres, bruit un mouvement de pensée qui, depuis Florence et Venise, a submergé l'Europe éclairée. Il sème d'académies l'Italie tout entière, puis la France des derniers Valois, et l'Angleterre, et l'Allemagne, la Pologne, la Bohême, etc. Les rois et les princesses encouragent cette envolée des lettres et des techniques; les poètes après les peintres, les musiciens avec les architectes en font la fine fleur; les philologues, les kabbalistes, les érudits en tous genres, prophètes, intrigants et faux savants se précipitent dans la trouée. Quand paraît le *Discours de la méthode*, le néo-platonisme, bien que critiqué et parfois ridicule, demeure l'idéologie dominante et la bêtise courante de la société civile. Le cartésianisme ne tombe pas du ciel, il survient dans et contre un paysage intellectuel, qu'on expédie souvent à tort comme « aristotélicien ». La tradition scolastique gouverne l'université, mais depuis l'humanisme elle se fait battre en brèche dans les milieux autorisés de la cour, des salons, chez les parlementaires, comme parmi les ingénieurs et les autres inventeurs, dans les appartements cossus d'une bourgeoisie éduquée, aux yeux des aristocrates distingués et bientôt elle sera moquée dans les allées de Versailles. Le beau monde et les sociétés savantes ont troqué la défroque d'Aristote contre les ailes du platonisme, sous l'égide duquel s'abritent de multiples recherches sentant quelque peu le soufre. « Pour les gens du XVIe et du XVIIe siècle, tout est naturel et rien n'est impossible, parce que tout est compris en fonction de la magie et la nature elle-même n'est qu'une magie avec un Dieu magicien suprême » (Koyré).

Avant de conquérir l'École, Descartes entendait percer dans la société. La flèche acérée de la méthode, rappelle Yates, semble lancée contre le platonisme ambiant : « Descartes a finalement démoli la physique aristotélicienne, mais il a aussi bien dédaigné, méprisé, envoyé sur la touche le naturalisme de la Renaissance qu'il tenait encore davantage incompatible avec ses vues personnelles, malgré l'air d'apparente ressemblance que manifestait l'anti-aristotélisme de certains penseurs de la Renaissance » (Yates). S'il est de bon ton de plaisanter Aristote, l'attaque antiplatonique réclame du doigté; les sciences mêlées de magies et les illuminations théoriques séduisent fort par leur volonté d'efficace et leur style affecté et sublime. A la magie, Descartes oppose l'exactitude de la nouvelle mécanique; à l'incantation et aux humeurs transcendantes la sécheresse de la méthode mathématique. Rigueur et exactitude sont les deux leviers de l'offensive antiplatonique. En s'appuyant sur eux, il réalisa l'union avec le Père Mersenne, qui s'était donné pour ennemi principal l' « impiété des déistes ». Entendez : le naturalisme platono-magique qui baignait l'humanisme gobe-tout d'une Renaissance finissante.

Il ne suffit pas, néanmoins, d'opposer magie à technique, en attendant que la plus rationnelle gagne. Le platonisme ambiant développe, lui aussi, une philosophie enthousiaste et conquérante de la technique. Pour lui répondre, il faut, d'abord, se hisser à son niveau. Seul Descartes en fut capable. Deux phases sont à distinguer dans le nouvel esprit scientifique, qui, à l'orée de l'âge classique, décrocha la civilisation occidentale des habitudes millénaires d'une « philosophie spéculative » pour l'entrer sur les recherches d'une « philosophie pratique », passant de la contemplation du monde à l'action qui le transforme. « Il peut être éclairant de distinguer deux étapes dans la révolution scientifique, la première nous situant dans un univers animiste dont l'opérateur est la magie, la seconde dans un univers mathématique où les opérations se font mécaniquement » (*id.*). Le jeune Descartes, rêvant de réconcilier savoir et poésie, inventant une « science admirable », appartient à cette première phase. Il en sort, opposant philosophie à philosophie; après lui, demeurent à jamais deux manières de philosopher, deux seulement pour qui veut élucider l'énigme de la technique moderne.

Dans la phase initiale, la nouvelle technique n'est pas cartésiennement louée pour sa rigueur et son exactitude; elle est fêtée pour son efficace. Traditionnellement, les arts d'imitation illustrent la nature seconde, dérivée, de l'activité humaine juste capable de fabriquer des fac-similés. L'artisan comme le peintre copient des modèles qui ont préséance. Ficin « renverse le point de vue » (Chastel), l'imitation n'est plus une marque d'impuissance et de finitude, mais témoigne pour une force illimitée. Les raisins peints par Zeuxis attirent les oiseaux, le chien d'Apelle fait aboyer ses congénères vivants; la Vénus de Praxitèle, comme les automates d'Archimède, les Pyramides d'Égypte et les fabriques de métaux, les souffleries de verre romaines montrent que « la puissance de l'homme est presque semblable à la nature divine » (Ficin). Le néo-platonisme ne s'arrête pas à un constat, il élabore en détail l'attestation de maîtrise, que véhicule la technique renaissante.

1. La ressemblance n'est pas dévaluée, mais sublimée. Loin d'être subie passivement, elle témoigne d'une élaboration active, du travail de l'imagination créatrice. La toute-puissance dévolue à la technique est propulsée par la force infinie de l'imagination. Les néo-platoniciens investissent cette faculté intermédiaire, la font sortir du rang, la flattent et lui découvrent des propriétés jusqu'alors ignorées. Elle règle notre rapport au monde extérieur; elle produit l'effet de réalité qui confère aux choses leur existence indépendante; elle revêt d'un corps l'incorporel. Pour Ficin, « le réel est proprement de la nature des songes » (Kristeller), et laisse transparaître l'activité du « spiritus phantasticus », qui « réalise » signes, figures,

énigmes en les faisant paraître corporels. Le songe est plus vrai que la réalité... Ce thème battu, rebattu devient le cri de guerre jubilatoire d'un metteur en scène passé conscient de ses pouvoirs. Se réveiller du réel pour découvrir qu'il n'est qu'un rêve revient à se désaliéner, retourner du produit au producteur et découvrir que l'ensemble des effets de réalité émanés de l'imagination détermine l'effet-monde.

2. La technique, qui contrôle le réel via l'imagination, se contrôle elle-même grâce à son inspiration démoniaque. Chaque individu possède son démon; il est la faculté immédiatement supérieure à celle qui organise actuellement l'âme. Empruntée à Plotin, la théorie du bon démon connaît une très grande diffusion, elle permet de dominer l'exubérance imaginative :

> Quand l'éternel bâtit la grand' maison du monde,
> Il peupla de poissons les abîmes de l'onde,
> D'hommes la terre, et l'air de Daimons, et les cieux
> D'anges... (Ronsard)

Le bon démon assure le rétablissement de la hiérarchie des facultés de l'âme; il garantit la prédominance des divins délires sur les inférieurs, de l'amour sacré sur l'amour profane. Il est le surhumain dans l'homme. Une échelle cosmique des êtres spirituels ordonne la surveillance du haut sur le bas, de l'âme du monde aux âmes des sphères et des étoiles, puis des esprits et des démons jusqu'aux âmes des héros et des hommes. Réciproquement, de bas en haut, chaque être atteint sa vérité en sa limite supérieure, à laquelle il se joint par désir amoureux. « Puisqu'une âme qui n'a jamais reçu aucune image d'une chose belle, n'aime pas encore cette chose qu'elle ne connaît pas, et puisque celui qui possède toute beauté ne peut pas être atteint par les traits de l'amour – qui pourrait en effet désirer ce qu'il a? » (Ficin). Un génie du Bien hante chaque volonté, qui ne peut que le désirer, donc vouloir le bien. La traduction en termes logiques de cette construction cosmologique ressemblerait à la théorie russellienne des « types », qui prétend résoudre les antinomies de la théorie des ensembles. Dans les deux cas, l'étagement strictement agencé des niveaux de vérité dispose la solution au plafond et les questions au parterre; il interdit aux questions de remonter pour rétro-interroger l'autorité des réponses proposées. Le bon démon souffle une inspiration qui ne s'inquiète pas d'elle-même. Il évite à bon compte le paradoxe et l'ironie.

3. La technique, non seulement contrôle le monde et se contrôle elle-même, mais elle contrôle ce contrôle. Elle sympathise et unifie, elle se révèle peu à peu technique de l'amour qui « est toujours le premier et le dernier ». L'amour boucle le cercle et l'imagination se contemple dans son œuvre, « la ressemblance engendre l'amour (...) l'âme de l'amant devient un miroir dans lequel se reflète la figure de l'aimé » (*id.*). En lui l'inspiration d'en haut, le bon démon, répond à l'aspiration d'en bas : « L'Amour est le nœud éternel et la copule du monde, le soutien immobile de ses parties et le fondement solide de toute la machine. » Une telle liaison, réciproque, de l'intérieur et de l'extérieur, du supérieur et de l'inférieur ne redouble pas simplement le travail de l'imagination-génie, elle le dévoile autosuffisant, excluant toute altérité subversive : « Aucun membre du monde ne hait un autre membre. » La forclusion de la haine et du négatif parachève l'assurance de la technique amoureuse maîtresse du proche et des lointains, de l'homme et d'elle-même. La merveilleuse annonciation d'un monde réconcilié, dont l'initié manipule harmonieusement le cours et l'extension, fut la gloire de Marsile Ficin. Sa théorie de l'amour domina le XVIe siècle, à un Rabelais et un Montaigne près; elle concentre le plus décisif de son influence historique. La technique de l'amour sera rêvée bonne parce que toute-puissante et toute-puissante parce que bonne. Inséparablement.

La Renaissance platonisante, alchimique, hermétique rassemble dans l'unité d'une même énergie la création divine, la production humaine et la procréation naturelle. La copulation ontologique, logique et sensuelle forme l'événement central, où le multiple redevient un, où l'individu temporel accède à l'éternité de l'espèce, où le monde retrouve son âme, qui est proprement la « puissance d'engendrer ». L'acte unitaire, dont tout part et où tout revient, c'est par excellence l'acte sexuel.

L'amour est le secret de l'univers, la nouvelle technique le manifeste dans sa pratique, comme magie, et dans sa spiritualité comme religion naturelle. L'imagination transfuse les réalités intimes et externes; son action à distance n'est pas une exception mais la règle; toute perception est prestidigitation; chaque idée est ressemblance, donc talisman; l'ubiquité du songe fonde la promesse d'une omniscience. Gouverné par ses bons génies, l'homme est l'« instrument » de la divinité : si l'imagination l'installe dans un monde désirable et beau, le surhumain lui en garantit la vérité. La maîtrise du monde est le destin de la plus haute humanité de l'homme, elle émerge dans la sainte figure du mage : « Ce sage, ce prêtre, pour assurer la santé des hommes, adapte les profondeurs du monde à l'action des forces supérieures, et comme on donne des œufs à couver à la poule, il soumet au moment favorable les choses terrestres à la couvée du ciel » (Ficin). Le mage, devenu « mundiculteur », est un saint, son omnipotence ne doit pas inquiéter; religion naturelle de l'amour et magie blanche de la domination de la terre travaillent de concert, « la glorification de Dieu est aussi naturelle à l'homme que le hennissement du cheval ou l'aboiement du chien ». La nouvelle technique confère à la force infinie une bonté et à la bonté la force de l'infini. Les géants de Rabelais incarnent l'idéal d'une Renaissance, qui rarement sut rire si librement d'elle-même.

Marsile Ficin est le grandiose ordonnateur du platonisme nouveau style, qui domine l'Europe du XVIe siècle jusqu'à Descartes. Il rassemble et pétrifie en système des pensées qui flottent dans les meilleures têtes. On invoque Hercule, Orphée, Hermès. Il faut attendre 1610 pour que le Genevois Casaubon révèle à de rares philologues que les fameux livres « hermétiques » sont des faux, qu'ils ne viennent pas de la plus haute antiquité et que loin de témoigner d'une sagesse antébiblique, ils furent composés dans les premiers siècles de l'ère chrétienne. La rectification historique arriva trop tard. La sacralisation hermétique de l'homme avait été reçue comme vérité des vérités.

Descartes serait-il le prophète de la technique hégémonique? de la bourgeoisie montante et conquérante? de la volonté de puissance? de l'homme propriétaire de l'univers? S'il fallait en ces platitudes chercher les raisons de ses bienfaits ou les indices de son ignominie, mieux vaudrait commenter les grands textes hermétiques, qui avec un millénaire d'avance monnayent les formules banales en lesquelles le XIXe siècle célèbre le fin du fin de la pensée éclairée et où le XXe finissant contemple le comble de l'abomination. Descartes n'est pas le mage de la civilisation industrielle. Pour une petite, mais décisive, raison : il récuse toute perception magicienne de l'efficacité technique. Face à des automates, il s'interroge sur la production de l'apparence; il questionne de prime abord l'artifice sur sa cause et ne s'extasie pas sur la merveille de l'effet. Il s'intéresse aux moyens prosaïques et mécaniques, qui expliquent le pointu de l'illusion, il n'investit pas le procédé d'une imaginaire force sans limites. Son attitude pratique est antimagique, comme sa position théorique antiplatonique. Il n'a d'yeux que pour les procédures exactes et reproductibles; il affiche son dédain pour les considérations plus sublimement inspirées. Il prend le contre-pied d'une interprétation mystique du savoir-faire technicien, qui doterait l'homme du pouvoir de fabriquer des dieux : « Ainsi l'humanité, qui toujours se souvient de sa nature et de son origine, pousse-t-elle jusqu'en ceci l'imitation de la divinité, que, comme le Père et Seigneur a doué les dieux d'éternité pour qu'ils lui fussent semblables, ainsi l'homme façonne-t-il ses propres dieux à la ressemblance de son visage. – Veux-tu dire les statues, ô Trismégiste? – Oui, les statues, Asclépius. Vois comme toi-même tu manques de foi. Mais ce sont des statues pourvues d'une âme, conscientes, pleines de souffle vital, et qui accomplissent une infinité de merveilles; des statues qui connaissent l'avenir et le prédisent par les sorts, l'inspiration prophétique, les songes et bien d'autres méthodes, qui envoient aux hommes les maladies et qui les guérissent, qui donnent, selon nos mérites, la douleur et la joie » (*Asclépius*). Rien à voir avec les Diane et Neptune cartésiens qu'une vulgaire pression du pied fait surgir!

La peinture naît de la peinture. Pas d'un arbre si beau ou d'un si doux visage. Un peintre est interpellé par d'autres peintres, avant de travailler sur un sujet, s'il y a lieu (Malraux). Un penseur pense avec et contre les pensées des autres et n'installe jamais sa feuille blanche devant un objet technique, ou une apparition naturelle, sans qu'autour ne bruisse une volée de mots déjà écrits et de méditations à demi éteintes. Pour découvrir la technique moderne, Descartes la dé-couvre de son manteau gnostique; il n'en devient le penseur qu'à philosopher contre – à mi-mots souvent – la conception ficinienne des arts et des sciences. Il se réfère rarement à la « théologie platonicienne » et aux traités hermétiques. Les idées néo-platoniques sont dans l'air du temps, on les évoque à peu de frais; qui se sent visé, entende! Le doute cartésien suspend, pour commencer, la réalité extérieure. Cela revient à mettre en cause radicalement le travail d'une imagination, dont les platoniciens chantent la louange. Puis, le doute s'attaque aux évidences intérieures et intellectuelles, il dévalue les inspirations démoniques qui transportent le platonicien. Nous ne pouvons pas nous tromper, assure le platonique. Je me trompe pourtant, réplique le cartésien. Je sais ce que je fais, reprend le premier. Même ce que je fais, je ne sais qui me permet de le faire, ni qui en moi l'accomplit, rétorque le second, lançant ici son offensive contre le malin génie.

Nombreux sont les commentateurs amoureux de Descartes qui, gênés, se récrient : comment le philosophe du bon sens et de la raison a-t-il pu croire une seconde à ce malin génie? Il feint, disent-ils, il hyperbolise, il ne prend pas cette hypothèse au sérieux. Mais alors, pourquoi l'énonce-t-il? Une nuance échappe à ces trop bons esprits, empressés de défendre le maître contre lui-même : une différence existe, non négligeable, entre croire au malin génie (i.e. le tenir pour réel) et penser le malin génie possible. Cette seconde version autorise des figurations moins ébouriffantes de la puissance trompeuse. En nous, le malin génie s'appelle imagination et enfances. En face de nous, théâtre du monde. Au-dessus de nous, il miroite comme lumière de la raison, livrée sans indication d'origine. Le malin génie incarne l'autorité, ou l'idée toute faite, ou l'inclination, ou la faculté qui fait qu'on ne doute pas. Ni du monde extérieur. Ni du monde intérieur. Ni de leur consonance et adéquation. Partant, on peut indifféremment baptiser Nature, Dieu, Matière, la toute-puissance, ravissante et enveloppante, qui répond maternellement de tout, à la seule condition qu'aucune question ne lui soit posée. Sous le règne du malin génie tout n'est qu'ordre, calme et volupté. Le monde illusoire qu'il met en scène est celui rêvé par le platonisme dominant. Aspiré par le beau, inspiré par le vrai et vautré dans le bien, l'homo technicus platonique vit en symbiose avec le grand Tout, à la fois acteur et spectateur d'un univers, dont il est simultanément l'opération et l'opérateur. « L'effort pour refaire le Tout a reçu le nom d'amour » (Ficin). On conçoit du même coup que le rêve renaissant sans cesse renaisse et nous gouverne, il boucle l'avenir sur le passé, il enjoint à la technique surpuissante de rendre son unité au cosmos hellénique et médiéval, et, par une ruse de la raison qui annonce Hegel, de tout inversement refaire ce qu'elle a défait. Ce chant de la triple sirène, enfantine, platonique et préhégélienne, Descartes en nouvel Ulysse refuse de l'écouter. Il a haussé son doute jusqu'à supposer un trucage génial, malin, universel et s'est définitivement bouché les oreilles.

La nouvelle philosophie sépare l'amour et la production, désexualise la technique et inhibe de son doute à répétition les enthousiasmes platoniques. A l'imagination créatrice, elle demande d'imaginer l'inimaginable : ce monde que nos vanités peuplent, que nos veilles manipulent, que nos songes redoublent, n'existe pas. De l'évidence qui éclaire nos pensées, elle médite l'impensable : que toute certitude soit sans vérité. Et que là-haut, le Tout-Puissant s'amuse des options que nous prétendons prendre sur son œuvre. Dans sa première et platonique phase, le nouvel esprit technique avait rapproché, jusqu'à parfois les identifier, production humaine et création divine. Dans la seconde, le bon sens cartésien et mécanicien sépare au maximum la causalité de l'être parfait et l'action des hommes purement hommes. Au change, la technique gagne en précision rationnelle, mais perd en vigueur magique. Elle abandonne son aura religieuse : l'ingénieur n'est décidément plus un mage et l'homme du bon sens pas un « Dieu en terre ». Une vérité aussi laïque peut-elle tenir le cap?

Faisons l'impasse sur Descartes. Éliminons règles, méthode et méditations. A la trappe, élèves et disciples infidèles. Le calme s'installe; une merveilleuse continuité fait valoir ses droits. La philosophie de l'Histoire, façon XIXe, est la digne héritière de l'hermétisme et de la Renaissance. Même volonté de dominer d'une seule intuition surrationnelle la fin et le cours du temps. Identique tentative de subjuguer la nature et l'espace par l'autorité d'une science admirable répondant de tout. Tentation parente, enfin, d'unifier pouvoir temporel et pouvoir spirituel, en célébrant les noces du réel et du rationnel, quitte à couronner une autorité du cru nouveau César doté de l'esprit de Platon et de l'âme du Christ. Marsile Ficin chanta la louange des Médicis, puis de Savonarole qui les renverse. Hegel publia la rationalité de Napoléon avant celle du roi de Prusse. Et tous deux connaissaient les secrets de l'Histoire, les dialectiques de la Nature, les motifs de la Création et le discours muet du créateur avant qu'il ne décrète : que la lumière soit! Descartes et les classiques du XVIIe siècle interrompent, pour un temps éphémère, une soif de domination européenne, puis planétaire.

4. *Au commencement, le chaos*

Le lecteur du XXe siècle, qui feuillette les traités et les lettres où Descartes parle de technique, se laisse inévitablement surprendre par deux impressions.

1. Ces histoires de poulies, de rayons visuels, de tourbillons interplanétaires paraissent anachroniques. On a fait mieux, depuis, en matière de Bang initial, de décomptes en années-lumière et de domestication de l'énergie. Leibniz expliquait, dès la génération suivante, que, calculant plus subtilement que l'auteur des *Méditations,* il détenait avec ses nouvelles mathématiques le moyen de penser plus juste. (Et d'imaginer illico un Dieu qui jongle avec les infinitésimaux pour créer le meilleur des mondes possibles.) Descartes, en effet, fut très rapidement dépassé techniquement. Mais il fut, remarque d'Alembert, dépassé dans le même sens, sur la voie qu'il avait ouverte. Penché sur des circuits électroniques, un enfant du XXe siècle, relativement doué, procède plus rapidement que le curieux du XVIIe; cela n'implique pas qu'il sache mieux ce qu'il fait,

d'autant qu'il continue ce qui fut, avec plumes et papier, inauguré alors.

2. Descartes marque une rupture visible, décidée, exhibée, dans le rapport qui noue la civilisation occidentale à la technique. Il n'était pas seul à l'accomplir, mais il fut un des rares qui se rendît compte que deux siècles d'innovations bouleversantes méritaient mieux que les « renaissances » d'anciennes croyances. Visant moins haut et plus précis, il proposa sa « méthode », une réforme de l'entendement, qui ajuste la pensée aux puissances et aux impuissances que développe le nouvel Européen face à la nature et aux autres.

Les virulents accusateurs de l'aliénation technologique ne lancent guère de flèches qui n'aient été dûment répertoriées par les penseurs classiques. La technique dénature, elle éparpille, détotalise, éloigne l'immanence du beau, retarde l'imminence du bien, détrône les valeurs ancestrales, profane les institutions sacrées, déréalise le présent, inquiète le futur et nous accomplit étrangers à nous-mêmes, en nous enveloppant d'un peuple d'artifices captateurs et éphémères. Dans la grotte cartésienne, manque l'ami de la maison, l'intercesseur tant quêté par les modernes nostalgiques, le médiateur « qui pourrait réinvestir le caractère mesurable et technique de la nature dans le secret ouvert, à nouveau éprouvé, d'un naturel de la nature » (Heidegger). A la différence pourtant des affligés d'aujourd'hui, Descartes habite sans regret l'inhumaine machine du monde, dont il se plaît à décrire les rouages. Et Pascal détaille, sans espoirs consolants de terrestre conversion, la société de divertissement, plus terrible, car irréversible, que les sociétés de consommation dont les bien-pensants effarent leurs congénères.

De la technique reine du monde, le penseur classique brode une image davantage désespérante et moins désespérée que les dramaturgies sinistres que bâcle l'actuel Occidental procédant à ses propres funérailles. Les innovations techniques balaient les anciens mondes, elles peuplent de bricoles et de mannequins une Terre où la proximité croissante n'implique nullement le bon voisinage. Le regard froid du classique refuse de doubler la dispersion irrésistible en fabulant quelque mystérieux tireur de ficelles, organisateur, derrière le rideau, de la désorganisation.

L'explosion des arts et des industries n'est pas l'indice d'une volonté de puissance dissimulée, ni la marque d'un système qui gouvernerait en sous-main l'anarchie courante. Libéral ou marxiste, hégélien ou nietzschéen, le XIXe siècle, en revanche, fantasme sous le désordre des phénomènes une force englobante et captatrice. Elle peut être bienveillante, sous les traits harmonieux du marché libéral, ou malveillante sous les grimaces du système capitaliste, soit objet de culte sous le nom de progrès, soit d'exécration sous celui d'impérialisme; elle appelle sur elle l'éducation, ou contre elle la révolution; mais à disputer de ses qualités et de ses défauts, on oublie de s'interroger sur son existence. Technique logeant toutes les techniques, mode de production gouvernant l'ensemble des productions, volonté de volonté qui a pouvoir sur les pouvoirs et fait omniscience dans les sciences, cette cohérence originelle et finale s'autogère dans les appellations, au choix, d'Humanité, d'Esprit, de Capital, de Classe ou de Race. De ces grands fantômes, fauteurs de tout, le XVIIe s'est passé. Sans poursuivre l'unité transcendante censée posséder et manipuler le monde, il se pique d'une ignorance transcendantale, qui ne magnifie ni ne maudit, mais constate un chaos, berceau affirmé de la condition humaine.

La raison classique rend les opérations de doublage inutiles et inconcevables. Elle invite à découvrir, non pas *derrière,* mais *dans* l'impuissance de la civilisation technologique le secret de sa puissance. Au cœur de la dispersion dispersée, dont on s'afflige, elle découvre une dispersion qui disperse et diffuse notre ingéniosité. La technique détache. Elle prive le monde de ses finalités et n'offre pas même l'absolu en échange. Elle casse l'unité de l'espace et son harmonie cosmique, sans lui substituer la cohérence des temps et le sens de l'histoire. Elle installe les collectivités, qu'elle déracine, dans des îlots de conscience de soi. Irrésistiblement dérisoire, mais irrésistible parce que dérisoire, elle frappe de dérision tout ce qui fait obstacle à sa planétaire expansion. La technique occidentale ne maîtrise ni elle-même, ni l'univers; néanmoins elle inaugure l'universelle circulation; à son contact le solide devient fluide, l'éternel glisse temporel et le prépondérant s'évapore. Qu'introduit, primairement, l'occident? 1. Les flux monétaires qui transforment l'absolu en relatif, toute valeur d'usage en valeur d'échange. 2. L'armement par achat groupé ou individuel, qui dissout les institutions millénaires et soumet la poésie éthérée des pouvoirs et des traditions à la question prosaïque des rapports de forces. 3. La déflagration et l'éparpillement des informations, des idées et des mœurs qui peuplent de mauvais exemples les consciences pures et les sociétés jadis hermétiquement closes. Et pour finir cette triste affaire : la circulation occidentale n'offre rien qui vaille en échange des stabilités perdues, imposant de la sorte, sans recours, le mouvement perpétuel de son déséquilibre permanent. L'intégriste anti-occidental – vert, rouge, ou noir – refuse, par une réaction de rejet aussi terroriste que terrorisée, une technologie qui désenclave ses environnements, dévalue ses vieilles habitudes et lui fiche un inattendu vertige.

La nouvelle dioptrique éteint la lumière, plonge dans le noir. Le monde n'est pas rassemblant. Images, sentiments et idées ne livrent plus les réalités qu'ils étaient censés contacter. La brutalité d'un aussi universel détachement désenchante, elle témoigne pour la misère d'un homme sans ressemblance. Mais bientôt perce, dans cette déroute, la conquête possible et sous la misère l'habileté sinon la grandeur de l'homme qui représente, et, ce faisant, s'assure une prise inattendue sur le cours des choses. Une déception suppose l'attente d'une réponse généralement probable et actuellement défaillante. En découvrant qu'une fois pour toutes la ressemblance ne répond plus, on n'a plus à s'interroger, donc pas de regrets. Descartes délivre son lecteur de la nostalgie des vieilles réponses, en désapprenant les anciennes questions. Si la solution n'a plus de sens, le problème devient insensé; il ne convient plus seulement de pêcher d'autres vérités, mais de chercher autrement la vérité : « Qu'il ne faut point examiner pour quelle fin Dieu a fait chaque chose, mais seulement par quel moyen il a voulu qu'elle fût produite » (*Principes*, I, 28). Le texte latin original est plus lourd, il s'embarrasse encore des catégories de l'École en opposant à la recherche de la « cause finale » celle de la « cause efficiente ». En langage classique, le philosophe joue des multiples dérivés de « faire » : effet, perfection, efficience, etc. En français, son subtil traducteur promeut, sous le contrôle de l'auteur, le concept-slogan, qui va dominer la pensée moderne, « production ». Le mot marque, très précisément, le lieu où l'ancien et le nouveau procèdent à leurs adieux : « Car nous ne devons pas tant présumer de nous-mêmes, que de croire que Dieu nous ait voulu faire part de ses conseils : mais, le considérant comme l'auteur de toutes choses, nous tâcherons seulement de trouver par la faculté de raisonner qu'il a mise en nous, comment celles que nous apercevons par l'entremise de nos sens ont pu être produites » (*id.*). Bestiaires, herbiers, arcanes et mystères, c'est fini. Tout le vaste champ investi par la curiosité angoissée des ressemblances devient libre, mais pas abandonné : les rapports de production l'ont pris en charge.

Les choses ne sont donc pas données mais produites. Inutile d'enquêter sur quelque insertion dans un ensemble qui leur conférerait un lien naturel, une utilité publique et quelque destination préétablie. Cette mystérieuse finalité échappe définitivement et ne propose que de sottes réponses à de fausses questions. Il existe, par contre, de multiples domaines, où des vérités paraissent à portée de main; rien n'y reste caché à qui sait interroger : « Il ne convient pas de nous occuper immédiatement de choses très difficiles et ardues, mais (...) il faut commencer par démêler tous les arts les moins importants et les plus simples, et principalement ceux où règne le plus d'ordre, comme ceux des artisans qui tissent des toiles et des tapis, ou des femmes qui brodent, ou qui entremêlent des fils à une texture pour la varier de manières infinies; pareillement tous les jeux de nombres et tout ce qui concerne l'arithmétique, et choses semblables; il est étonnant combien la pratique de ces choses exerce les esprits, pourvu que nous n'en empruntions pas l'invention à d'autres, mais à nous-mêmes. Comme en effet rien n'y est caché, et qu'elles s'ajustent toutes à la capacité de la connaissance humaine, elles nous font voir très distinctement des ordres infiniment nombreux, tous différents entre eux, et néanmoins réguliers, en l'observation rigoureuse desquels l'adresse humaine consiste presque tout entière » (*Regulae,* X). Sous la pluralité des productions humaines, Descartes repère une unité inédite, qu'il ne nomme pas encore; il se contente alors des acceptions variables du mot « art » (depuis l'art de l'artisan jusqu'à l'art de conduire ses pensées) dont il joue pour coaguler ces courantes demi-synonymies en un concept philosophique unique : l'efficience, la production, aujourd'hui la technique.

La production cartésiennement comprise n'est pas une création absolue. De l'univers de la ressemblance à l'ère de la représentation, la technique semble jouer à qui perd gagne. Elle perd l'assurance folle de son infinité; elle gagne, retrouvant des limites, en efficace ou en exactitude. Tant qu'elle demeurait référée à une nature-guide, son unité lui échappait et reposait en cette nature extérieure. Le passage de la production imitative à la production représentative permet, dans les *Regulae* en particulier, de fonder pour la première fois l'unité intrinsèque de l'acte producteur. L'assurance n° 1 de la nouvelle optique, celle de la liaison désormais arbitraire du signifiant et du signifié, entraîne le décrochage d'une production qui se mesure à elle-même, sans modèle ni référent extérieur. Tandis que la nature bascule dans l'incertain et le douteux, la technique, loin d'imiter, doit trouver dans ses opérations propres le critère de leur exactitude. Cela est vrai du travail de la dentellière comme du mathématicien qui calcule, leur vérité doit être recherchée dans leur façon d'entremêler des fils et les nombres. Elle n'est pas à guetter dans les modèles qu'ils croient suivre, joli motif ou Idée platonicienne. L'artisan qui tisse la toile et le géomètre qui tire des lignes fabriquent du signifié, en se permettant un nombre fini d'opérations définissables portant sur un nombre fini d'éléments donnés au départ. L'œuvre terminée – tel jeté de table, tel livre – ne vaut pas par elle-même, mais par l'opération qui l'a suscitée et que souvent elle masque. Ce n'est pas le paysage qui fait l'artiste.

Considérer la production en tant que telle – et pas l'œuvre achevée – reste l'unique voie pour percer les secrets de la production. L'exemple proposé est révélateur de la vérité tout opérationnelle de la technique représentative : « Si nous voulons lire une écriture dissimulée par l'emploi de caractères inconnus, aucun ordre certes n'y apparaît, mais nous en forgerons un pourtant, tant pour faire l'examen de tous les jugements qu'on peut faire par avance touchant chaque signe, chaque mot ou chaque phrase; qu'aussi pour les disposer en telle sorte, que nous apprenions par leur dénombrement tout ce qu'on en peut déduire. Et il faut avant tout se garder de passer son temps à deviner par hasard et sans aucun art des questions semblables... » (*Regulae,* X). Les termes sacro-saints de la méthode cartésienne – ordre, dénombrement, disposer, déduire – cadrent une tentative de déchiffrement. User de sa raison revient à coder et décoder, démêler et chiffrer, mais pas n'importe comment. Alors que l'homme de la Renaissance tentait de deviner et de tomber juste, comme à une subtile tombola, bref courait au signifié, l'homme de la représentation considère la combinatoire qui produit un sens, laissé hors jeu, à partir d'une batterie, qui seule intéresse, d'éléments signifiants dénombrables et ordonnables. Il lui importe peu que ledit ordre soit naturel ou artificiel, seule compte la production représentative, c'est-à-dire l'opération en laquelle l'arbitraire d'une combinatoire génère du sens. « De la certitude, Descartes donne une définition opératoire : est certain ce qui résulte et résiste au discernement du regard » (Marion).

Quelle est l'unité de cette technique moderne qui cherche désormais sa mesure en elle-même? Comment parler tout uniment d'art, qu'il s'agisse de tissage ou de calcul, de l'art de conduire les peuples ou de gouverner sa raison? L'assurance nº 2 de la nouvelle optique, celle de la digitalisation, universalise l'essence de la technique à l'âge de la représentation. Tout « art » devient un art d'enregistrer digitalement, c'est-à-dire de décomposer l'objet auquel il s'applique en autant d'éléments terminaux nécessaires pour que tous soient susceptibles de répondre sans équivoque, par oui ou par non, à une question univoque. La fixation mercantile d'un prix monétaire est digitale (j'achète/je n'achète pas). L'expérimentation en physique mathématique également (exact/inexact).

La digitalisation sent le soufre. On sait comment elle commence, on ignore comment l'arrêter. Son dynamisme paraît irrésistible, tandis que les résultats qu'elle fixe ne valent que sous bénéfice d'inventaire; ce qui apparaît réponse pour une échelle donnée peut être remis en question par un examen plus pointu; les havres sont éphémères et il n'existe pas de port, en science comme en morale. Non seulement la technique représentative se garde d'imiter les natures, mais elle les viole; elle décompose et dissout les ensembles qui paraissent solides et massifs; à partir des éléments, elle en compose d'autres; l'artifice devient une seconde nature plus vraie que la première et, dans le flot ininterrompu des innovations qui substituent, au milieu physique, un environnement culturel et, aux anciennes cultures, des modes passagères, même le créateur aurait du mal à trouver sa création ressemblante.

Comment boucler les comptes pour échapper au mouvement interminable de l'analyse digitale? Convient-il de stopper par en bas en se donnant, avec les matérialistes, des éléments insécables, atomes ou briques qui permettent de reconstruire en dur l'univers volatilisé? Faut-il se sauver par le haut, en supposant quelque harmonie divine rassemblant en sous-main ce que l'humaine technique disperse? Descartes ne cède pas. Seul Pascal osera le suivre. Le mouvement de la division digitale est irrésistible, l'espace (indéfini) et le temps (successif) sont sans fin sécables, le discontinu l'emporte sur le continu, la dispersion est première, la dénaturation de l'ancienne nature est acquise.

Il n'y a plus de garde-fous. Tout semble devoir être emporté par le flux infini des disjonctions et des recompositions passagères. Pascal donnera voix à cette neuve et inquiétante solitude. La production représentative n'est cependant pas aussi désarmée qu'il paraît; les limites et les garanties qu'aucune nature tutélaire ne lui assure plus, elle les trouve en elle-même. La digitalisation s'impose comme condition minimale d'un enregistrement, selon la règle n° 2 de la dioptrique. « Quoiqu'on lui puisse proposer souvent maintes difficultés, dont la présente règle lui interdira la recherche : comme cependant il apercevra clairement que celles-ci outrepassent la portée de l'esprit humain, il ne s'en jugera pas pour autant plus ignorant; mais cela même, de savoir que nul ne peut connaître la difficulté recherchée, s'il est d'âme égale, suffira bien assez à sa curiosité » (*Regulae,* VIII).

Selon la troisième assurance, celle qui définit l'information comme néguentropie, l'enregistrement s'autogradue, à partir d'un zéro d'information où il s'annule. Traduisons : la production représentative n'imite rien, elle produit de l'ordre à partir du chaos. « On peut donc comparer cette méthode à ceux d'entre les arts mécaniques, qui n'ont nul besoin du secours de quelques autres, mais tirent d'eux-mêmes la manière dont il convient de fabriquer leurs propres instruments » (*id.*).

Devinette : qu'y a-t-il de commun entre le travail d'un tisserand tressant ses fils, celui d'un mathématicien cherchant une inconnue et Descartes expliquant quelles lois gouvernent la création de son monde? Dans les trois cas : un embrouillamini originel donné, on tente de le débrouiller, visant le maximum d'ordre avec le minimum de moyens. « Il importe fort peu de quelle façon je suppose que la matière ait été disposée au commencement, puisque à peine peut-on imaginer aucune de laquelle on ne puisse prouver que, par ces lois, elle doit continuellement se changer jusqu'à ce qu'enfin elle compose un monde entièrement semblable à celui-ci (...) ces lois étant cause que la matière doit prendre successivement toutes les formes » (*Principes,* III, 45).

Tandis que la technique classique se donnait la nature comme un ordre à imiter dont il fallait progressivement se rapprocher, la technique moderne, posant la nature primitive comme chaos et pôle de répulsion, s'autonomise. Elle avance ainsi à reculons, les yeux fixés sur le néant, dont elle sort et qu'elle délaisse, mesurant ses progrès par les distances prises d'avec son origine. Ses mises en ordre doivent sans répit, comme Antée, toucher terre, c'est-à-dire s'initier du désordre. Dès son premier grand texte méthodologique – les *Regulae* – Descartes prend soin de souligner qu'au point de départ d'un raisonnement rigoureux, il faut des vérités, « natures simples » qui se vérifient elles-mêmes. Parmi ces vérités, les négatives ne comptent pas moins que les positives. « Entre ces natures simples il est bon de nombrer aussi leurs privations et négations, en tant que nous les entendons : parce que la connaissance, par laquelle je regarde ce qu'est le néant, ou l'instant, ou le repos, n'est pas moins vraie que celle par laquelle j'entends ce qu'est l'existence, la durée ou le mouvement » (*Regulae,* XII).

Rien de neuf en l'exigence qu'un raisonnement parte de bases solides; les demandes d'Euclide (axiomes et postulats) impliquent l'indémontrabilité des principes de la démonstration, sous peine de régression vicieuse. L'innovation vient tout entière de compter au nombre des vérités premières les « privations et négations », auparavant déduites de ce dont elles sont privations et négations. Affirmer, désormais, que le néant n'est pas moins vrai que l'existence renvoie au cogito du non-être. Très vite, sur ce point, Malebranche recula. Rien n'est moins immédiatement évident : la perception du zéro recouvre un zéro de perception, et par conséquent s'évapore telle un pur mirage, répétera, trois siècles plus tard, Bergson parmi tant d'autres. Pour justifier l'existence du vide, Pascal ferrailla subtilement contre des cartésiens respectueux de la lettre de la doctrine; il eût pu se réclamer de Descartes et citer contre eux la règle XII.

La limite qu'une nature garde-fou ne leur assigne plus, les industries des mortels la cherchent par elles-mêmes. Elles prennent alors appui sur la perception d'un zéro de perception. A égalité de rigueur dans les raisonnements, savoir qu'on ne peut pas savoir implique un savoir aussi puissant que celui qu'on cherchait « positif » et dont on fait son deuil. « Quiconque aura exactement observé les règles précédentes touchant la résolution de quelque difficulté, et à qui pourtant celle-ci ordonnera de s'arrêter en quelque endroit, connaîtra alors avec certitude qu'il ne peut trouver absolument par aucun biais industrieux la connaissance qu'il demandait, et cela non point par la faute de son esprit, mais parce que s'y oppose la nature même de la difficulté, ou la condition humaine. Et cette connaissance n'est pas une moindre science, que celle qui fait voir la nature de la chose même, et il ne semblerait pas d'un esprit sain, que de vouloir pousser outre la curiosité » (*Regulae,* VIII). La curiosité débridée de l'hermétisme des Renaissants trouve son point d'arrêt dans l'affirmation de l'égale dignité des perceptions de l'être et des perceptions du néant. La saisie de la contradiction, de l'erreur et de l'impossible est aussi originelle et inébranlable que la saisie d'une vérité positive et nécessaire. Les limites internes de la connaissance et des arts peuvent avantageusement se substituer aux limites externes perdues. On reproche, à juste titre, à la science cartésienne d'avoir trop rapidement et définitivement voulu fixer les limites du possible, se privant par là de découvertes mathématiques pourtant à sa portée. Elle devait inaugurer à ses dépens le débat permanent sur le partage des possibles et des impossibles, qui passionne les sciences modernes depuis qu'elles ont appris que tout et n'importe quoi n'est pas promis, c'est-à-dire depuis qu'elles se fondent sur l'axiome cartésien inaugural : il y a de l'impossible.

Lequel? Où? Comment? Les questions viennent après. Pour reculer des murs, il faut avoir admis de les rencontrer, et réitérer avec Pascal : « Tout ce qui est incompréhensible ne laisse pas d'être. » En refusant d'élider les « grandeurs négatives » (Kant) de l'erreur, du faux et de la destruction, la pensée classique en général, cartésienne pour commencer, brise le tabou suprême des platoniques acharnés à nier le néant et forclore la malfaisance. Du même coup se casse l'espérance d'une science qui ne connaîtrait rien d'impossible – donc infiniment puissante –, ou d'indélicat – donc bonne et mettant un terme par sa sagesse à toute inquiétude éthique.

« Essais ». L'intitulé des trois travaux scientifiques qu'introduit le *Discours de la méthode* les situe à l'écart de la « science royale ». La théologie platonicienne de Ficin comme la science de la logique de Hegel quêtent une clé de l'Histoire, du Monde et des songes, qui vaudrait de surcroît comme science des sciences. Elle n'entre pas dans la petite serrure de l'essai, qui appartient à une tradition philosophique différente. Essai ou tentative, exercice, expérience : à travers Montaigne, et Plutarque traduit par Amyot, les termes renvoient à foison d'écoles antagoniques et concurrentes. En Grèce, elles mettent en pratique divers exercices spirituels comme autant de « techniques de vie ». A première vue, l'essai renvoie à une autoéducation morale (Épictète : « L'art de vivre [la philosophie] a pour matière la vie de chacun »). Pour un regard plus attentif, s'exercer, essayer (en grec : meletè, en latin : meditatio), c'est se préparer mentalement et pas seulement moralement. Fin connaisseur, Hadot écrit : « L'exercice désigné par meletè correspond assez bien finalement à ce que les modernes appellent méditation : un effort pour assimiler, pour rendre vivants dans l'âme une idée, une notion, un principe. Mais il ne faut jamais oublier l'ambiguïté du terme : la méditation est un exercice et l'exercice méditation. Par exemple la " prémédita-tion " de la mort est préexercice de la mort. » S'il s'insère dans la tradition gréco-française de l' « exercitation », épreuve de soi et épreuve sur soi, Descartes l'étend à des domaines soigneusement négligés par Montaigne : la philosophie de l'essai s'empare des arts et de la recherche scientifique.

La Grèce qui inventa la technique occidentale s'éloigne par un lent mouvement de transposition et d'intériorisation, plutôt que par rupture absolue. La tradition platonicienne et aristotélicienne de la science royale est moins monolithique que ne le supposèrent les platoniciens de la Grèce finissante (à partir de Plotin, le vrai maître de Ficin et de Hegel, qui fit découvrir aux modernes un Platon sacralisé, académique dont l'humour et l'ironie sont portés disparus). Sous les divers platonismes, une autre conception de la technê, plus essayiste, affleure en Grèce ancienne. Une discrète déesse l'incarne : Métis fut la première épouse de Zeus qui l'avala cnceinte de leur fille Athéna, la guerrière déesse de la sagesse. Sur la piste de Métis, des historiens découvrent une raison non point dominatrice et conquérante, mais prudente, souple, flairant l'adversaire, piégeant le fort, forte non point par superscience mais par intelligence des ruses. En avalant Métis, Zeus ajoutait à la toujours relative puissance du roi de l'Olympe une finesse, un savoir des pièges et des attrapes, qui lui permirent de déjouer avec astuce les agressions des géants Titans.

Prise plus prosaïquement, la prudence-Métis évoque l'entregent du faible, qui contourne l'adversité, l'ingéniosité du pilote dont le navire affronte la tempête, l'habileté du mortel perdu dans les infinis non balisés et dangereux, qui s'invente un chemin et trouve une issue (poros) dans le sans-issue (aporos, aporie). A mille lieues de toute prétention omnisciente, une telle agilité sage a la sagesse de son agilité et fait de finitude vertu. La prévoyance de Prométhée jaillit de la même veine, le feu qu'il vole à Zeus est célébré comme « instituteur de tous les arts (technai) et suprême ressource (poros) » (Eschyle). Confiant ce précieux don aux mortels, Prométhée ne leur confère aucune prépondérance tranquille, ni l'immortalité, il leur offre la technique comme secours d'extrême urgence et art de survivre. Il arme les malheureux contre le projet d'annihilation du genre humain caressé par le roi des dieux. L'intelligence grecque invente la technique Métis pour faire pièce au chaos extérieur, comme l'intelligence essayiste trouve son ordre à se mesurer à son désordre intérieur. Dans les deux cas, l'affrontement et la confrontation avec l'adversaire règlent le travail d'une raison individuelle, solitaire devant Dieu et les hommes. Si l'on veut un Descartes « prométhéen », que ce soit celui-là, au sens ancien du qualificatif, et pas au gré des outrecuidances platoniques qui l'enflent, ou des bourgeoises et prolétaires volontés de puissance qui amusent le XIXe siècle et désolent le suivant.

Descartes ne « dépasse » pas les anciens, comme le bolide dernier cri l'emporte sur les modèles antérieurs. Il prend ses illustres maîtres à revers, apostrophe Aristote et Platon au nom de Socrate et critique l'idéal de la technique comme science royale, au nom d'une conception plus originelle de la technique occidentale. Son essayisme ressuscite les astuces d'une prudence qui, loin de fêter à l'avance les triomphes d'une maîtrise universelle, se veut d'abord intelligence qui feinte une indépassable adversité. En réinstaurant les grandeurs négatives, il force, sur trois points nodaux, l'architecture aristotélicienne, qui dominait la tradition médiévale et renaissante :

1. La distinction art(ars) - connaissance (cognitio) a cédé la première. Selon l'École, la connaissance était portée et mesurée par la chose à connaître; l'intelligence technicienne, bien que subordonnée, inverse dans ses limites strictes le rapport : « L'art (technê) concerne toujours un devenir et s'appliquer à un art (technicien), c'est considérer (théoriser) la façon d'amener à l'existence une de ces choses qui sont susceptibles d'être ou de ne pas être, mais dont le principe d'existence réside dans l'artiste et non dans la chose produite » (Aristote). La méthode cartésienne parachève le grand mouvement, inauguré par Nicolas de Cuse, qui renverse la hiérarchie et fait basculer la connaissance dans la sphère de la rationalité technique. L'astronomie copernicienne et la physique galiléenne suppriment la

division millénaire de l'infra et du supralunaire, qui assignait à résidence la technique dans la région des contingences, offrant à la connaissance la région éthérée des réalités nécessaires et des mouvements éternels. Désormais la connaissance emprunte à la technique, et son terrain, et ses moyens. Elle ne tourne plus autour d'une chose inaltérable qui la mesure. Elle fait tourner autour de l'esprit qui connaît les contingents qu'il ordonne. « L'évidence n'est plus une propriété de la chose », pointe avec une nostalgique hostilité le néo-thomiste Jacques Maritain. La fameuse révolution copernicienne n'éclate pas chez Kant, elle a lieu d'abord dans les *Règles* de Descartes. Elle n'implique pas simplement la prééminence du « sujet » sur l' « objet », mais, plus profondément, la compréhension de l'essence de la connaissance à partir de l'essence de la technique. Ce qu'énonce la réforme cartésienne est l'étrange glissement par lequel toute connaissance est devenue art.

2. La distinction entre la production (d'une œuvre extérieure : poesis) et l'action (de soi sur soi : praxis) est levée à son tour. La nouvelle prééminence de la technique entraîne simultanément sa restructuration interne. Si la connaissance ne lui impose plus de haut ses lois, la technique doit trouver, à son niveau autonome, des règles. Son expansion extérieure suscite un effet boomerang, en produisant elle se produit. Elle allie les qualités qu'Aristote posait exclusives l'une de l'autre; elle est poesis puisqu'elle se fixe dans des œuvres; elle est praxis puisqu'elle agit sur elle-même. La méthode est un instrument qui fabrique ses instruments, remarque Descartes. La connaissance aristotélicienne dévoilait les lois de la nature; la connaissance essayiste propose des règles qui gouvernent son auto-édification. La fusion entre la poesis et la praxis bouleverse le type d'intelligibilité qu'elles visent. La rationalité de l'une comme de l'autre était imitative; la production imitait, en « réalisant » dans le sensible, une forme ou une idée qui l'orientait; l'action imitait un modèle intérieur de perfection ou de vertu. L'esprit (ingenium) qui anime la technique moderne ne peut se satisfaire de cultiver l'analogie; aucune connaissance préalable, physique ou morale, ne lui dicte explicitement ou implicitement de lois; il table sur son propre fond et suppose de l'ordre même là où il n'en trouve pas. Séparées, la production et

l'action pouvaient passer pour le décalque d'un ordre des choses et des idées préétabli. Réunies, elles apparaissent inventions; elles organisent des mises en ordre telles que « ce n'est pas la réalité qui demandera à la science d'être vraie, c'est la science qui demandera à la réalité d'être " scientifique " et de lui présenter ses papiers » (J. Maritain).

3. La distinction violence-nature est entraînée dans le déluge. La physique de l'École étudiait les mouvements « naturels », par opposition aux mouvements « violents », que leur allure perturbée et perturbatrice excluait de toute prise en compte théorique. Les lois étaient contemplées dans la nature, la violence était sans foi ni loi. La nouvelle mécanique abolit un tel partage et l'oublie pour calculer la chute des corps. N'importe quelle chute. N'importe quel corps. Réciproque moins observée : les interventions humaines ne sont pas tenues pour perturbatrices; elles ne sont plus coupables de casser une prétendue naturalité des mouvements naturels, qu'on donnait jadis à voir mais pas à toucher. Saisissant un morceau de cire pour distinguer sur lui ce qui n'est pas cernable par la connaissance (les qualités « secondes », sensibles : odeur, saveur, etc.), et ce qui l'est (les qualités « premières », mathématisables : grandeur, extension...), Descartes intervient et opère; il approche la cire du feu, la fait fondre et partiellement la détruit. L'espace de la technique moderne prive les choses de leur lieu propre et « naturel », les rendant infiniment déplaçables et remplaçables; il homogénéise plus décisivement les rapports de production et les rapports de destruction, désormais ni plus, ni moins intelligibles et intelligents les uns que les autres. La production cesse de se manifester comme l'imitation temporelle et microcosmique d'un mouvement macrocosmique éternel; elle ne traduit plus analogiquement la pureté indivisible et lointaine de l'acte créateur. Négligeant de se présenter drapé à l'antique et chrétiennement éduqué, le cours empirique des choses et des actions humaines paraît aussi destructeur que constructeur, pas moins négatif que positif. Le thomiste en prend tristement acte : « L'homme, centre d'un univers intelligible qu'il crée à son image, perd lui-même son centre de gravité et sa propre consistance, parce que sa consistance est d'être l'image de Dieu. Il est au centre d'un désert » (J. Maritain).

On peut mesurer le nouveau par l'ancien; l'accession de la technique moderne aux postes de commande sera, alors, considérée en fonction des pertes qu'un tel événement occasionne. Le bilan est forcément déficitaire du point de vue de l'antiquaire, les têtes de chapitre définiront négativement ce qui désormais manque. On parlera de barbarie, désacralisation, renversement... Risquant, les yeux nostalgiques fixés sur ce qui passe, de n'avoir ni regards, ni égards pour ce qui advient et qui fait passer ce qui passe. Descartes opte pour le parti inverse : le nouveau s'affirme par ses propres forces; à l'occasion, il juge l'ancien qui n'est jamais qu'un ancien nouveau. Désert de la technique? Peut-être, mais un désert qui déserte l'antique et désertifie le moderne par une logique qui n'appartient qu'à lui et qu'il faut déchiffrer sur lui. Le rapport négatif, par lequel le nouveau se détache de l'ancien, doit être lu à partir d'une actualité, dont l'originalité se marque précisément à ce qu'elle accorde une équivalente intelligibilité à la production et à la destruction. Le secret du désenchantement ne sera pas cherché dans l'enchantement qui précède, mais dans l'activité qui l'a fait craquer et que traduit le préfixe négatif *dé*. Les Temps modernes ne sont pas le monde antique ou l'univers médiéval en creux. Ils sont ce qui creuse et dissout, parce qu'ils manifestent le moment inouï où le positif et le négatif s'avèrent pareillement effectifs.

Plaçant sur un pied d'égalité activités constructrices et destructrices, la technique moderne ne prête qu'à des éloges ambigus. Du moins en France où, près d'un siècle avant le *Discours*, Rabelais ironisait sur l'admirable essor des arts et des lettres, de l'imprimerie et de l'artillerie, des livres à portée de tous et du Livre pour tous les fanatismes. Le démon de l'innovation technologique – Messer Gaster au chapitre LXI du *Quart Livre* – est une « bénédiction du ciel » car il fait « trouver pain », mais aussi un démon belliqueux inspirant « la maligne subtilité et subtilité maligne des fortificateurs ». Il multiplie, tout comme l'énergie atomique, la capacité de vivre et celle de tuer. Une semblable ambivalence s'étale dans le fameux *Éloge du Pantagruélion.* Bonne et mauvaise, l'une et l'autre, la technique moderne permet aux hommes de s'unir pour un relatif meilleur ou de se séparer pour le pire. Elle projette les deux éventualités; elle n'autorise ni l'une, ni l'autre; elle renvoie chaque individu à sa liberté d'en bien ou mal user. De Rabelais à Descartes, l'homme découvre que la puissance énorme développée par la technique n'est pas toute-puissante. Elle n'apporte ni la paix, ni la guerre, mais le choix; elle place l'individu souverain devant de neuves responsabilités.

Des merveilleuses machines avaient éveillé l'enthousiasme des humanistes italiens. Les néo-platoniciens égrenaient volontiers les divines qualités de l'homme, au fil des grandes découvertes qui l'introduisaient, alchimie aidant, aux mystères de la création. Tard venu, l'humanisme français pensa souvent contre les « humeurs transcendantes » et les enthousiasmes platoniques cultivés outre-mont. Non qu'il n'en ait subi la tentation, mais son acuité intellectuelle se forgeait dans la résistance aux séductrices euphories cosmologiques. La biographie personnelle de Descartes résume cette distanciation croissante. Ses premiers rêves adolescents baignent dans une ferveur platonique, anxieuse de réconcilier poésie et savoir, imagination et raison, pour reconstituer l'harmonieuse beauté d'un monde vrai et bon. Plus tard, dans l'élan de ses premières inventions mathématiques, il n'évite pas la griserie des surdoués, que la neuve technique diffuse. Ce Descartes « secret », effleuré par l'illuminisme mystique et scientifique des Rose-Croix restera secret. Et c'est sa seule victoire sur de telles « humeurs » que conte le philosophe, sans daigner étaler des états d'âme définitivement surmontés. Surmontés par quoi? Par le bon plaisir arbitraire d'autres états d'âme? Pas du tout.

La technique comme le bon sens est triplice. Premièrement, méthodiquement constructive de soi à partir de soi, auto-édifiante. Deuxièmement, et non moins primairement, destructrice et hantée par de picrocholines fantasmagories de toute-puissance, d'absolue capacité de défaire. Troisièmement, capable de critiquer la force rêvée infinie de la technique et de la critiquer au nom de la puissance technique elle-même. La méthode énonce des règles à la fois productrices et limitatrices de savoir. Raison, folie et ironie autocritique font trois en un dans le bon sens, qui partage sans se laisser partager. La technique, au contraire, reste divisée; elle est à la fois, mais pas en même temps, savoir qui fait, savoir qui défait, savoir qui délimite. Si la technique vérifie l'efficace du bon sens et par conséquence le monnaye, le bon sens, plus intérieur, demeure la vérité de la technique et le gardien de son unité.

5. *La voie de la connaissance*

La règle IV énonce : *la méthode est absolument nécessaire pour rechercher la vérité des choses.* L'intelligence de cette formule ne cristallise pas seulement la compréhension des écrits de Descartes dans leur ensemble, elle commande l'entrée de l'homme moderne dans la recherche scientifique, dont dépend à la fois ce que nous nommons avec terreur l'ère nucléaire et ce que nous vénérons parfois comme haute technologie. Ou espérons comme automation et civilisation postindustrielle. Les grandes pensées, comme les nouveautés véritablement nouvelles, arrivent à « pas de colombe » (Nietzsche). Moins fracassantes que le *Manifeste du parti communiste* de Marx et Engels, les *Regulae* ne seront pas publiées du vivant de leur auteur. Elles inaugurent pourtant le grand bond de quatre siècles, par lequel l'occidental devient mondial. Soit dit en passant, le *Manifeste du parti communiste* s'inscrit dans leur sillage, il ne constitue qu'un additif réducteur, éphémère, mais ravageur, du grand Manifeste inachevé de René Descartes.

La science antique théorisée par Platon et Aristote impliquait une antirègle IV : la vérité des choses était le préalable absolument nécessaire pour rechercher les méthodes, puisque la répartition des choses à connaître était donnée et non construite, naturelle plutôt qu'épistémologique. En revanche, poser la précession de la méthode sur la vérité des choses revient à décrocher du monde extérieur et inciter la recherche scientifique à multiplier passerelles et interférences, afin de décompartimenter des domaines originairement hétérogènes. Entre l'animé et l'inanimé, le vivant et le mort, ce qu'on imagine matière et ce qu'on nomme âme, les frontières basculent et les interdits deviennent déplaçables et, de façon inquiétante, amovibles.

Organisant la recherche, la question de la méthode précède et excède la saisie des choses dans leur réalité. Congé est pris, ici, d'une première tradition, expéditivement baptisée aristotélicienne, qui veut que l'esprit ressemble à la tablette de cire où s'imprime la vérité des choses externes. Adieu est signifié, dans le même souffle, à une seconde tradition, prétendue platonicienne, qui imagine une vérité croissant dans sa propre intimité, comme « une tablette s'écrirait elle-même » (Proclus). Qui dit méthode, exclut aussitôt une vérité semée de l'extérieur ou poussant de l'intérieur, épanouie comme une fleur. Les conditions, ou règles, d'une recherche vraie prédéterminent notre accession au réel : « Par méthode j'entends des règles certaines et aisées, grâce auxquelles tous ceux qui les auront observées, n'admettront jamais rien de faux pour vrai et sans se fatiguer l'esprit en efforts inutiles, mais en augmentant toujours comme par degrés leur science, parviendront à la connaissance vraie de toute les choses dont leur esprit sera capable » (*Regulae*, IV).

Commencer par la méthode n'est-ce point lui supposer une vérité d'avant la vérité? Spinoza accuse Descartes de tomber, on l'a vu, dans une pétition de principe ou un cercle vicieux : si l'on cherche la vérité, ne faut-il pas l'avoir trouvée pour la rechercher en vérité? Hegel réitère contre Kant un semblable reproche : si, avant de connaître, il convient de critiquer les instruments de la connaissance, ne convient-il pas de connaître les instruments de cette critique et, antérieurement, de critiquer la connaissance de ces instruments? Nous voici au rouet, emportés dans une régression infinie. Si la méthode est un moyen pour atteindre le vrai, qui vérifie ce moyen? et par quel moyen? L'objection se laisse facilement contourner, négliger, oublier. La réfuter est impossible : elle prend sur la méthode le point de vue qui lui est le plus radicalement étranger.

La méthode ne se situe pas péremptoirement, et par pétition de principe, dans le vrai. Ni, contradictoirement, dans le faux. Mais dans leur différence. En interdisant de prendre l'un pour l'autre, sa distinction précède la clarté du vrai et prélude à celle du faux. Les objections spinozistes et hégéliennes font valoir son originalité hérésiarque. Elle exerce son droit de préemption sur toute vérité possible. Le statut de ce qui est cherché et cherchable, le partage du possible et de l'impossible brutalement change; cette mutation est énoncée si naturellement, comme allant de soi, que sa nouveauté échappe aux premières lectures. La méthode promet pour commencer de n'admettre « jamais rien de faux pour vrai ». Elle suppose qu'en attendant d'atteindre la vérité du vrai, nous pouvons nous assurer de celle du faux. Miracle du cogito répété, pareil épinglage initial du faux en tant que tel s'avère possible. La présence du vrai était naturelle, elle ne faisait pas problème : s'il se montre, le vrai est indication de soi, index sui, réitère Spinoza, après Plotin, avant Hegel. Mais le faux? quel est son mode de présentation? S'il se manifeste comme faux, il propage l'illusion, il trompe, donc il paraît l'inverse de ce qu'il est et semble vrai. Comme le cogito, la méthode postule d'entrée de jeu que le faux est dicible au même titre que le vrai, également connaissable et pareillement maîtrisable.

Il n'y a de méthode, au sens cartésien, que s'il existe un phénomène du faux, où le non-vrai apparaît comme tel, aussi originel pour le moins que la vérité index sui. La méthode n'égrène pas des suites de solutions; elle examine, invente; elle étudie des « suites de choses à chercher » (*Regulae*, VI), c'est-à-dire des questions susceptibles ou non de réponse. Elle compte la non-réponse comme réponse. « Si la chose demandée nous reste cachée, nous serons du moins plus savants en ceci, que nous apercevrons certainement que nous ne pouvions la trouver par aucun chemin connu de nous » (*Regulae*, VII). L'assurance de la méthode tient dans la fermeté et la rigueur des questions qu'elle pose, sans se raccrocher à des résultats omniscients, qu'elle ne se targue nullement d'obtenir. L'exactitude de la problématique exige que soit laissée indécidée la possibilité d'issues négatives. Il est du ressort de la recherche de se limiter elle-même, en n'éludant pas, par prévention et précipitation, la prise en compte de cas risquant d'obérer les résultats escomptés. L'exigence du « dénombrement suffisant » formule la nécessité de ne pas se protéger contre, mais de systématiquement tester les possibilités de démenti ou, comme dit Popper, de « falsification ». La recherche scientifique est rigoureuse, en même temps qu'ouverte; en questionnant, elle s'expose à des répliques contestatrices de puissance au moins égale aux confirmations.

Le faux montre comme étant ce qui en réalité n'est pas. Tant que l'on se donne scolastiquement l'être des choses pour en déduire les modes de connaissance, le faux n'a pas de place, sinon celle de l'exclu. Dès que la méthode prend le pas sur les prédécoupes du réel, l'existence du faux devient digne de considération. Car même s'il représente ce qui n'est pas, le faux existe diablement pour nous. La méthode s'impose, comme parachutée, à tous les domaines de l'être, elle part de notre connaissance ou non-connaissance, en prenant appui sur des choses premières, « les plus simples » et « les plus faciles » à connaître, compte non tenu de leur réalité séparée et solitaire, de leur rang dans le cosmos ou de leur dignité dans l'échelle des créatures. Seule importe désormais la place dans l'ordre des choses à connaître, assignée par l'esprit qui remonte avec une méthodique et comparative assurance du moins certain au plus certain. « Et le secret de l'art tout entier consiste en ceci, à remarquer avec soin parmi tous les termes celui qui est le plus absolu » (*Regulae*, VI). Entendons : absolu pour nous, nullement en soi.

La méthode dispose les choses « de telle sorte que les unes puissent être connues à partir des autres »; son universalité réside dans ce travail de maillage, qui prend toute la réalité dans les filets d'une élucidation possible. L'absolu n'est plus, du coup, le premier dans le réel, mais le premier dans la connaissance; il s'éparpille en données mentales au-delà desquelles l'esprit ne peut remonter, « entre ces natures simples il est bon de nombrer aussi leurs privations » (*Regulae*, XII). L'homologation scientifique des « grandeurs négatives » n'est pas décisive seulement pour la nouvelle physique galiléenne (elle fonde les lois de l'inertie, en assurant au « repos » un statut équivalent à celui du mouvement). Elle rend possible une méthode qui, si elle ne risquait pas de tomber sur des « non » clairs, fermes et précis, n'aurait pas droit à ses « oui », « car c'est nous qui composons nous-mêmes les choses que nous concevons » (*Regulae*, XII). L'expérience fondant la méthode doit être complète, elle s'autolimite : « L'intellect ne peut jamais être trompé par aucune expérience s'il regarde seulement et précisément la chose qui lui est objet » (*id.*). Cela ne signifie pas que nous soyons toujours dans le vrai, au gré des optimistes, mais, dans la ligne du cogito, que l'absence du vrai puisse apparaître comme telle. La méthode cartésienne s'autocontrôle par le regard qu'elle porte sur le néant, elle se donne la faculté, en butant sur l'inconnaissable, de le reconnaître non connaissable.

Le primat des questions sur les réponses enclenche les ébranlements modernes; ceux qui discutent les solutions ne résistent pas aux questions. En apparence la science physique nouvelle mathématise la nature et la rend calculable. Honnie ou fêtée, la fameuse « quantification » passe pour l'explication dernière qui fait perdre les qualités de l'existence, la saveur des choses et l'authenticité de l'immémorial. En réalité, le nouveau pouvoir des mathématiques masque la nouveauté des mathématiques, qui prennent alors le pouvoir et dont Descartes, assez seul, explore l'originalité.

Au départ, une ambiguïté leste l'intelligence occidentale du « mathématique ». Au sens large et étymologique, apparaît mathématique l'ensemble de ce qui est enseignable. Bientôt une discipline montre plus de « mathématicité » que les autres. Lorsque Socrate examine la possibilité de l'enseignement de la vertu, il interroge le jeune esclave du *Ménon* sur la duplication du carré à partir de la diagonale : il va déjà de soi que la géométrie témoigne par excellence de ce qui est enseignable ou pas. Que nul n'entre ici s'il n'est géomètre! Ici? Dans l'Académie de Platon, le premier établissement d'enseignement pur de l'histoire occidentale. Les projets cartésiens de méthode et de mathématique universelle jouent sans vergogne d'une ambivalence qu'ils empruntent à la tradition. La méthode promet d'enseigner tout ce qui est enseignable, sens large du mathématique, en s'appuyant sur les réussites obtenues dans les mathématiques, plus précisément et étroitement comprises.

Les choses sont-elles calculables parce que mathématisables ou bien mathématisables car seulement calculables? Optant pour cette dernière réponse et privilégiant ainsi le sens étroit du mathématique, nombre de commentateurs, comme Auguste Comte et Léon Brunschvicg, découvrent dans la géométrie analytique, où l'espace devient transparent à l'esprit qui calcule, la clé qui ouvre tous les verrous du cartésianisme. Mathématiquement, une telle focalisation semble (comme le montre J. Vuillemin) pour le moins contestable. Philosophiquement, elle est plus que douteuse, car elle fait du mathématique au sens étroit la mesure et le juge de l'intelligible en général, comme si les vérités calculables – 2 + 2 = 4 – ne fléchissaient pas elles-mêmes sous l'attaque d'un doute radical. La réforme cartésienne n'affecte pas uniquement – ou premièrement – le calculable, elle subvertit directement l'intelligible dans son ensemble.

L'École platonicienne, à laquelle tant de commentaires expéditifs assimilent Descartes et, avec plus de justesse, les cartésiens, était devenue au cours des âges une formidable machine à déduire. Des vérités premières ineffablement mais éternellement acquises, aux vérités dernières qui en dérivaient selon une nécessité infaillible, le mouvement coulait identique une fois pour toutes. Le penseur modèle « fait toujours usage des conclusions antécédentes pour la démonstration des conclusions suivantes, et il présente la concaténation de ses conclusions (...) mathématiques » (Proclus). La solidité de ces chaînes de raison paraît d'autant plus inébranlable qu'elles réfléchissent l'ordre des choses, « les discours procurent une image des réalités dont ils sont les interprètes et (...) il y a une correspondance nécessaire entre le déroulement des démonstrations et la hiérarchie des réalités mises en évidence » (*id.*). Non seulement l'ordre et la connexion des idées est identifié à l'ordre et à la connexion des choses, thèse que Spinoza reprend, mais cet ordre procède également more geometrico. Le commentaire postplatonicien serré et récupérateur des *Éléments* d'Euclide retrouve « cette organisation des démonstrations, qui toujours donne naissance à ce qui est second à partir de ce qui est premier » (*id.*).

La réduction de la géométrie à pareille mécanique déductrice ne va pas de soi. Le géomètre construit autant qu'il déduit. Il a un côté ingénieur, il monte ses problèmes dans le sensible, et un côté logicien, il peaufine l'implacabilité de ses théorèmes dans l'intelligible. Des platoniciens se firent écho de ce débat et conclurent du primat de l'intelligible sur le sensible, à celui du théorème sur le problème et de la déduction sur la construction. La pensée était procession, son mouvement exprimait un ordre qui s'ordonne lui-même, en se déployant univers; la géométrie passait pour le sillage que laisse derrière elle l'activité d'un dieu. Les mathématiques étaient doublement une science de la réalité; savoir du réel, elles montraient les nombres qui structurent les choses; savoir de la production du réel, elles s'engendraient elles-mêmes en retrouvant le surgissement du multiple à partir de l'un. Dès les premiers siècles de l'ère chrétienne, les académies platoniciennes, que la Renaissance ressuscita, enseignaient la mathématisation du cosmos, à partir d'une mathématique cosmique. Loin de cultiver cette tradition, Descartes l'interrompt.

Les mathématiques demeurent un instrument merveilleux, mais désormais ne reflètent plus les Idées-Nombres, patrons de l'univers. Elles n'engendrent pas, d'un automouvement intelligible, la logique sans faille qui enchaînerait l'intégralité de la création en descendant de l'Un-dieu au Multiple le plus infime, vermisseau ou ciron. Ni immédiatement donné dans le monde, ni spontanément décrété par l'esprit, l'ordre n'est que le résultat d'une mise en ordre. « On appelle ici ordonner, l'action de l'esprit par laquelle ayant sur un même sujet (...) diverses idées, divers jugements et divers raisonnements, il les dispose en la manière la plus propre pour faire connaître ce sujet. C'est ce qu'on appelle encore méthode », précise après Descartes la *Logique de Port-Royal.* La méthode s'exerce sur ce qui, sans elle, manque d'ordre.

Dans la tradition euclidienne, l'ordre était pour l'essentiel synthétique et constructif; résoudre un problème revenait, partant du connu et de l'acquis, à graduellement déduire la conclusion recherchée. Les « longues chaînes de raison », suivies chaînon par chaînon des premiers axiomes jusqu'aux dernières conséquences, relèvent d'Euclide, pas de Descartes. Ce dernier démarre en effet – ordre analytique et non plus synthétique – du problème et pas des théorèmes, de la difficulté et pas des connaissances assimilées. Tandis que la synthèse progresse du connu à l'inconnu, l'analyse procède de l'inconnu et remonte vers le connu. L'ordre euclidien est didactique, il expose en se fondant sur ce qui est accepté de tous; c'est le mouvement conquérant d'un univers de connaissance en expansion. L'ordre cartésien est inventif; en s'initiant des difficultés à résoudre, il instaure une hiérarchie gigogne des problèmes (ou « questions »), qui désormais gouverne la séquence déductrice des théorèmes et des solutions. Ce réaménagement permet de recevoir comme proprement mathématiques des courbes jadis tenues pour « mécaniques », parce que non constructibles par la règle et le compas. Le même mouvement, qui affranchit les mathématiques stricto sensu du réalisme intuitif des anciens, libère la méthode du carcan de l'universelle déduction.

La restructuration du champ de la rationalité proprement mathématique est corrélative d'une conception inédite de l'intelligibilité en général, que condense le slogan cartésien de l'*ordre*. La définition en est, à première vue, aisée : il s'agit d'un ordre des connaissances, consistant « en cela seulement que les choses qui sont proposées les premières doivent être connues sans l'aide des suivantes, et que les suivantes doivent après être disposées de telle façon qu'elles soient démontrées par les seules choses qui les précèdent » (*Deuxièmes Réponses*). Les termes employés sont décisifs : proposées, disposées, démontrées, les choses qui subissent ce traitement sont termes et propositions, l'ordre est fondamentalement un ordre du discours.

Descartes prend ici le contre-pied de toute la tradition, qui soumet l'intelligence inférieure du discours (dianoia) à l'illumination suprême de l'intuition (noûs), laquelle nous fait peu ou prou coïncider avec l'ultime divinité de l'Un ou de l'Être. Pour Plotin, le langage est impuissant à dire l'unité ineffable, l'âme doit s'arracher à la succession des mots et des heures pour, émue, transportée, captée par les images d'en haut (agalmata), se convertir et retourner à la source : le tout précède les parties du temps, de l'espace et du discours; il faut les quitter pour retrouver la réalité du réel. La coupure entre intuition et discursivité n'était pas toujours aussi abruptement tranchée; Proclus espérait que le déploiement hermétique du discours exprime et développe ce que l'unité originelle enveloppe et condense, comme la procréation étale et explicite la force de vie émanant du procréateur. Géométrie déductive et sexualité euphorique gouvernaient ainsi de conserve les heureuses processions théologiques, qui descendaient du plus haut au plus bas, en excluant les perturbations du contre-nature, du monstrueux et du mal. Le tout s'imprimait dans les parties, qui l'exprimaient. L'un et les autres s'égalisaient.

Le primat cartésien de l'ordre et du discours entraîne celui des parties sur le tout. La connaissance ne saisit jamais la totalité des choses ou d'elle-même. Elle part des natures simples, qui sont plusieurs, et du cogito qui ne se réduit pas à une pensée unique. La saisie globale et totalisante, loin de briller comme idéal ou objectif désirable, correspond au moment de la plus grande confusion. La méthode casse les totalités données au départ et articule partie à partie, sans se bloquer sur aucune. « Chaque vérité que je trouvais étant une règle qui me servait après à en découvrir d'autres » (*Discours de la méthode*). Un discours ne se borne pas à « exprimer » dans la menue monnaie des mots une plus parfaite précompréhension intuitive, donnée dans un éclair; l'intuition cartésienne est de part en part discursive, elle chemine d'idées en idées et juge ses jugements en rebondissant de l'un à l'autre. Le « discours » n'habille pas comme l'écorce un logos révélé par ailleurs; il est ce logos même, à la manière dont Amyot, dans sa traduction de Plutarque, rend par « discours de la raison » l'unique mot grec.

A défaut du tout, le discours prend appui sur les parties, qui sont questions et problèmes. L'ordre n'est pas à sens unique, comme dans la déduction géométrique d'Euclide, revue et corrigée par les platoniques. Les questions se présentent à l' « admiration » de l'esprit, sans que leur succession soit réglée par une harmonie préétablie. Descartes, ainsi, va rectifier l'unilatéralité de ses premières formulations : « Vous n'avez pas pris garde à la suite et liaison (coherentiam) de ce que j'ai écrit; car je crois qu'elle est telle pour la preuve de chaque question (rei) que toutes les choses qui la précèdent y contribuent et une grande partie de celles qui la suivent », écrit-il dans ses *Réponses* aux cinquièmes objections. Que ces « choses qui suivent » démontrent celles qui « précèdent », voilà qui déflore l'image des longues chaînes de raisons, auxquelles tant de commentateurs enchaînèrent Descartes! Un ordre ne se réduit pas à la simple succession; le dubito n'est pas supprimé par le cogito, qui lui-même ne cesse pas devant Dieu. Le cogito existe déjà dans le dubito, lequel se poursuit, loin de s'interrompre, dans le cogito.

Pareil va-et-vient, de l'antécédent au conséquent et retour, est illustré par le rapport tumultueux qu'entretiennent la vérité du cogito et celle de Dieu. Qui précède qui? Tantôt Descartes parie sur la divinité – l'idée de l'infini serait première sur celle de moi-même. Tantôt la considération de la finitude de l'homme l'emporte haut la main et fonde la plupart des preuves de l'existence de Dieu. Cette oscillation est ouvertement revendiquée par le philosophe, qui distingue (à Hyperaspistes) entre la possession *implicite* de l'idée, par tous, et sa plus rare saisie *explicite,* supposant le doute et le cogito. Victimes trop souvent d'une telle oscillation, certains lecteurs parviennent à subtilement la rendre : « C'est toujours à partir de la limitation de ma condition et de ma perspective que je m'élève à Dieu, en sorte que, si je ne puis me comprendre que par Dieu, je ne puis comprendre Dieu qu'à partir de moi-même : toute preuve s'élève à Dieu à partir du seul cogito, et en explicitant la dialectique qu'il renferme » (Alquié). Il y aurait cependant cercle vicieux si la méthode ne privilégiait pas une, et une seule, voie d'accès.

L'ordre est dialectique au sens étymologique (= discursif). Il agence des parties à des parties, sans que jamais le tout soit donné d'un coup. Il y a, par conséquent, de multiples entrées dans l'ordre. Chaque question, ou problème, en est une. Il existe deux voies pour attacher la question aux solutions. Selon qu'on part d'elle, supposée inconnue – la voie analytique. Ou selon qu'on arrive à elle, en partant du supposé connu – la voie synthétique. Si l'ordre découlait de la vision panoramique du tout (cosmos ou divinité), les deux voies feraient un seul chemin émanant de ce surplomb prestigieux et retournant en lui, telles les processions et les conversions plotiniennes. La dualité des voies d'accès à l'ordre des raisons marque l'adieu de la nouvelle philosophie au soleil, que l'ancien platonisme faisait rayonner sur la totalité des choses.

Irrévocable, Descartes a privilégié l'analyse qui « montre la vraie voie par laquelle une chose a été méthodiquement inventée, et fait voir comment les effets dépendent des causes; en sorte que, si le lecteur la veut suivre, et jeter les yeux soigneusement sur tout ce qu'elle contient, il n'entendra pas moins parfaitement la chose ainsi démontrée, et ne la rendra pas moins sienne, que si lui-même l'avait inventée » (*Deuxièmes Réponses*). Les principaux textes cartésiens suivent l'enchaînement opéré par un sujet qui cherche à connaître et dont « l'unique préoccupation est de promouvoir une connaissance de l'objet garantie de toute erreur » (Gueroult). Par opposition, la procédure synthétique ouvre la voie royale de l'enseignement, plutôt que de la découverte; elle déroule le tapis des conséquences tirées d'un savoir préétabli et « se sert d'une longue suite de définitions, de demandes, d'axiomes, de théorèmes et de problèmes, afin que, si on lui nie quelques conséquences, elle fasse voir comment elles sont contenues dans les antécédents, et qu'elle arrache le consentement du lecteur, tant obstiné et opiniâtre qu'il puisse être » (*Deuxièmes Réponses*).

Pourquoi dévaloriser la synthèse? « Parce qu'elle n'enseigne pas la méthode par laquelle la chose a été inventée » (*id.*). Elle part de connaissances en stock, qu'elle suppose sans les établir. Elle ne fonde pas ses propres fondements. L'analyse, au contraire, *remonte* aux principes qu'elle se donne, au lieu d'en descendre. Elle est doute, méthode; elle résume l'entreprise de Descartes dans son ensemble : « J'ai suivi seulement la voie analytique dans mes *Méditations* » (*id.*). La synthèse expose sans inventer, elle inflige ses solutions sans partir des problèmes, elle entretisse les manies du professeur et les obligations d'un absolu créateur. Combinant la passion pédagogique et la volonté de production totale, elle redeviendra, sous le petit nom, approprié par Hegel, de « dialectique », le style dominant la production philosophique des deux derniers siècles.

Les postcartésiens prétendent monter en circuit la voie analytique, qui retourne aux principes, et la voie synthétique, qui en descend. La vérité de la connaissance accoucherait ainsi de la vérité des choses; et l'ordre des raisons déboucherait à nouveau sur l'ordre de la création. Dès Spinoza et Leibniz, un semblable projet réinstaure le désir platonique précartésien. Il serait vain de mesurer à l'aune de telles exigences cosmologiques la pensée d'un Descartes, qui de prime abord les récuse : puisque les « raisons » de la création divine nous échappent définitivement (ces pseudo-raisons échappant également au Dieu cartésien), il n'est pas question qu'analyse et synthèse se réciproquent, comme si connexion des idées et connexion des choses s'entremiraient fidèlement. La voie synthétique est et demeure, pour Descartes, un procédé d'exposition pédagogique. Elle n'est pas la vérité de la chose, parce qu'il n'existe pas de vérité des choses pensable en soi, extérieure à la vérité de notre connaissance. Le primat de la méthode analytique est sans appel.

La pensée, ici, tire les conséquences les plus rigoureuses de la non-existence du point de rebroussement, où « ce qui est le plus connu pour nous » touche à « ce qui est le plus connu en soi », où la vérité de notre connaissance dérive vérité de la chose. La méthode concerne des « hommes purement hommes »; elle n'offre de vue ni directe, ni oblique sur l'intérieur de la création. Elle s'oppose, ainsi, terme à terme, au *chemin* dont se réclame Aristote et toute la science antique, lequel « conduit des choses qui nous sont les plus connues et manifestes vers ce qui – parce que nature – est en soi plus manifeste et premier à connaître ». Ce chemin qui mène de nous à la nature est désigné nature par Aristote : la Nature est le chemin qui mène vers elle-même. C'est l'abandon de cette garantie tutélaire que signale l'interprétation cartésienne de la technique, de la science et de la pensée modernes. Un autre nom pour la Nature-Physis est Cosmos-Monde : « Le ciel et la terre, les dieux et les hommes sont liés entre eux par une communauté faite d'amitié et de bon arrangement, de sagesse et d'esprit de justice, c'est la raison pour laquelle, à cet univers, ils donnent le nom de Cosmos, celui d'arrangement et non celui de dérangement, non plus que de dérèglement » (*Gorgias,* 508 a). Les Grecs habitaient-ils un tel cosmos? Socrate garde-t-il son quant-à-soi en citant alors les pythagoriciens? Descartes, en tout cas, rompt cet « arrangement », sans nostalgie ou réticence; il rend possible de vivre dé-naturé et de penser hors de notre tant chouchouté être-dans-le-monde. Adieu Cosmos. Adieu Nature. Tous les chemins ne mènent pas à Physis. Nous nous parlons seuls à seuls, en partageant le pain de cette absence.

ÉPILOGUE

Douter du monde, de soi et de Dieu, vivre intensément ce doute jusqu'à y découvrir une figure nouvelle et comme inédite de soi, des autres et peut-être de Dieu, voilà qui ne tisse pas seulement le destin de l'unique auteur du *Discours de la méthode*. Avant lui, Montaigne s'était exercé à l'histoire de ses pensées. Depuis, René, Julien Sorel, ou le mystérieux narrateur de *La Recherche du temps perdu* tentent l'étrange parcours du combattant, où se nouent le doute, la découverte de soi et la recherche d'un autre – ou d'une autre – qui garderait l'accès à quelque vérité.

Me trompé-je, se joue-t-il, m'amuse-t-elle? Une aventure pas trop conventionnelle emprunte l'étroit défilé des vérités dernières, où j'existe doutant. Chacun éprouve de temps à autre la nécessité de faire le point et de remettre quelques pendules à l'heure. Chacun par ailleurs se trouve çà et là troublé, désarçonné. D'ordinaire, pourtant, on manque l'instant cartésien, on sépare soigneusement le moment de douter et la minute de conclure, sans s'échiner à découvrir dans le plus vaste et douloureux ébranlement la chance de la plus haute certitude.

Descartes est un penseur français donc occidental. Un penseur sans orient, qui ne sait plus où le soleil un jour se leva et qui ignore encore quel avenir nos multiples aurores assignent. Un penseur sans domicile fixe, autour duquel ne tournent plus le Beau, le Bien et l'Être, dans l'orbe de ce qui fut jadis le monde. Un désorientateur, plutôt que le désorienté auquel Heidegger eût fait valoir que seul un dieu pouvait le tirer d'embarras. Aide-toi et l'erreur t'aidera, serait sa réponse. J'imagine un Descartes peint par Rembrandt, tous deux font du clair avec de l'obscur et composent le jour avec des fragments de nuit. Un grand décepteur jamais décevant, qui invente un usage méthodique, décapant, éclairant de la démoralisation des préjugés et de la décélération des enthousiasmes précipités. Un conquérant sans esprit de conquête, tirant sa force de ses apparents renoncements, triomphant malgré lui en diffusant un humanisme d'après le déluge, quand retombe la gloriole des hommes qui se prennent pour l'humanité : « Jamais Noé ne put si bien voir le monde que de l'arche, malgré qu'elle fût close et qu'il fît nuit sur la terre » (Proust).

L'humanisme est occidental. Vous protestez : l'occident n'a pas le monopole du cœur et du Bien, il existe un homme musulman, une conception hindoue, ou plusieurs, de l'humanité, une notion dogon de la société, de multiples agencements du juste rapport à autrui chez les Indiens d'Amazonie, en rien inférieurs aux représentations moyennes de l'Européen moyen. Justement! Si l'occident promoteur d'idéaux nobles et grandioses ne jouit d'aucune exclusivité mondiale, l'occident de Descartes en revanche manifeste le privilège rare de ne pas avoir d'idée du Bien, ou d'en étaler une profusion, ce qui revient au même, de ne s'unifier jamais autour d'un prototype d'Homme, de ne pas savoir sacrifier à une Virilité ou à une Féminité modèles. Parce que nulle Figure ne focalise tous les regards, rien d'humain ne demeure étranger à l'humanisme européen. Au point qu'il vient à soupçonner que l'étranger est homme, que l'étrange est de part en part humain, que l'inhumain le plus extrême demeure de la plus proche intimité. Les Occidentaux ruinent les idéaux locaux, non par la force d'un Bien davantage universel, mais en imposant son absence, que l'humanisme cartésien fut premier à reconnaître et proclamer.

Tant que les Européens se veulent positifs, doublant la mise sur le Bien Beau Vrai, ils nourrissent les rêves et la réalité de modernes croisades. Au nom des Dieux des Cieux, au nom du

Dieu en terre, de l'Adam ésotérique enfin révélé ou de l'Homme futur qui s'éclaire lui-même, au nom du grand Aryen blond ou du prolétariat planétairement uni et vainqueur, ils se félicitent de nouer le haut savoir des ultimes maîtrises aux grands moyens de la possession universelle. L'utopie de la colonisation d'une Fable par une autre Fable – du « Monde » par l'« Humanité » – n'est pas à l'ordre du jour cartésien. Peut-être parce que les guerres de religion, devenues civiles et idéologiques conviennent tellement aux France courtes, qu'il fallut des esprits résolument tolérants et des concepts rigoureusement décepteurs pour qu'une France longue ait quelque chance de durer.

Après la fin du monde, ils inventèrent un humanisme négatif. Rien n'est plus garanti; aucun ordre des choses ne règle la transfiguration édifiante des bons sentiments en actions vertueuses; aucune nécessité inscrite au cœur de l'histoire n'assure la pérennité des civilisations, la transmission des héritages et la fidélité du futur; nulle divine providence n'organise la passation des pouvoirs entre hier et demain; aujourd'hui, désormais, se joue dissuasivement au bord du gouffre : tous les hommes sont mortels et pas moins les ensembles qu'ils forment. L'harmonie préétablie, censée adjointer les mondes intérieurs et les circonstances extérieures, a volé en éclats; la musique des sphères célestes ne rythme plus les élans du cœur; il devient délicat d'imaginer que les volontés individuelles symphonisent, fût-ce contre leur gré, en quelque dessein grandiose qui leur échappe.

Du cosmos en morceaux, l'humanisme négatif n'entreprend pas de recoller les vains débris, il ne déplore ni ne célèbre l'événement. Négligeant de s'absorber dans un constat désabusé, il tourne la page – le monde est mort, bon débarras! Apprenons à respirer librement et solitairement dans la diaspora de l'outre-monde, où naquirent et sans cesse ressuscitèrent les individus européens. Puisque aucun idiome universel ne régit la République des Lettres, puisque le latin s'avère définitivement une langue, certes respectable, mais désertée, vive la pluralité des langues habitées. Puisque nulle magie amoureuse ne fait copuler êtres et choses ad majorem Dei gloriam, inventons le risque entre deux solitudes d'une rencontre qui ne se recommande que d'elle-même et se soutient de son propre chant. Ainsi Laure fut-elle la première découverte humaniste et le *Canzionere* de Pétrarque précéda le *Discours de la méthode.*

Tout n'est plus dans tout. Chacun se trouve renvoyé à la dissemblance qui lui est propre et se récupère incomparable et irrécupérable. De sorte que le vieux continent semble le plus jeune de tous, son passé ne lui appartient plus et son futur l'angoisse. L'Europe a décroché dans le temps, éprouvant, douloureuse, qu'elle n'était plus la Grèce. L'Europe décroche de l'espace, il lui fallut cinq siècles de plus pour se persuader qu'elle n'était ni le centre, ni le cerveau de l'univers et que d'autres continents, voire diverses planètes, peuvent dériver à leur tour vers des destins qui ne sont pas le sien. Dès lors, l'humanisme négatif ne cultive ni la nostalgie d'un monde ancien, ni la prédication d'un monde nouveau, il se préserve de l'illusion d'être du monde.

Le Descartes de Franz Hals, comme tous les portraits dus à ce peintre, est trop installé dans l'être; il semble assuré de la pensée qu'il diffuse, autant que le buveur de bière est certain de la chope. « Encore un qui va se tromper », souffle le tableau à Alain qui omet de répliquer, encore un autre qui « se croit ». Hals fut le premier à diviser la nuit cartésienne en autant de parcelles qu'il faut pour mieux la dissoudre. Avant Rembrandt les peintres croient au beau, comme avant Descartes les penseurs, même sceptiques, se croient dans le vrai. Rembrandt, le beau, il ne l'imite, ni ne le voit, ni ne lui ressemble, il l'invente avec de la boue, du sang, de la chair morte et Jérusalem tombée. On l'attendait. Le monde était harmonie, l'œil des peintres le dé-couvrait. Il arriva. Et l'on ne peut pas dire que le monde devint horrible – pour cela voyez Goya ou Géricault –, le monde horrible c'est encore quelque environnement dicible et visible. L'horreur selon Rembrandt n'est plus un monde, mais la décomposition du visible, une maladie mortelle, l'affleurement d'une nuit dont nous ignorons les ruses et qui s'ignore elle-même. Ni système démoniaque, ni intentionnalité vicieuse, plus élémentaire surgit la matière première du peintre, un magma chaotique où l'être et le néant attendent le pinceau qui les départage. Du côté du malin génie, dieu et diable s'emmêlent jusqu'à ce qu'une pensée ose affronter leur confusion.

Au-delà de toute ressemblance, peut-être m'attend-il sur un mur du Louvre ce portrait dont je rêve? Le *Philosophe en méditation* évoque davantage saint Jérôme ou Faust, peu un cavalier français. Le livre ouvert devant lui n'est probablement pas rédigé en langue mathématique. Déjà Valéry a souri, non sans dédain : « Ces petits philosophes de Rembrandt sont des philosophes enfermés. Ils mûrissent encore dans le poêle. » Et le méditatif s'enclot dans sa pensée. Et la chambre emprisonne le rayon du soleil. Le jour allume les carreaux d'une fenêtre creusée sur la gauche; le verre stoppe l'incendie plus qu'il ne l'introduit; l'éclosion de lumière transperce de l'intérieur, dans l'indépendance de son mouvement hélicoïdal, elle s'encolimaçonne autour d'un escalier à vis qui descend des ténèbres. Isolée, dans l'avant-plan droit, une servante attise des braises. La pénombre des alentours tient le fragile équilibre du visible captif. La scène clignote entre la clarté trop forte des feux intérieur et extérieur, tandis que l'obscurité d'en haut et d'en bas, du fond et du premier plan, menace d'avaler cette clairière de la pensée. « Là où la vie emmure, l'intelligence perce une issue... » (Proust).

Dehors flambent les grandes métropoles qui centrent le monde et l'histoire, Babylone, Troie, Rome. Les cavernes de Platon se sont refermées sur les habitants, leur laissant découvrir que les escaliers de sortie, jusqu'aux portes dérobées, ne conduisent plus à la lumière, mais montent vers l'ombre. Il reste à espérer que les troglodytes modernes sauront communiquer en solitaires, de grotte à grotte ou à vaisseau spatial, en méditant le négatif jusque dans la plus noire des nuits d'Auschwitz ou de la Kolyma.

Les grands massacres comme les cruautés de détail mobilisent nos vertus doublement; pour que l'homme devienne bon, tous les moyens paraissent permis; parce que les hommes sont d'ores et déjà bons, il n'y a pas lieu de mettre en doute leurs intentions et procédés. Les contemporains ont fait, et laissé faire, au nom, toujours, de l'adorable nature humaine. Après coup – et quels coups! – on constate : je n'aurais jamais imaginé... qui eût pu penser que... Le XXe siècle, un des plus noirs de l'histoire européenne, a rêvé rose, prévu bleu et manifesté une déficience chronique à imaginer l'inimaginable. Thomas Mann, méditant l'éclosion du nazisme, écrivit *Le Docteur Faustus* et entreprit de déchiffrer le pacte qui lie l'homme aux diables. L'article premier stipule que Méphisto, ni fourchu, ni cornu, invisible et inodore, n'existe pas, car nous nageons dans le bien : « Ce que le monde nomme vertu n'est d'ordinaire qu'un fantôme formé de nos passions, à qui on donne un nom honnête pour faire impunément ce qu'on veut » (La Rochefoucauld). Peut-être notre candeur et nos innocences se déniaiseraient-elles à rencontrer l'idée de René Descartes, qu'il faut penser la présence possible, affronter le risque inquiétant de l'existence d'un Dieu trompeur ou de l'imminence d'un malin génie. Notre accession à quelque vérité passe probablement par de telles hantises hyperboliques et vertigineuses.

Il faut apprendre à – et oser – imaginer le pire, suivant l'exemple des classiques du XVIIe : « La Rochefoucauld et les autres maîtres français en l'examen des âmes (...) ressemblent à d'adroits tireurs qui visent juste et mettent toujours dans le noir – mais dans le noir de la nature humaine » (Nietzsche). Nullement limité au pessimisme actif des psychologues du grand siècle, la méthodique démystification de l'événement court comme une exigence continue de Rabelais et Montaigne à Stendhal, Flaubert et Proust. On la dirait une constantc de l'« esprit français », si le terme n'avait trop souvent coiffé l'esprit de clocher, la sotte vanité et l'endomanie du « planteur de choux » (Rabelais), qui ne se sent bien que chez soi, avec soi, et pour soi seulement. La France n'est pas une chose – terroir, sang, collectivité de bien-nés prétentieux. La France n'est pas davantage une chose spirituelle, un folklore, un caractère, un parfum qui monterait de l'hexagone comme d'une serre chaude et qu'il suffirait d'inhaler, ravi, pour goûter l'esprit des lieux et l'incomparable saveur dont chaque Français est censé témoigner et que nul n'a jamais su définir. Ni territoire compact, ni unanimité édifiante et solennelle, la France est ce qui demeure en cas de malheur, quand ses citoyens sont divisés, son espace occupé, son avenir bouché, sa mort proche et difficilement évitable : une stratégie spirituelle, un art de penser négligé par les enfants du pays quand les antipodes le goûtent et le cultivent.

Descartes est la France, mais la France n'est pas Descartes. La proposition se retournerait seulement si chaque Français disposait par naissance de la faculté de s'épargner les aléas du pilotage en branchant je ne sais quel philosophe automatique. Fusée à longue portée, l'idée de France n'exprime pas une réalité mais organise un projet; elle ne saurait verrouiller un état de choses, ni refléter un être moral et social établi, elle vise à instaurer ce qui n'existe pas encore et risque de ne jamais être. Seules les illusions courtes et narcissiques jouissent de réciproquer l'intuition et le concept –, ça donne : « Pétain c'est la France et la France c'est Pétain », qui devrait rappeler à quelque modestie d'éventuels candidats à la succession. La France longue ne coïncide jamais avec elle-même, elle est recherche et dissension, durée et endurance, combat mental toujours mais pas nécessairement philosophique. Initialement, à l'orée des Temps modernes le projet était religieux. Contre la décadence et la pourriture romaines, face à la neuve intolérance quelque peu fanatique de la Réforme, l'humanisme érasmien tenta une voie tierce, dont se réclamaient Lefèvre d'Étaples, Briçonnet, Marguerite de Navarre, Rabelais, les « évangélistes » et plus politiquement les « gallicans », les Du Bellay, Montmorency, etc. Un concile universel devait réunifier les chrétiens, neutraliser la curie, établir la tolérance et les lumières. Le XVIe siècle finissant vécut au contraire le triomphe des intégrismes et de la chasse aux sorcières; les « politiques » prirent alors le relais, ils firent la part du feu, renversèrent les priorités et entreprirent de sauver la vie terrestre avant de s'accorder sur la céleste. Montaigne découvrit, à la lumière des guerres de religion, que pour survivre la France avait besoin de la philosophie.

Les capitales du Capital eurent nom Venise, Gênes, Amsterdam, Londres, New York. Jamais Paris, qui ne se prit pour foyer de la puissance moderne que par éphémères bouffées délirantes. Excentrée du cœur des affaires planétaires, à l'écart des grands axes commerciaux et industriels, la France demeura pourtant rarement marginale, ou périphérique. Ni tout à fait des premiers mondes qui dominent tour à tour la planète; ni du Tiers qui, exclu, médite de renverser la hiérarchie au profit des « nations prolétaires ». On pourrait imaginer la France du

« second monde », si elle n'avait transformé sa situation de fait en point de vue de droit, ne se revendiquant centre ni actuel ni futur pour mieux propager la sournoise hérésie qu'il ne faut pas de centre à un monde qui n'existe que dans le fantasme impérial du dominant et le rêve utopique du dominé. L'espace où campe la France n'est pas clos comme le cosmos hellénistique et médiéval, ni divinement infini à la guise des fantaisies postcartésiennes; il est prosaïquement indéfini et déserté par les harmonies suprahumaines : chacun s'y découvre maître après Dieu, mais autant de bateaux, autant de capitaines, seule la mer est égale pour tous, dont les tempêtes rappellent les mortels à la liberté nécessaire du risque, à une fraternité possible devant la mort.

Logé dans un inter-monde qui se découvre non-monde, Paris a diffusé longtemps une culture résolument rebelle à tous les impérialismes religieux ou politiques, on s'y exerce à penser les grands ensembles par les discrètes failles, qui annoncent leur déclin.

> ...ô mondaine inconstance,
> Ce qui est ferme est par le temps détruit
> Et ce qui fuit au temps fait résistance...

Au lieu de prétendre succéder à Babylone et Rome en assumant la translation des empires et le gouvernement des millénaires, la « douceur angevine » prophétise la ruine des supergrands et médite l'éternel retour de l'originelle dispersion.

> Ainsi quand du grand Tout la fuite retournée,
> Où trente-six mil'ans ont sa course bornée,
> Rompra des élémens le naturel accord,
>
> Les semences qui sont mères de toutes choses
> Retourneront encor'à leur premier discord,
> Au ventre du Caos éternellement closes.
>
> (J. du Bellay)

Marx décernait aux Anglo-Saxons le trophée des meilleurs économistes, aux Allemands les palmes de la spéculation métaphysique et reconnaissait aux Français le sens par excellence du politique. Un tel compliment n'allait pas sans épine, émis par celui qui entendait élever à sa perfection intégrale une révolution manquée par des naïfs, victimes cette fois du défaut de leur qualité et transformés en jouets de l' « illusion de la politique ». Les Français, en effet, ne maintiennent leur originalité historique qu'à décevoir Marx, Khomeiny et autres messies qui prétendent réaliser la philosophie par le politique ou suturer les problèmes politiques en imposant la solution définitive d'une quelconque prédication théorique ou religieuse. Depuis le XVIe siècle, il existe heureusement des mécréants, qui séparent continûment pour les confronter sans cesse l'actualité qui bouleverse et la pensée qui fait face, la part du malin génie et celle du cogito.

Contant l'Histoire de France avec les libertés splendides d'un vieil Indien évoquant les mythes fondateurs, Augustin Thierry la fit surgir d'une nuit mérovingienne, « au milieu des crimes et des malheurs sans nombre ». Proust fut fasciné par la qualité spécifique du « mérovingien », un climat de haute sauvagerie, où la prédation, le pillage, la luxure, l'inceste et le meurtre en famille témoignent de la levée des censures et des disciplines ordinaires. Il s'agit moins pour lui d'une scène primitive, dont l'existence historique prête à contestation, que d'un chaos archaïque, toile de fond permanente des histoires collectives ou individuelles en train de se faire. Comme si les Français pensaient moins dans l'horizon du Bien qu'à la lueur équivoque d'une toujours possible levée, en nous ou autour de nous, de la barbarie mérovingienne. Mesurées à cette aune, si cruelles que frappent les télé-actualités libanaises, salvadoriennes ou soviéto-afghanes, elles ne paraissent ni incroyables, ni imprévisibles.

Longtemps, l'humanité de l'homme fut champ de bataille et enjeu pour diverses persuasions. Descartes change la donne, ôte le trophée, donc transforme le jeu. Le conflit des humanismes positifs devient sans objet; non seulement Physis et Cosmos sont perdus, mais ils ne sont pas à retrouver; aucune renaissance ne leur est due; la persuasion qui animait ces grands englobants est déconnectée, au point que leur harmonieuse existence de jadis paraisse douteuse, sauf sous les traits, illusion par trop rétrospective, d'un adieu rêveur que la Grèce finissante adresse à elle-même. Quant aux contemporains, ils se feront contemporains de la dissuasion cartésienne, ou ils finiront mal à trop vouloir s'entendre sur le Bien, plutôt que sur leur mésentente, ou leur doute.

NOTES

I. ACTUALITÉS CARTÉSIENNES

1. Penser quand la nuit tombe

T. W. ADORNO : « La sempiternelle souffrance a autant de droit à l'expression que le torturé, celui de hurler; c'est pourquoi il pourrait bien avoir été faux d'affirmer qu'après Auschwitz il n'est pas possible d'écrire des poèmes... » « Aucune parole raisonnant de façon pontifiante, pas même une parole théologique, ne conserve non transformée un droit après Auschwitz », souligne par contre Adorno en évoquant « la provocation contenue dans les paroles transmises, l'épreuve qui consiste à savoir si Dieu admet cela ou si courroucé il interviendra... », *Dialectique négative*, Payot, 1978, pp. 284-289.

J. B. METZ, *En face des juifs, la théologie chrétienne après Auschwitz*, Concilium, éd. Beauchesne, Paris, 1984.

Sur Frédéric V, cf. YATES, *The Rosecrucian Enlightenment*, Routledge, Londres, 1972.

J. A. COMENIUS, *Le Labyrinthe du monde et le paradis du cœur* (1623), trad., Lille, 1906.

Sur le retour de Descartes à Paris, cf. BAILLET, *Vie de Monsieur Descartes*, Slatkine Reprints.

PLATON, *Parménide*, 130 b-e.

2. Les démons sont dans Paris

MGR GRILLET, cité par R. PINTARD, *Le Libertinage érudit dans la première moitié du XVIIe siècle*, Slatkine, Genève, 1983, p. 36. Sur l'offensive du P. Garasse, consulter *Œuvres complètes de Théophile*, Jannet, Paris, 1856, 2 vol.

3. Le philosophe et le cardinal

A. BAILLET, *Vie de Monsieur Descartes, op. cit.*, pp. 162 et 163.

P. DE BÉRULLE, *Discours de l'État et des Grandeurs de Jésus par l'union ineffable de la divinité avec l'humanité*, éd. par Piquaud, Siffre, Paris, 1865.

G. W. LEIBNIZ, *Lettre à Philippi*, janvier 1680, in GERHARDT, *Die philosophischen Schriften von G. W. Leibniz*, t. IV, pp. 283 sq.

J.-P. SARTRE, *La Liberté cartésienne*, éd. des Trois Collines, Genève, 1946.

G. MILHAUD, *Descartes savant*, Félix Alcan, 1921, p. 23.

Sur le grand livre du monde et la condamnation de Galilée, citations de BAILLET, *op. cit.*, pp. 246 et 100.

4. Le déchaînement d'Éros

A. BAILLET, *op. cit.*, p. 173.

Sur la religion de son roi et de sa nourrice, cf. ADAM, *Œuvres de Descartes*, t. XII, p. 345.

6. Le grand décepteur

G. W. LEIBNIZ, in *Œuvres choisies*, par Lucie Prenant, Garnier, p. 286.

J. B. BOSSUET, *Œuvres complètes*, éd. L. Guérin, 1870, t. XI, lettre CLXXXVI, à un disciple du P. Malebranche, 21 mai 1687, pp. 102 sq.

M. HEIDEGGER, interrogé par *Der Spiegel*, *Réponses et questions sur l'histoire et la politique*, Mercure de France, 1977, p. 49.

7. Double France

F. BRAUDEL, *L'Identité de la France*, Arthaud-Flammarion, 1986, t. II, pp. 182, 183.

8. Le nihiliste et son masque

E. KANT, *Critique de la raison pure*, in *Œuvres philosophiques*, Gallimard, Pléiade, t. I, pp. 840-841.

SHAKESPEARE, *La Vie de Timon d'Athènes*, acte IV, scène 3.

II. JE DOUTE

1. L'arme absolue

F. BRUNETIÈRE, *Études critiques sur l'histoire de la littérature française*, Hachette, 1891, quatrième série, pp. 120 sq.

P. VALÉRY, « Cartesius redivivus » in *Cahiers Paul Valéry*, 4, Gallimard, 1986 et « Descartes », discours de la Sorbonne 1937, in *Revue de Métaphysique et de Morale*, oct. 1937, et in *Œuvres*, Gallimard, Pléiade, pp. 792 sq.

E. HUSSERL, *Méditations cartésiennes, introduction à la phénoménologie*, éd. Levinas, Vrin, 1980.

2. Ou bien l'arme impossible?

G. W. F. HEGEL, *La Relation du scepticisme avec la philosophie*, trad. Fauquet, Vrin, 1986, pp. 51, 59 sq.

P. GASSENDI, *op. cit.*, pp. 30, 428, 224, 192, 282, 633, 264.

G. W. F. HEGEL, *La Phénoménologie de l'esprit*, trad. Hyppolite, Aubier, introduction, pp. 65-67.

E. HUSSERL, *Méditations cartésiennes*, *op. cit.*, pp. 71, 107, 33, 19.

3. A l'entrée du non-monde

E. HUSSERL, *Philosophie première (1923-24)*, deuxième partie, P.U.F, 1972, pp. 90, 100, 93.

J. PATOČKA, *Essais hérétiques*, trad. Abrams, Verdier, 1981, pp. 136 sq.

4. Peut-on douter de soi?

PLATON, *République*, IV, 476 c, 520 c, 533 e; *Parménide*, 164 d.

V. COUSIN, *Histoire générale de la philosophie*, Didier, 1867, p. 398.

P. DAMIRON, *Essai sur l'histoire de la philosophie en France au XVIIe siècle*, Hachette, 1846, t. I, pp. 115-120.

G. W. F. HEGEL, *op. cit.*, p. 58.

B. PASCAL, *Pensées*, 414, éd. Brunschwicg.

5. Raison loge folie

M. FOUCAULT, *Histoire de la folie à l'âge classique*, Gallimard, 1972.

J. DERRIDA, « Cogito et histoire de la folie », *Revue de Métaphysique et de Morale*, oct.-déc. 1963, n° 4 et janvier-mars 1964, n° 1.

Le « repli » sur le rêve, cf. J.-L. MARION, *Sur la théologie blanche de Descartes*, P.U.F., 1981, p. 315.

ARISTOTE, *Métaphysique*, λ, 7, 1072b et θ 8, 1050 b.

H. G. FRANKFURT, *Demons, Dreamers and Madmen*, Bobbs Merrill, Indianapolis, New York, 1970.

6. La déclaration du bon sens

R. GILSON, *Discours de la méthode. Texte et commentaire*, Vrin, 1976, pp. 81, 177, 478.

L. BRUNSCHVICG, *Descartes et Pascal, lecteurs de Montaigne*, La Baconnière, 1945, p. 98.

M. BUTOR, *Essai sur les Essais*, Gallimard, 1968, p. 126.

ÉRASME, *L'Éloge de la folie*, in *La Philosophie chrétienne*, éd. Mesnard, Vrin, 1970, p. 53.

SAINT THOMAS, *Somme théologique*, partie I, question LXXXIII.

7. Sans doute le malin génie

S. KIERKEGAARD, *Le Concept d'ironie*, in *Œuvres complètes*, t. II, éd. de l'Orante, p. 46.

CAMPANELLA, cité par L. BLANCHET, *Les Antécédents historiques du Je pense, donc je suis*, Paris, 1920, Vrin, reprise, 1983, p. 185.

B. ALLEMANN, « De l'ironie en tant que principe littéraire », revue *Poétique*, 36, 1978, Seuil, p. 393.

G. W. F. HEGEL, *Leçons sur l'histoire de la philosophie*, trad. Garniron, éd. Vrin, 1985, t. VI, pp. 1384-1389.

F. J. W. SCHELLING, *Contribution à l'histoire de la philosophie moderne*, trad. Marquet, P.U.F., 1985, p. 15.

7. L'ironie française de l'histoire

K. MARX, *Le 18 Brumaire de Louis Bonaparte*, éd. J.-J. Pauvert, chap. III, p. 250.

L. KOLAKOWSKI, *Can the Devil be Saved?*, Encounter.

M. PROUST, *Jean Santeuil*, Gallimard, Pléiade, pp. 632 et 639. Sur les rapports de M. Proust et de la philosophie, cf. H. BONNET, *Alphonse Darlu, maître de philosophie de Marcel Proust*, Nizet, 1961.

III. JE PENSE, OU LES MÉSAVENTURES DU COGITO

1. A.B.C., histoire de la pensée occidentale légèrement abrégée

Sur le rapport qu'entretient la nouvelle philosophie avec l'ancienne : EUKEN, *Geschichte der philosophischen Terminologie*, Leipzig, 1879, a relevé l'ironique sans-gêne que cultive Descartes à l'égard de la tradition, témoin les équivalences impromptues que le nouveau philosophe établit entre des concepts très soigneusement différenciés par l'École. Il y a des *sive* (= ou bien, = c'est-à-dire) qui valent un dédaigneux pied-de-nez aux prédécesseurs : « Noticiae sive ideae, conceptus sive idea, idea sive cogitatio, res sive substantia, natura sive essentia, corpus sive materia, materialis sive corporeus, res corporales sive physicae, res immateriales sive metaphysicae, intellectualis sive cogitativus, formae sive species, formae sive attributa, mens sive anima, intellectus sive ratio, realitas sive perfectio, est sive existit... » Cité par A. KOYRÉ, *Essai sur l'idée de Dieu... chez Descartes*, E. Leroux, 1922, p. 8. Les distinctions pointues et subtiles des scolastiques peuvent-elles plus agressivement être jetées par-dessus bord? La vertu cathartique et magique du « sive » cartésien est cultivée à bon escient; Descartes n'ignore pas qu'il rejette et ignore encore moins ce qu'il rejette. S'il coupe les ponts, c'est en connaissance de cause. Une telle pratique philosophique de la désinvolture devrait incliner à interpréter positivement ce que les savantes analyses de J.-L. Marion relèvent négativement : l'absence de la théologie et de l'ontologie médiévales chez Descartes est le résultat d'un travail de déconstruction méthodique et rigoureux. La théologie n'apparaît blanche que parce que systématiquement « blanchie » et l'ontologie est « grise » dans la mesure où le philosophe étale gris sur gris des concepts dont il n'entend pas user davantage que son Dieu créateur des vérités que la tradition nommait « éternelles ». Bref, blanche, grise, absente est l'ancienne philosophie, mais cette absence n'est ni manque, ni défaut, ni oubli, ni incompréhension, elle est présence de la nouvelle philosophie, conçue comme un nouveau et généralisé socratisme. Cf. J.-L. MARION, *Sur le Prisme métaphysique de Descartes*, P.U.F., 1986, complétant *Sur l'ontologie grise de Descartes*, Vrin, 1981.

M. DIXSAUT, *Le Naturel philosophe. Essai sur les dialogues de Platon*, Les Belles Lettres-Vrin, Paris, 1985, p. 53.

ARISTOTE, *Réfutations sophistiques*, 11, 172 a. Sur la « régionalisation » du socratisme, cf. *Métaphysique*, A, 987 b et P. AUBENQUE, *Le Problème de l'être chez Aristote*, P.U.F., 1972.

« Maîtres de vérité », cf. M. DETIENNE, *Les Maîtres de vérité dans la Grèce archaïque*, François Maspero, 1981. Sur les modernes, qu'on m'autorise le renvoi à une étude précédente, *Les Maîtres penseurs* (1978), Livre de Poche. La parenté entre postmodernes et sophistes a été relevée dans J.-F. MATTEI, *L'Étranger et le simulacre. Essai sur la fondation de l'ontologie platonicienne*, P.U.F., 1983.

G. DELEUZE, *Différence et répétition*, P.U.F., 1968, pp. 139-140, 185, 82.

J. DERRIDA, *La Dissémination*, Le Seuil, 1972, p. 123.

2. Le piège de la clarté

A. ARNAULD, *Des vraies et des fausses idées* (1683), coll. Corpus des œuvres de philosophie en langue française, Fayard, 1986, pp. 27, 45, 46, 52.

La Logique ou l'art de penser, par MM. de Port-Royal (indiquée *Logique de Port-Royal*), publiée par Antoine Arnauld et Pierre Nicole en 1662, elle fut discutée et composée dans la célèbre abbaye janséniste de Port-Royal-des-Champs, près de Chevreuse. Cité dans l'édition Barré, Delalain frères, 1879.

J.-L. NANCY, *Ego sum*, Aubier-Flammarion, 1979, p. 72.

M. HENRY, *Généalogie de la psychanalyse*, P.U.F., 1985, p. 25.

N. MALEBRANCHE, *Œuvres complètes*, tomes VI-IX, Recueil de toutes les réponses à Monsieur Arnauld, Vrin, 1978, p. 56.

J. BEAUFRET, *Dialogue avec Heidegger*, II, éd. de Minuit, 1973, p. 47.

3. A la recherche du jugement dernier

ARISTOTE, *Organon II, De l'interprétation*, trad. Tricot, Vrin, 1977, p. 84 (17a).

Logique de Port-Royal, op. cit., p. 111.

B. SPINOZA, *Les Principes de la philosophie de Descartes* (1663), trad. Caillois in *Œuvres complètes* de Spinoza, Gallimard, Pléiade; *L'Éthique, id.*, cf. III, prop. LVII; II, XLIII.

M. GUEROULT, *Le Cogito et l'ordre des axiomes métaphysiques dans les Principes...* (Archives de philosophie, 1960), repris in *Études...* Olms, 1970, p. 69.

F. J. W. SCHELLING, *Lettres sur le dogmatisme et le criticisme*, trad. S. Jankélévitch, Aubier, 1950, p. 143.

M. HEIDEGGER, *L'Être et le Temps*, b 18 : Descartes comme « contre-exemple extrême » (trad. J.-L. Marion), ou « contre-épreuve » (trad. E. Martineau, cf. traduction intégrale, Authentica, 1985). Les quelques remontrances précises adressées par Heidegger à Descartes visent en fait Husserl, ce qui rend leur pertinence douteuse (cf. J.-L. MARION, « Heidegger et Descartes », *Revue de Métaphysique et de Morale*, janv.-mars 1987). Plus généralement, Heidegger semble prisonnier d'une interprétation optimiste-rationaliste de Descartes à la guise du progressisme universitaire et industriel du siècle dernier, dont il prend simplement, sans autre examen, le contre-pied. Sur le semestre d'été 1925, cf. *Œuvres complètes* en cours de publication : *Gesamtausgabe*, t. XX, V. Klostermann, 1979.

PROCLUS, *Commentaire sur le Timée*, trad. Festugière, Vrin-C.N.R.S., 1967, t. III, p. 119.

Sur le suicide de Diogène, j'en ai proposé un commentaire in *Cynisme et Passion*, Livre de Poche.

C. RENOUVIER, *Manuel de philosophie moderne*, Paulin, 1842, pp. 61 sq.

J. HINTIKKA, « *Cogito ergo sum*, inférence ou performance? » trad. Le Quellec-Wolff, in *Philosophie*, n° 6, éd. de Minuit, 1985.

4. La démocratie dans la tête

M. GUEROULT, « Descartes au Congrès Descartes », *Revue de Métaphysique et de Morale*, janvier 1938, p. 114.

M. GUEROULT, in « Descartes », *Cahiers de Royaumont*, n° 11, éd. de Minuit, 1957, p. 55.

L. PRENANT, in *Europe*, n° spécial sur Descartes, juillet 1937, p. 328.

J.-C. PARIENTE, *L'Analyse du langage à Port-Royal*, éd. de Minuit, 1985, p. 262.

Sur la différence soulignée par Descartes entre négation et privation, cf. les remarques de J.-M. BEYSSADE, dans son édition de l'*Entretien avec Burman*, P.U.F., 1981.

PLATON, *Ménon*, trad. Croisset-Bodin, Les Belles Lettres, 1960, 84 a-b.

PROCLUS, *Sur le premier Alcibiade de Platon*, trad. Segonds, Les Belles Lettres, 1986, t. II, pp. 170-171.

J.-P. SARTRE, *La Liberté cartésienne*, *op. cit.*

L. KOLAKOWSKI, *Philosophie de la religion*, Fayard, 1985, pp. 250, 25.

H. BROCH, *Création littéraire et connaissance*, trad. Kohn, Gallimard, 1966, p. 350.

IV. JE SUIS, EN PARTANCE POUR L'EXTRA-MONDE

1. Vive la technique

M. GOUHIER, *L'Anti-humanisme au XVIIe siècle*, Vrin, 1987.

M. HEIDEGGER, *Chemins d'explication* (1937), trad. J.-M. Vaysse et L. Wagner, Cahiers de l'Herne, biblio-essais, p. 75.

M. HEIDEGGER, *Introduction à la métaphysique*, trad. Kahn, P.U.F., 1958, p. 47, « Nous sommes pris dans l'étau... »

M. HEIDEGGER, interview du *Spiegel*, *op. cit.*

M. HEIDEGGER, *Lettre sur l'humanisme*, trad. Beaufret, Aubier-Montaigne, 1957. Repris in *Questions*, III, Gallimard, 1964, p. 117.

J.-P. SARTRE, *Situations I*, Gallimard, p. 334.

M. MERLEAU-PONTY, *Le Visible et l'Invisible*, Gallimard, 1964, pp. 225, 282, 63, 326, 252.

F. J. W. SCHELLING, *Lettre sur le dogmatisme*, *op. cit.*, p. 96.

Sur l'analyse de l'être-dans-le-monde, cf. M. HEIDEGGER, *Gesamtausgabe*, t. 20, *op. cit.*, p. 235, etc.

2. L'aveugle roi

M. MERLEAU-PONTY, *L'Œil et l'Esprit*, Gallimard, Folio-essais, p. 83.

MALEBRANCHE, *Réponses à Arnauld*, *op. cit.*, p. 951.

A. GEULINCX, *in* A. de LATTRE, *L'Occasionnalisme d'Arnold Geulincx*, éd. de Minuit, 1967, p. 576.

G. SIMON, *Derrière le miroir*, in *Le Temps de la réflexion*, Gallimard, 1981, p. 302.

PLOTIN, *Les Ennéades*, VI, 7, trad. Brehier, Les Belles Lettres.

ARISTOTE, *Métaphysique*, trad. Tricot, Vrin, p. 227; *De l'âme*, trad. Tricot, Vrin, 1947, 431 b et 426 b.

3. La première mort du Dieu en terre

L'ambiguïté du « comme » cartésien – semblables (à des maîtres), ou semblables *seulement*? Schein ou Erscheinung? – est soulignée par P. GUENANCIA, *Descartes et l'ordre politique*, P.U.F., 1983 : « S'il faut se rendre *comme* maître et possesseur de la nature, c'est justement parce que l'homme, n'étant pas le créateur, n'a aucun moyen d'en connaître les prétendues fins et doit faire *comme* s'il n'en existait pas d'autres que celles qu'il s'assigne afin de se libérer non seulement de la sphère des besoins mais surtout de cet esprit de soumission qu'engendre la recherche d'une tutelle qui nous épargnerait une " difficile liberté ". Maîtrise et possession expriment plutôt l'impossibilité de comprendre une nature qui nous dépasse. Elles sont les palliatifs rendus nécessaires par cette impossible compréhension. Elles nous mettent définitivement à l'écart et à distance d'une nature dont nous n'imaginons plus être les rejetons choyés. On peut alors se tourner vers soi-même dont il faut chercher, là seulement mais là vraiment, à se rendre maître et possesseur. Comment? Précisément, en tâchant " toujours plutôt à me vaincre que la fortune et à changer mes désirs que l'ordre du monde ". Seulement quelques dizaines de pages séparent le renoncement à changer l'ordre du monde de l'invitation à se rendre maître de la nature, ce qui nous oblige à comprendre ces deux célèbres formules ensemble ou pas du tout (...) Le rationalisme cartésien nous amène plutôt à nous représenter l'ordre du monde comme un inévitable désordre qui est, mieux que tout " contrat ", la plus sûre garantie de la liberté de chacun et d'un monde vivable; il est exactement le contraire d'un autoritarisme. »

E. GILSON, *Texte et commentaire du Discours*, Vrin, *op. cit.*, p. 446.

M. FICIN, *Théologie platonicienne de l'immortalité des âmes*, trad. Marcel, Les Belles Lettres, 1964, t. II, livre XIII, 2. Il s'agit en fait d'une imitation gnostique et appauvrie du deuxième ode du chœur d'*Antigone* de Sophocle (v. 332-375). Cf. G. STEINER, *Les Antigones*, Gallimard, 1986, pp. 276 sq.

PIC DE LA MIRANDOLE, *De dignitate et excellentia hominis* (1452), trad. Lubac, cf. H. DE LUBAC, *Pic de La Mirandole*, Aubier-Montaigne, 1974, p. 65.

Asclépius, in *Corpus hermeticus*, trad. Festugière, Les Belles Lettres, t. II, p. 302. Pour l'histoire de la fabuleuse contagion de l'animisme hermétiste, l'ouvrage clef est celui de F. A. YATES, *Giordano Bruno and the Hermetic Tradition*, Routledge and Kegan, 1964.

F. A. YATES, *Giordano Bruno...*, *op. cit.*, pp. 433 et 452.

A. CHASTEL, *Marsile Ficin et l'art*, Droz, 1975, p. 65.

M. FICIN, *Théologie platonicienne*, *op. cit.*, t. II, pp. 223, 224. Sur la théorie ficinienne de l'imagination créatrice, voir P. O. KRISTELLER, *Die Philosophie des Marsilo Ficino*, V. Klostermann, Frankfurt, 1972; R. KLEIN, « L'imagination comme vêtement de l'âme chez M. Ficin et G. Bruno », *Revue de Métaphysique et de Morale*, 1956, 1 et M. DE GANDILLAC, *Astres, anges et génies chez Marsile Ficin*, Archivio di Filosofia, Padova, 1960.

M. FICIN, *Commentaire sur le Banquet de Platon*, trad. Marcel, Les Belles Lettres, 1978, pp. 203, 196, 208, 165. Voir ALLEN, *The Platonism of Marsilio Ficino*, Univ. of California Press, 1984. Et sur la diffusion de la doctrine : *La Philosophie de l'amour de Marsile Ficin et son influence sur la littérature française*, par FESTUGIÈRE, Vrin, 1980.

M. FICIN, sur l'homme « instrument » de la divinité, in KRISTELLER, *op. cit.*, pp. 298 et 301.

Sur Casaubon, cf. YATES, *Giordano Bruno*, *op. cit.*, pp. 398 sq.

Asclépius, in *Corpus hermeticus*, t. II, *op. cit.*, p. 326.

Refaire le tout... in FICIN, *Banquet*, *op. cit.*, p. 168.

4. Au commencement, le chaos

M. HEIDEGGER, sur l'Ami de la maison, in HEBEL, *Questions*, III, *op. cit.*, p. 64.

J.-L. MARION, dans son édition des *Regulae*, p. 102.

P. HADOT, *Exercices spirituels et philosophie antique*, Études augustiniennes, 1981, p. 33.

J.-P. VERNANT ET M. DETIENNE, *Les Ruses de l'intelligence, la Métis des Grecs*, Champs-Flammarion, 1974.

J. MARITAIN, *Le Songe de Descartes*, Corrêa, 1932, pp. 63 et 262.

5. La voie de la connaissance

J. VUILLEMIN, *Mathématiques et Métaphysique chez Descartes*, P.U.F., 1960, cf. p. 87 : « C'est parce qu'on a cru à la primauté du thème de la géométrie analytique qu'on a cru que Descartes, identifiant nombre et point, partait des points, c'est-à-dire des nombres, pour construire la droite. Or cette représentation, qui sera celle de ses successeurs, n'est point sienne. Son principe est celui des proportions exactes, qui doivent exister entre les quantités qu'on reçoit dans la Méthode. Parmi les lignes qu'on peut tracer, il en existe de deux sortes : il y a les courbes qui répondent à une équation algébrique et les autres. Les premières relèvent, selon Descartes, de constructions mécaniques, c'est-à-dire réglées, exactes et continues. Les secondes ne peuvent être construites que discontinûment par des procédés graphiques. »

PROCLUS, *Théologie platonicienne*, trad. Saffrey-Westerink, Les Belles Lettres, 1968, t. 1, I. 11, p. 48.

Sur les statuts minimisés du discursif chez les néo-platoniciens, cf. A. CHARLES-SAGET, *L'Architecture du divin. Mathématique et philosophie chez Plotin et Proclus*, Les Belles Lettres, 1982, pp. 300-315.

F. ALQUIÉ, *La Découverte métaphysique de l'homme chez Descartes*, P.U.F., 1950, p. 224.

M. GUEROULT, « Descartes », *Cahiers de Royaumont*, *op. cit.*, p. 45, et en général citons : *Descartes selon l'ordre des raisons*, Aubier, 1953, 2 vol.

J'ai suivi l'enseignement de ces deux grands professeurs et leurs joutes constantes au sujet de l' « ordre des raisons » cartésien; il me semble que la position de M. Gueroult eût été plus forte s'il n'avait pas doublé l'ordre analytique de la réflexion méditative – si remarquablement pointé dans son *Descartes* – par un ordre synthétique de la vérité de la chose, qui doit plus aux exigences postkantiennes qu'à la vérité de Descartes. Le point in J. BRUNSCHWIG, *Revue philosophique*, 1960, 2. Qu'il soit permis de se souvenir avec gratitude de ces deux enseignements, qui l'un comme l'autre prenaient d'utiles distances avec l'idéalisme enthousiaste et euphorique d'un Léon Brunschvicg.

ARISTOTE, *Physique*, II, 9.

PLATON, *Gorgias*, 508 a.

ÉPILOGUE

M. PROUST, *Les Plaisirs et les Jours*, in *Jean Santeuil, op. cit.*, p. 6.

P. VALÉRY, *Le Retour de Hollande, Œuvres*, I, *op. cit.*, p. 852.

F. NIETZSCHE, *Humain trop humain*, première partie, aphorisme 36.

Sur la pensée de J. du Bellay, cf. G. GADOFFRE, *Du Bellay et le sacré*, Gallimard, 1978.

L'équation Pétain c'est la France fut publiquement énoncée le 20 novembre 1940 à Lyon par le cardinal Gerlier, primat des Gaules.

Sur la « nuit mérovingienne » pour Proust, cf. J.-P. RICHARD, *Proust et le monde sensible*, Seuil, 1974, pp. 227 sq.

BIO-BIBLIO

Né le 31 mars à La Haye (près de Châtellerault, en Touraine) de famille bourgeoise aisée. Son père, fils de médecin, était conseiller du roi au Parlement de Bretagne et accéda ainsi à la noblesse de robe.

1606-1614. Études au collège de La Flèche dirigé par les jésuites. (Le cœur d'Henri IV est transféré à La Flèche en 1610.)

1618. Part pour la Hollande, militaire sous les ordres de Maurice de Nassau, prince d'Orange. Puis voyage, officier de fortune, à travers l'Europe : Danemark, Basse Allemagne, Bohême.

10 novembre 1619. Nuit où Descartes a la révélation d'une « science admirable ».

1622 : retour en France. Renonce à la carrière des armes. Non sans avoir composé un manuel d'escrime malheureusement perdu :

> Nous trouvons aussi parmi les manuscrits de M. Descartes, un petit traité touchant la maniére de faire des armes sous le titre de l'*Art d'Escrime,* où il paroît que la plûpart des leçons qu'il y donne, sont appuyées sur sa propre expérience. Aprés avoir dit quelque chose en général de la qualité de l'épée & de la maniére de s'en servir, il divise son traité en deux parties. Dans la premiére il fait voir comme on peut s'assûrer contre tous les efforts de l'adversaire, & en tirer de l'avan-

tage pendant qu'on est en *mesure longue*, & comme on peut le mettre sûrement en *mesure courte*. Dans la seconde il examine comment étant entré en mesure courte, on peut infailliblement vaincre. Et pour cela il suppose deux hommes d'égale grandeur, d'égale force, & d'armes égales, se réservant à marquer ensuite ce qu'il y a à faire en cas d'inégalité. (BAILLET, *Vie de Monsieur Descartes.*)

De sa carrière militaire conserve l'esprit stratégique : « Car c'est véritablement donner des batailles, que de tâcher à vaincre toutes les difficultés et les erreurs qui nous empêchent de parvenir à la connaissance de la vérité... » (*Discours de la méthode*).

Après un long voyage en Italie s'installe en Paris (1625-1628).

Novembre 1627 : émerveille le cardinal de Bérulle chez le nonce du pape. Se consacre à la réforme de la pensée.

1628 : Composition des *Regulae* – règles pour la direction de l'esprit (ouvrage inachevé, publié après sa mort). Départ pour la Hollande où Descartes demeure jusqu'en septembre 1649. L'Europe savante ou curieuse vient le voir.

J'y visitai M. Descartes dans sa solitude avec beaucoup de plaisir, & je tâchai de profiter de sa conversation pour l'intelligence de sa doctrine... Je remarquai avec beaucoup de joye la civilité de ce Gentilhomme, sa retraite, & son œconomie. Il étoit dans un petit château en trés-belle situation, aux portes d'une grande & belle Université, à trois lieuës de la Cour, & à deux petites heures de la mer. Il avoit un nombre suffisant de domestiques, toutes personnes choisies & bien-faites; un assez beau jardin, au bout duquel étoit un verger, & tout à l'entour des prairies, d'où l'on voyoit sortir quantité de clochers plus ou moins élevez, jusqu'à ce qu'au bord de l'horizon il n'en paroissoit plus que quelques pointes. Il alloit à une journée delà par canal à Utrecht, à Delft, à Rotterdam, à Dordrecht, à Harlem, & quelquefois à Amsterdam. Il pouvoit aller passer la moitié du jour à la Haye, revenir au logis le même jour, & faire cette promenade par le plus beau chemin du monde, par des prairies & des maisons de plaisance, puis dans un grand bois qui touche ce village comparable aux plus belles villes de l'Europe, & superbe en ce têms-là par la demeure & l'établissement de trois Cours. Celle du Prince d'Orange qui étoit toute militaire y attiroit deux mille Gentils-hommes en équipage guerrier; le collet de buffle, l'écharpe orangée, la grosse botte, & le cimeterre en étoient les principaux ornemens. Celle des États Généraux étoit composée des députez des Provinces-unies & des Bourg-maîtres qui soutenoient la dignité de l'Aristocratie en habit de velours noir avec la large fraize & la barbe quarrée. La Cour de la Reine de Bohéme veuve du Roi Frederic V Electeur Palatin sembloit être celle des Graces, ayant quatre filles près desquelles se rendoit tous les jours le beau monde de la Haye pour rendre hommage à l'esprit, à la vertu, & à la beauté de ces Princesses, dont l'aînée prenoit plaisir à entendre discourir M. Descartes.

Je louai merveilleusement le choix que M. Descartes avoit fait d'une demeure si commode, & l'ordre qu'il avoit mis à son divertissement aussi bien qu'à sa tranquillité,

écrit Sorbière en 1642 (in BAILLET). Descartes retournera trois fois seulement en France, il loge à Paris chez l'abbé Picot, le traducteur des *Principes,* dont la réputation libertine est bien établie. Descartes aime se lever tard et souper en musique, nul n'a jamais médit de sa vie privée, que quelques professeurs des universités voisines.

Octobre 1649 : arrivée à Stockholm sur invitation de la reine Christine de Suède. Descartes y meurt d'une pneumonie le 11 février 1650.

Sa gloire est européenne mais point indiscutée et c'est bientôt, parmi les esprits les plus proches, que la nouvelle philosophie cartésienne trouvera ses radicaux adversaires, ainsi Leibniz qui proclame : « Cette étrange fiction, ce doute sur la question de savoir si nous ne serions pas faits pour nous tromper même à propos des choses les plus évidentes, ne saurait émouvoir personne... » (*Remarques sur Descartes,* 1692).

ŒUVRES PRINCIPALES PUBLIÉES PENDANT SA VIE :

Discours de la Méthode plus la Dioptrique, les météores et la géométrie qui sont les essais de cette Méthode (1637)

Les Méditations – Meditationes de prima philosophia (suivies d'objections et de réponses par l'auteur) (1641 et 1642)

Les Principes – Principia Philosophiae (1644)
Les Passions de l'âme (1649)

PUBLIÉES APRÈS SA MORT :

Le Monde ou Traité de la lumière (1644 et 1677)
L'Homme ou Traité de la formation du fœtus (1644)
Regulae ad directionem ingenii (1701)
La Recherche de la vérité par la lumière naturelle (1701)
Correspondance

Les œuvres de Descartes furent réunies en 13 volumes par Adam et Tannery, Leopold Cerf, Paris, 1891-1912.

TABLE DES MATIÈRES

I. ACTUALITÉS CARTÉSIENNES

II. JE DOUTE

III. JE PENSE, OU LES MÉSAVENTURES DU COGITO

IV. JE SUIS, EN PARTANCE POUR L'EXTRA-MONDE

Cet ouvrage a été réalisé sur
Système Cameron
par la SOCIÉTÉ NOUVELLE FIRMIN-DIDOT
Mesnil-sur-l'Estrée
pour le compte des Éditions Flammarion
le 10 septembre 1987

Imprimé en France
Dépôt légal : octobre 1987
N° d'édition : 11384 – N° d'impression : 7519